事例に学ぶ
契約関係事件入門

事件対応の思考と実務

契約関係事件研究会 [編]

野村　　創／片野田志朗／村手亜未子／飯田　研吾
政平　亨史／野中　英匡／小川ゆり香／城石　　惣
藤原　寿人／堀口　雅則／水関　寿量／髙岡　奈生

発行 ㊀ 民事法研究会

は し が き

　法学部・法科大学院の授業では、条文解釈に必要な理論や判例、さらに実務への架橋として要件事実を学びます。

　しかし、弁護士となり、いざ、目の前の事件に直面したとき、何から手をつければよいのか、ちょっとした手続がわからず、はじめの一歩にとりかかるのに時間を費やすことがあります。事件解決までのプロセスは、実際に経験しなければわからないことが多く、そのため、訴訟提起の前に何を準備すればよいのか、どのように主張・立証を組み立てるのか、そのためにどのような証拠が必要か、依頼者から何を聴き取ればいいのか、については、日々のOJT（On the Job Training）で学んでいくほかありません。

　このような悩みをもつ新人・若手弁護士の時間と経験を補完するセルフOJTの役割を担うことを目的とする事例に学ぶシリーズは、これまで10巻（行政事件、刑事、離婚事件、保全・執行、建物明渡事件、債務整理、成年後見、相続事件、労働事件、交通事故事件）が刊行されてきましたが、11巻目では契約をめぐる事件をテーマとして取り上げ「契約関係事件入門」がここに刊行されることになりました。

　本書では、第1編において、契約の本質である「債」とは何かから検証し、契約の種類、成立、解釈、終了と、事件解決の前提となる知識と理論の概要を俯瞰しています。続いて第2編における各事例では、売買、消費貸借、賃貸借等の典型契約のみならず、連帯保証契約や競業避止義務違反、下請、フランチャイズ契約など、非典型、現代型の契約類型も取り上げ、それぞれの解決に向けて、弁護士の奮闘の経過が解説されています。

　まずは、本書で事件へのアプローチ、事件経過の中で考えるべきこと、その思考プロセスを学び、弁護士としての事件解決の流れを体感してもらえればと思います。

　本書執筆のお誘いを受けたとき、うれしいと思うと同時に、弁護士としての経験が少ない私に、はたして読者の皆さんに喜んでもらえることが伝えら

れるのか不安な気持がありました。そんなとき先輩弁護士から、私が悩んだこと、困ったことをどのように乗り越えたかをそのまま伝えればよいのだと教えてもらいました。

　私と同じ境遇にいる新人・若手の弁護士の皆さんにとって、本書が、少しでも自信をもって依頼者に対応できる一助になれば幸いです。

　最後に、本書の刊行にあたっては、民事法研究会の安倍雄一氏をはじめ諸先輩方に丁寧なご指導を賜りましたこと、あらためて深く感謝申し上げます。

　平成29年4月吉日

執筆者を代表して　髙 岡 奈 生

『事例に学ぶ契約関係事件入門』

目　次

第1編　契約理論の概説

第1章　「債」の概念 ……………………………………………… 2
Ⅰ　「債」とは何か ………………………………………………… 2
〈図表1-1-1〉「債」と当事者関係 …………………………………… 3
Ⅱ　「債」概念による債権法の諸制度 …………………………… 4
1　債権譲渡 ………………………………………………………… 4
2　債務引受 ………………………………………………………… 4
〈図表1-1-2〉債権譲渡と債務引受 ………………………………… 4
3　保証・担保 ……………………………………………………… 5
〈図表1-1-3〉保証・担保（主「債」務に「接着」している「債」）…… 5
4　変更契約・更改 ………………………………………………… 5
〈図表1-1-4〉変更契約・更改 ……………………………………… 6
Ⅲ　「債」の発生原因 ……………………………………………… 6
Ⅳ　「債」の拡張 …………………………………………………… 7
〈図表1-1-5〉「債」の拡張 …………………………………………… 7

第2章　契約の基本原理 …………………………………………… 8
Ⅰ　根　拠 …………………………………………………………… 8
Ⅱ　公法領域 ………………………………………………………… 8
Ⅲ　契約自由の原則の内容 ………………………………………… 9
Ⅳ　契約自由の原則に対する制限 ………………………………… 9
1　契約自由の原則を制限する理由 ……………………………… 9

2　市場取引の原則に対する規律……………………………………9
　　3　合意優先の原則に対する規律……………………………………10

第3章　契約の種類……………………………………………………12

Ⅰ　一般的分類…………………………………………………………12
　　1　典型契約と非典型契約……………………………………………12
　　2　双務契約と片務契約………………………………………………12
　　3　有償契約と無償契約………………………………………………13
　　〈図表1-3-1〉　有償・無償契約と双務・片務契約の関係………13
　　4　諾成契約と要物契約………………………………………………14
　　5　一時契約と継続契約………………………………………………14
　　6　付合契約（定型約款）……………………………………………14

Ⅱ　実務的観点からの分類……………………………………………15
　　1　契約書・覚書・合意書・念書……………………………………15
　　2　基本契約と個別契約………………………………………………16
　　3　原契約と変更契約…………………………………………………16
　　4　商事契約……………………………………………………………16
　　5　B2B契約・B2C契約・C2C契約…………………………………17
　　6　基本合意書（LOI：Letter Of Indent）…………………………18

第4章　契約の成立……………………………………………………19

Ⅰ　成立要件……………………………………………………………19
　　〈図表1-4-1〉　二段の推定…………………………………………19

Ⅱ　契約の不成立と錯誤………………………………………………20
　　1　契約の不成立………………………………………………………20
　　2　錯　誤………………………………………………………………20
　　3　区別の実益…………………………………………………………20

Ⅲ　契約の当事者（代表と代理）……………………………………21

1　代表者………………………………………………………21
　　　2　支配人………………………………………………………21
　　　3　委任を受けた使用人………………………………………21
　　　4　販売店舗の使用人…………………………………………22
　　　5　第三者保護…………………………………………………22
　Ⅳ　契約成立（合意成立）の証明…………………………………22
　　　1　契約書（合意書面）………………………………………22
　　　2　ファクシミリ（FAX）……………………………………23
　　　3　電子メール等………………………………………………23
　　　4　口頭（口約束）……………………………………………24
　　　5　黙示の意思表示……………………………………………24

第5章　契約の解釈……………………………………………………26

　Ⅰ　意　義……………………………………………………………26
　　　1　序　論………………………………………………………26
　　　2　狭義の契約の解釈…………………………………………26
　　　3　補充的解釈…………………………………………………27
　　　4　修正的解釈…………………………………………………27
　Ⅱ　契約の解釈手法…………………………………………………27
　　　1　狭義の契約の解釈の場合…………………………………27
　　　2　補充的解釈の場合…………………………………………28
　　　3　修正的解釈の場合…………………………………………29

第6章　契約の終了……………………………………………………30

　Ⅰ　終了原因…………………………………………………………30
　Ⅱ　合意解除・合意解約……………………………………………30
　Ⅲ　解　除……………………………………………………………31
　　　1　法定解除権…………………………………………………31

2　要綱案による債務不履行解除の規定……………………………31
　　3　約定解除権……………………………………………………………32
Ⅳ　告知（解約）……………………………………………………………32
Ⅴ　期間満了…………………………………………………………………33
Ⅵ　撤　回……………………………………………………………………33

第2編　契約関係事件の現場
──典型契約をモデルケースとして

第1章　口頭による請負契約──契約締結の存否と少額訴訟手続……36

Ⅰ　事案の概要………………………………………………………………36
Ⅱ　実務上のポイント………………………………………………………36
Ⅲ　Y男からの聴取内容……………………………………………………37
　　1　聴取事項の概要………………………………………………………37
　　2　さらなる聴取り内容…………………………………………………38
　　【書式2-1-1】　訴状（《Case①》）……………………………………41
Ⅳ　手続選択と問題点の検討………………………………………………44
　　1　手続選択………………………………………………………………44
　　〈図表2-1-1〉　特別法による瑕疵担保責任の規律…………………48
　　2　再調査事項……………………………………………………………50
Ⅴ　第1回口頭弁論期日に向けての事前準備……………………………54
　　1　方針の確定……………………………………………………………54
　　（資料2-1-1）　コンクリート塊の撤去工事写真（《Case①》）………55
　　2　口頭による契約の成否………………………………………………55
　　3　答弁書の起案…………………………………………………………57
　　【書式2-1-2】　答弁書（《Case①》）…………………………………57

Ⅵ	第1回口頭弁論期日と判決言渡し	60
	1　口頭弁論期日開始前の状況	60
	2　口頭弁論期日における審理	60
	〈図表 2-1-2〉　ラウンドテーブル法廷（〈Case ①〉）	61
	3　判決言渡し	67
Ⅶ	異議の申立てと強制執行停止決定の申立て	67
	1　乙弁護士との協議	67
	2　異議の申立てと強制執行停止決定の申立て	69
	【書式 2-1-3】　異議申立書（〈Case ①〉）	70
	【書式 2-1-4】　強制執行停止決定申立書（〈Case ①〉）	70
Ⅷ	異議審の審理と二度目の判決言渡し	71
	1　主張の検討	71
	2　消費者契約法と特定商取引に関する法律の比較	72
	3　検　討	73
	〈図表 2-1-3〉　消費者契約法と特商法との比較	74
	【書式 2-1-5】　第1準備書面（〈Case ①〉）	75
	4　異議審の審理と2回目の判決言渡し	78
Ⅸ	甲弁護士の反省点と雑感	79

第2章　売買契約──特定商取引法によるクーリング・オフ　80

Ⅰ	事案の概要	80
Ⅱ	実務上のポイント	80
Ⅲ	相談経緯	81
Ⅳ	初回面談	81
	1　聴取り①──来店経緯	81
	2　取引類型の判断	82
	3　聴取り②──契約	85

4　契約内容の検討……………………………………………………87
　　　5　聴取り③──契約後………………………………………………89
　Ⅴ　方針決定………………………………………………………………90
　　　【書式2-2-1】　通知書（〈Case ②〉）……………………………90
　Ⅵ　回答に対する検討……………………………………………………91
　　　1　S社の回答…………………………………………………………91
　　　2　聴取り………………………………………………………………92
　　　3　他の法的手段の検討………………………………………………94
　Ⅶ　訴訟提起………………………………………………………………94
　　　1　訴状受領……………………………………………………………94
　　　2　3度目の面談………………………………………………………95
　　　3　訴訟の準備…………………………………………………………97
　　　【書式2-2-2】　答弁書（〈Case ②〉）……………………………98
　Ⅷ　訴訟経過………………………………………………………………99
　　　1　第1回期日…………………………………………………………99
　　　2　期日間……………………………………………………………100
　　　3　第2回期日………………………………………………………101
　　　4　見通し……………………………………………………………101
　　　5　和解提案…………………………………………………………102
　　　【書式2-2-3】　和解条項（〈Case ②〉）…………………………102

第3章　金銭消費貸借契約──私文書の成立の推定……………104

　Ⅰ　事案の概要…………………………………………………………104
　Ⅱ　実務上のポイント…………………………………………………104
　Ⅲ　第1回打合せ………………………………………………………105
　　　1　X氏の来訪………………………………………………………105
　　　【書式2-3-1】　相手方からの通知書（〈Case ③〉）……………105

2　X氏からの聴取り………………………………………………… 107
  3　今後の対応……………………………………………………… 108
  4　消滅時効………………………………………………………… 109
Ⅳ　訴訟提起………………………………………………………… 110
Ⅴ　第 2 回打合せ～答弁書の提出～……………………………… 111
  1　X氏からの聴取り………………………………………………… 111
  【書式 2-3-2】　金銭消費貸借契約書（〈Case ③〉）……………… 112
  2　鑑定の結果……………………………………………………… 115
  3　答弁書の提出…………………………………………………… 115
  【書式 2-3-3】　答弁書（〈Case ③〉）……………………………… 116
Ⅵ　第 1 回口頭弁論期日以降……………………………………… 117
  1　第 1 回口頭弁論期日…………………………………………… 117
  2　第 2 回期日（弁論準備手続期日）…………………………… 119
  3　私文書の成立の推定…………………………………………… 119
  〈図表 2-3-1〉　二段の推定 …………………………………… 120
  4　Y氏の主張……………………………………………………… 121
  5　その後の経過…………………………………………………… 122
Ⅶ　人証調べ………………………………………………………… 123
Ⅷ　判　決…………………………………………………………… 125
  1　判決言渡し……………………………………………………… 125
  2　判決の事実認定………………………………………………… 125

第 4 章　契約類型に争いがある事例──諾成的消費貸借契約、多数当事者の法的責任…… 127

Ⅰ　事案の概要……………………………………………………… 127
Ⅱ　実務上のポイント……………………………………………… 128
Ⅲ　相談事例………………………………………………………… 128
  【書式 2-4-1】　覚書（〈Case ④〉）………………………………… 131

Ⅳ 主張および論点の整理 …………………………………………… 131
  1 甲乙間の打合せ…………………………………………………… 131
  2 方針検討——論点の整理………………………………………… 133
Ⅴ 法律相談から受任まで …………………………………………… 138
  1 再相談……………………………………………………………… 138
  2 受任に向けて……………………………………………………… 140
Ⅵ 受任以後の事件処理 ……………………………………………… 141
  1 交　　渉………………………………………………………… 141
  2 訴　　訟………………………………………………………… 142
  【書式 2-4-2】　訴状（〈Case ④〉）……………………………… 142
  【書式 2-4-3】　上申書（〈Case ④〉）…………………………… 144
  【書式 2-4-4】　答弁書（〈Case ④〉）…………………………… 145
  【書式 2-4-5】　判決書（〈Case ④〉）…………………………… 148
Ⅶ 最後に ……………………………………………………………… 149

第 5 章　賃貸借契約——賃貸人の義務 …………… 150

Ⅰ 事案の概要 ………………………………………………………… 150
Ⅱ 実務上のポイント ………………………………………………… 150
Ⅲ 初回の相談～重要事項説明義務の範囲～ ……………………… 150
  1 甲弁護士の悩み…………………………………………………… 152
  2 解　　説………………………………………………………… 153
  3 検　　討………………………………………………………… 155
Ⅳ 2 回目の相談～修繕義務の範囲～ ……………………………… 156
  1 甲弁護士の悩み…………………………………………………… 157
  2 解　　説………………………………………………………… 157
  3 検　　討………………………………………………………… 159
Ⅴ 3 回目の相談～無断立ち入りの違法性～ ……………………… 159
  1 甲弁護士の悩み…………………………………………………… 160

		2	解　説	160
		3	賃貸人からの事情聴取	161
		4	検　討	163
	Ⅵ	その後の展開		163
	Ⅶ	後始末		164

第6章　契約書がない賃貸借契約の成否 165

- Ⅰ 事案の概要 165
- Ⅱ 実務上のポイント 165
- Ⅲ 初回相談 166
- Ⅳ 事前交渉 169
  - 【書式2-6-1】 通知書（〈Case ⑥〉） 169
- Ⅴ 訴訟提起 172
  - 【書式2-6-2】 訴状（〈Case ⑥〉） 172
- Ⅵ 第1回口頭弁論期日 176
  - 1 Y氏の反論 176
  - 2 第1回口頭弁論期日 176
- Ⅶ 第2回口頭弁論期日 177
  - 1 期日に向けた準備 177
  - 2 準備書面の作成 181
  - 【書式2-6-3】 建物賃貸借契約書（抜粋）（〈Case ⑥〉） 181
  - 【書式2-6-4】 準備書面（〈Case ⑥〉） 183
  - 3 Y氏の反論 184
  - 4 第2回口頭弁論期日 185
- Ⅷ 第1回弁論準備期日 185
  - 1 X氏との打合せ 185
  - 2 第1回弁論準備期日 185
  - 3 X氏との打合せ 186

Ⅸ　エピローグ ……………………………………………………… 187

第7章　贈与契約——成立と財産の帰属 …… 188

Ⅰ　事案の概要 ……………………………………………………… 188
Ⅱ　実務上のポイント ……………………………………………… 189
Ⅲ　相談対応 ………………………………………………………… 189
　1　相談内容 …………………………………………………………… 189
　2　遺言書の発見と交渉の開始 ……………………………………… 191
　【書式2-7-1】　通知書（〈Case ⑦〉）……………………………… 192
　【書式2-7-2】　回答書（〈Case ⑦〉）……………………………… 193
Ⅳ　土地の帰属 ……………………………………………………… 193
　1　土地の所有権についての法律構成 ……………………………… 193
　2　土地の買主は誰か ………………………………………………… 195
　〈図表2-7-1〉　契約の成否の認定にあたっての考慮要素 ………… 195
　〈図表2-7-2〉　土地の帰属に関する間接事実の整理（〈Case ⑦〉）… 196
　3　〈Case ⑦〉の場合 ………………………………………………… 200
Ⅴ　建物の帰属 ……………………………………………………… 200
　1　建物は誰に帰属するか …………………………………………… 200
　2　〈Case ⑦〉における事実の整理 ………………………………… 201
　〈図表2-7-3〉　建物の帰属に関する間接事実の整理（〈Case ⑦〉）… 202
　3　〈Case ⑦〉の場合 ………………………………………………… 203
Ⅵ　贈与契約の成立 ………………………………………………… 203
　1　贈与契約とは ……………………………………………………… 203
　2　〈Case ⑦〉における事実 ………………………………………… 203
　3　間接事実の証明度 ………………………………………………… 203
　〈図表2-7-4〉　贈与契約の成立に関する間接事実の整理
　　　　　　　　（〈Case ⑦〉）……………………………………… 204
　4　贈与の主張 ………………………………………………………… 205

  5　〈Case ⑦〉の場合 ·· 206
Ⅶ　預金債権の帰属 ·· 206
  1　預金に関する事実関係 ·· 206
  2　預金債権の帰属に係る学説 ·· 207
  3　普通預金に関する２つの最高裁判例 ································ 208
  4　〈Case ⑦〉の場合 ·· 210

第8章　寄託契約──受寄者が負う注意義務の範囲 ············ 211

Ⅰ　事案の概要 ·· 211
Ⅱ　実務上のポイント ·· 211
Ⅲ　電話での相談～受寄者が負う注意義務の範囲～ ················ 211
  1　甲弁護士の悩み ·· 212
  2　解　説 ·· 213
  3　まとめ ·· 216
  〈図表2-8-1〉　商事寄託、民事寄託、事務管理等の注意義務の範囲 ···· 216
Ⅳ　1回目の相談～商事寄託、民事寄託、事務管理の区分～ ··· 216
  1　甲弁護士の悩み ·· 218
  2　Y社側の回答 ·· 218
  3　検　討 ·· 220
Ⅴ　注意義務の具体的内容 ·· 222
  1　甲弁護士の悩み ·· 222
  2　Y社の回答 ·· 222
  3　検　討 ·· 224
Ⅵ　その後の展開 ·· 226
Ⅶ　後始末 ·· 226

第3編　契約関係事件の現場
──非典型契約をモデルケースとして

第1章　コンサート出演契約──出演料の連帯保証契約の有効性……230

- Ⅰ　事案の概要……230
- Ⅱ　実務上のポイント……230
- Ⅲ　X社からの相談……231
  - 1　甲弁護士とA社長のやりとり……231
    - 【書式3-1-1】　契約書（抜粋）（〈Case⑨〉）……231
  - 2　検討……233
    - 〈図表3-1-1〉　契約関係（〈Case⑨〉）……234
    - 〈図表3-1-2〉　別の契約関係例（手打ち公演）……234
    - 【書式3-1-2】　合意書（案）（〈Case⑨〉）……237
- Ⅳ　B社長との面談日……238
  - 【書式3-1-3】　合意書（〈Case⑨〉）……239
- Ⅴ　訴訟の経過……240
  - 1　訴状の提出……240
    - 【書式3-1-4】　訴状（〈Case⑨〉）……240
  - 2　Y社・B社長の反論……242
    - 【書式3-1-5】　答弁書（〈Case⑨〉）……242
  - 3　第1回口頭弁論期日……243
  - 4　X社側の反論……245
    - 【書式3-1-6】　原告第1準備書面（〈Case⑨〉）……249
  - 5　被告の反論……251
  - 6　第2回弁論準備手続期日……251

Ⅵ 訴訟を終えて ……………………………………………… 252
　【書式3-1-7】 和解条項（《Case ⑨》）……………………… 253

第2章　業務委託契約書──競業避止義務条項の有効性 …… 255

Ⅰ 事案の概要 ……………………………………………… 255
Ⅱ 実務上のポイント ……………………………………… 256
Ⅲ 本件原契約の締結 ……………………………………… 256
　1 受任まで ……………………………………………… 256
　2 打合せ要旨──競業避止義務条項の存在 ……………… 256
　3 X氏からの連絡──契約終了後の競業避止義務条項の不削除 …… 258
Ⅳ 本件変更契約の締結 …………………………………… 259
　1 打合せ要旨──契約期間中の競業避止義務の一部解除 …… 259
　2 X氏からの連絡 ……………………………………… 261
Ⅴ 本件契約の終了（不更新）…………………………… 261
　1 本件契約の終了（不更新）の予兆 …………………… 261
　2 打合せ要旨──本件契約が終了（不更新）した場合の対策 …… 262
　3 本件契約の終了（不更新）の通知 …………………… 265
Ⅵ 訴訟提起 ………………………………………………… 265
　1 訴状の作成 …………………………………………… 265
　【書式3-2-1】 訴状（《Case ⑩》）…………………………… 267
　2 Y社代理人からの連絡 ……………………………… 271
Ⅶ 訴訟期日 ………………………………………………… 272
　1 第1回期日（口頭弁論）……………………………… 272
　2 第2回期日（弁論準備）……………………………… 274
　3 期日間 ………………………………………………… 276
　【書式3-2-2】 和解条項（案）（《Case ⑩》）……………… 277
　4 訴訟上の和解の成立 ………………………………… 278

第3章　秘密保持に関する誓約──競業避止義務特約の有効性と損害 …… 279

- Ⅰ　事案の概要 …… 279
- Ⅱ　実務上のポイント …… 279
- Ⅲ　初回相談 …… 279
  - 【書式3-3-1】　秘密保持に関する誓約書（⟨Case ⑪⟩） …… 281
  - 1　方針の検討 …… 282
  - 2　退職後の競業避止義務合意の有効性 …… 285
- Ⅳ　打合せ …… 288
- Ⅴ　競業避止義務違反の損害額算定と訴えの提起 …… 291
  - 【書式3-3-2】　訴状（⟨Case ⑪⟩） …… 292
- Ⅵ　答弁書の受領 …… 295
  - 【書式3-3-3】　答弁書（⟨Case ⑪⟩） …… 295
- Ⅶ　第1回～第4回期日 …… 297
- Ⅷ　第5回期日──和解金額の提示 …… 298
- Ⅸ　その後 …… 300

第4章　下請契約──下請代金の減額の禁止・不当な経済上の利益の提供要請の禁止 …… 301

- Ⅰ　事案の概要 …… 301
- Ⅱ　実務上のポイント …… 302
- Ⅲ　相談・論点整理 …… 302
  - 1　相　談 …… 302
  - 2　下請法の概要 …… 304
  - 3　論点整理 …… 304
- Ⅳ　通知書の送付 …… 307
  - 1　通知書の送付 …… 307

【書式3-4-1】　通知書（〈Case ⑫〉）·················· 307
　2　Y社代理人からの回答書 ························· 309
Ⅴ　代理人間の協議 ··································· 310
　1　Y社との協議 ··································· 310
　2　X社との協議 ··································· 314
Ⅵ　覚書の締結 ······································· 315

第5章　継続的契約の中途解約の有効性 ·········· 316

Ⅰ　事案の概要 ······································· 316
Ⅱ　実務上のポイント ································· 316
Ⅲ　X社からの相談 ··································· 317
　1　初回打合せ ····································· 317
　2　X社からの聴取り ······························· 317
　　　【書式3-5-1】　訴状（〈Case ⑬〉）·················· 317
Ⅳ　答弁書の作成 ····································· 322
　1　継続的契約の解消 ······························· 322
　2　答弁書において主張した具体的な事実 ············· 324
Ⅴ　Y社からの反論 ··································· 326
Ⅵ　損害論の検討 ····································· 327
　1　信頼利益に限られるとするもの ··················· 327
　2　履行利益まで認めるもの ························· 328
Ⅶ　和解勧試 ··· 329
　1　和解協議（第1回） ····························· 329
　2　和解協議（第2回） ····························· 333
Ⅷ　和解成立 ··· 334
　　　【書式3-5-2】　和解条項（〈Case ⑬〉）·············· 335

第6章　フランチャイズ契約──加盟金返還請求訴訟 ……………………… 336

- I 事案の概要 …………………………………………………… 336
- II 実務上のポイント …………………………………………… 336
- III 事件受任 ……………………………………………………… 337
  - 1 相談の内容 ……………………………………………… 337
  - 2 検　討 …………………………………………………… 338
  - 〈図表 3-6-1〉 フランチャイズに関する法律等と関連規定 ………… 339
  - 【書式 3-6-1】 請求書（《Case ⑭》） ……………………… 342
- IV 訴訟提起 ……………………………………………………… 344
  - 【書式 3-6-2】 訴状（《Case ⑭》） ………………………… 344
- V 第1回期日以降の経過 ……………………………………… 350
  - 1 第1回期日 ……………………………………………… 350
  - 2 第2回期日 ……………………………………………… 350
  - 3 第3回期日 ……………………………………………… 350
  - 4 第4回期日 ……………………………………………… 351
  - 【書式 3-6-3】 準備書面（《Case ⑭》） …………………… 351
- VI 第5回期日以降の経過 ……………………………………… 357
  - 1 第5回期日 ……………………………………………… 357
  - 2 第6回期日 ……………………………………………… 357
  - 3 第7回期日 ……………………………………………… 358
  - 4 第8回期日 ……………………………………………… 358
- VII 和解の成立 …………………………………………………… 358
  - 【書式 3-6-4】 和解案（《Case ⑭》） ……………………… 358

・事項索引 …………………………………………………………… 360
・執筆者一覧 ………………………………………………………… 364

凡　例

〈判例集等略称表記〉

民録	大審院民事判決録
民集	大審院民事判例集、最高裁判所民事判例集
裁判集民	最高裁判所裁判集民事
判時	判例時報
判タ	判例タイムズ
金商	金融・商事判例
金法	金融法務事情
労判	労働判例
LEX/DB	TKC法律情報データベース
WLJPCA	ウエストロージャパン判例データベース

第1編 契約理論の概説

第1章 「債」の概念

I 「債」とは何か

　契約とは、「債」の発生原因の1つである。

　物権とは、物に対する支配権であり、物権（たとえば所有権を例にする）を有するとは、物を使用し、収益し、処分（捨てるもしくは譲渡）することができる権利を有することである。

　人に対する関係ではどうか。近代以前であれば、農奴制にみられるように人もまた所有権の対象であり、現象的には、封建領主が人（農奴）に対して支配権を有しているといえる状況にはあったが、物に対する支配権とは根本的に異なる側面をもつ。

　たとえば、封建領主が、農奴を収益する場合、「城砦を直せ」という要求の形をとり、この要求に対して、農奴は、城砦修理という奉公（給付）を行う形をとる。「要求→奉公（給付）」というワンクッションが介在する点で、人に対する支配権を考えてみても、物に対する直接的支配権とはその態様が大きく異なる。

　この要求と奉公（給付）が即時完了する場合、封建領主と農奴間の城砦修理に関する関係は、それで終わりである。封建領主の要求が「今年中に城砦修理を直せ」という要求である場合、農奴は、即時に奉公（給付）する必要はなく、当年末まで時的猶予を得ることとなるが、その間、城砦修理を行う義務を負うこととなり、城砦修理に関する封建領主と農奴との関係は継続す

る。ここで、封建領主の要求＝（イコール）請求に対し、農奴が当年中に城砦を直すべきこと＝（イコール）給付が「債」であり、農奴が給付を行えば「債」は消滅する。「債」を封建領主側からみれば、「債」に対する権利＝（イコール）債権であり、農奴側からみれば、「債」を給付する義務＝（イコール）債務である。

　上記の例は、物権との対比で人に対する支配権という観点からの説明であるが、いうまでもなく、対等当事者間でも同様である。

　AがスーパーマーケットBで買い物をして、現金払いで商品を受け取った場合、取引関係は即時完了し、「債」は発生しない（理屈をいえば、商品受け渡しと支払いの間にタイムラグがあり、その間「債」が発生し、決済により即時消滅しているといえる）。

　この場合において、Aが月末に代金を支払うという約束でBから商品を受け取った場合、「今月末までに代金を支払う」ことを給付とする「債」が発生し、Bはその「債」権者、Aは「債」務者となる。Aが代金を支払えば「債」は消滅する。

　以上のとおり、「債」は、給付の時期が現在より先になるという時的要素に依拠し、これを許容する約束＝（イコール）信用を本質とする。したがって、債権・債務関係という接触をもつ当事者間は、強く信義則が支配する関

〈図表1-1-1〉「債」と当事者関係

係下に入り、本来的給付義務のほか、後に述べる付随義務および保護義務が発生することとなる。

II 「債」概念による債権法の諸制度

1 債権譲渡

給付内容が証券に化体された有価証券がわかりやすい。

有価証券≒(ニアリーイコール)「債」であり、有価証券たる小切手の裏書譲渡は、「債」の移転の典型例である。

「債」を請求しうる者（債権者）が「債」を譲渡することが債権譲渡である。「債」が動くのである。したがって、債権譲渡がなされても訴訟物は同一であり（司法研修所編『紛争類型別の要件事実』122頁）、譲渡自由が原則となる（民法466条1項）。

2 債務引受

「債」の内容たる給付義務を負う者の変動が免責的債務引受である。

信用は給付義務者に依拠するため、債権者の承諾が必須となる。

〈図表 1-1-2〉 **債権譲渡と債務引受**

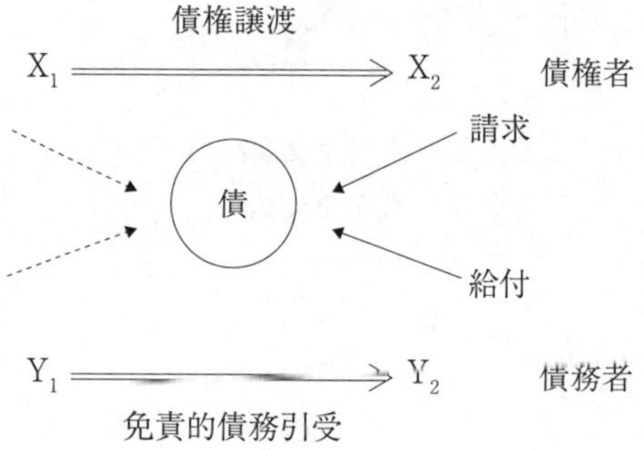

3　保証・担保

　主「債」務に、比喩的にいえば「接着している」別の「債」が保証「債」務であり物的担保である。

　保証債務は、別の「債」であるので、主債務とは訴訟物を異にする。

　また、主債務に「接着している」「債」であるため、主債務が消滅すれば、同時に消滅し（附従性）、主債務が債権譲渡されれば、一緒に移転していく（随伴性）。

　根保証、根抵当の場合、極度額の枠内で「債」が入れ替わるが、元本確定事由の発生により、主債務に「接着する」。

〈図表 1-1-3〉　保証・担保（主「債」務に「接着」している「債」）

4　変更契約・更改

　弁済期の変更、賃料の改定等、「債」の要素自体は変更せず、「債」の内容（給付内容）を変更するものが変更契約とよばれるものである。変更前後で「債」自体は変わらないので、訴訟物は当然同一であり、保証・物的担保にも原則として影響を与えない。

　「債」の要素を変更し、かつ、当事者間に更改意思が存する場合が更改である。更改前の「債」は消滅し、新たな「債」が発生するので、訴訟物を異にすることとなり、保証・物的担保は、原則として消滅する。

〈図表 1-1-4〉 変更契約・更改

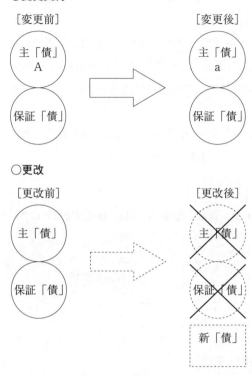

III 「債」の発生原因

民法は、以下の4個の事由を「債」の発生原因と規定している。

契約は、「債」の発生原因の1つであり、世上、最もよくみられる発生原因である。

① 契約（民法第3編第2章）
② 事務管理（同法同編第3章）

③ 不当利得（同法同編第4章）
④ 不法行為（同法同編第5章）

Ⅳ 「債」の拡張

「債」の発生原因が契約の場合、当該契約から本来的に発生する給付義務（たとえば、売買契約であれば、目的物引渡義務）のほかに、信義則を根拠に、付随義務および保護義務（論者によって用語および構造の理解と位置づけに異同はある）が発生する。

契約締結上の過失、説明義務違反、拡大損害論等は、この付随義務または保護義務の不履行として位置づけられる。

〈図表1-1-5〉「債」の拡張

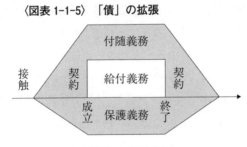

不法行為責任規範

（近江幸治『民法講義Ⅳ債権総論〔第3版補訂版〕』7頁、図③を引用）

第2章 契約の基本原理

I 根拠

　第1章では、物権の支配権との対比で、人に対する支配権を考えるにあたっても「債」の概念が介在せざるを得ないことを論じた。この場合の「債」の発生原因は、封建領主との主従関係という当人の努力ではいかんともしがたい先天的な門地によることとなる。人権思想に基づく近代法では、英国の法学者H. メーンがその著者で述べた「身分から契約へ」のとおり、権利の取得や義務の負担は、当人の自由な意思によってのみなされるべきであり、契約自由の原則が導かれる。また同時に、「自らが自由な意思で義務を負担し、信用を供与した以上、それは遵守されてしかるべきである」ことから、契約の拘束力が導かれる。

II 公法領域

　現代においても、支配・被支配の関係から「債」が発生する場合がある。いわゆる公法領域における法律関係では、租税債務や違法建築物除却命令（建築基準法9条1項）に基づく除却義務等、契約に基づかず「債」が発生しうる。いうまでもなく、近代法において、人による支配が認められない以上、私人に一定の義務を課すには、法律（議会制定法）の根拠が必要であり、契約自由の原則に代わって法律による行政の原則が機能することとなる。

III 契約自由の原則の内容

① 契約を締結する、しないの自由
② 契約の相手方を選択する自由
③ 契約内容を決定する自由
④ 契約締結方式の自由

上記①および②の原則を市場取引の原則とよび、上記③および④の原則を合意優先の原則という（平井宜雄『債権各論Ⅰ(上)契約総論』27頁）。

IV 契約自由の原則に対する制限

1 契約自由の原則を制限する理由

契約自由の原則、過失責任主義および所有権の保障は、近代自由主義経済における基本原理である。しかし、弱肉強食を是とせざるを得ない自由主義経済の弊害を防止するため、各種の法的規律がなされ、契約自由の原則は一定の制限を受ける（民法（債権法）の改正に関する要綱案（以下、「要綱案」という）第26では、明文で規定されている）。いわゆる新自由主義とリベラリズムの対立は、これら近代自由主義経済の原則をどこまで制限するかの争いに帰結する。

契約自由の原則に対する法的規律の具体例は、以下のとおりである。

2 市場取引の原則に対する規律

私的独占の禁止及び公正取引の確保に関する法律（独占禁止法）による企業結合の制限、水道事業者の給水義務（水道法15条）、司法書士の依頼に応じるべき義務（司法書士法21条）、使用者の労働組合に対する団体交渉に応じるべき義務（労働組合法7条2号）、テレビ設置者のNHKに対する受信契約締結義務（放送法64条）などがある。

3　合意優先の原則に対する規律

(1)　強行規定（民法91条）

労働基準法による労働条件の定め（同法13条）、解雇規制（労働契約法16条、17条）、消費者に不利な条項の無効（消費者契約法8条～10条）、建物の賃借人に不利な条項の無効（借地借家法30条）、利率の制限（利息制限法1条）等がある。

(2)　取締法規

たとえば、建設業法19条は、建設工事の請負契約の適正化を図るという見地から、当該請負契約の記載内容を細かに規定している。このように一定の行政目的達成のための規律（取締法規）に違反した場合、行政罰または一定の不利益処分が科せられる場合があるが、これとは別に、当該契約が私法上効力を有するか否かという問題がある。

結論としては、取締法規違反が直ちに契約の無効を招来するものではないが、当該取締法規の法の趣旨と諸般の状況を勘案し、法の禁止の趣旨が強度の場合（人の生命・身体に影響を及ぼすような場合または契約の効力を是認することが法の趣旨に反する場合）は、私法上の効力も否定される場合があると考えられる。

判例で、私法上の効力を否定したものとして、著名な有毒アラレ事件（最判昭和39・1・23民集18巻1号37頁）、非弁行為に関する委任契約（最判昭和38・6・13民集17巻5号744頁）がある。蛇足ではあるが、認定司法書士が140万円を超える債務整理を行った事案につき、不法行為の成立を認め、依頼者が支払った報酬相当額の損害賠償責任を認めた最高裁判例が近時出された（最判平成28・6・27民集70巻5号1306頁）。当該事件では、不法行為責任に基づく請求であったため、その限りでしか判断がなされていないが、報酬全額を損害と認めている点において、取締法規（司法書士法）違反の委任契約の効力を否定する趣旨を含んでいると解する余地がある。

私法上の効力を肯定したものとしては、文化財保護法に定める届出を懈怠しての重要文化財の譲渡契約（最判昭和50・3・6民集29巻3号220頁）等があ

る。

(3) 公序良俗違反（民法90条）

社会的妥当性を欠く契約は、その効力を否定される。

要綱案第1では、現行法にある「……反する事項を目的とする……」との文言から、「事項を目的とする」を削除し、目的のみならず行為形態が社会的妥当性を欠く契約も対象となることが明示されている。

公序良俗違反の典型例として近時問題となったものとしては、証券会社が顧客に行う損失保証契約、不倫関係維持・継続のための贈与契約、模倣商品の売買契約、出資法違反の高利貸金契約等がある。

第3章 契約の種類

I 一般的分類

あえて触れるまでもないので、詳細な説明は割愛し、実務上有益であると思われる点のみ解説する。

1 典型契約と非典型契約

典型契約の場合、民法の当該契約に関する規定がそのまま適用できる。

非典型契約の場合において、民法の規定を適用する場合、当該非典型契約の性質を踏まえ、典型契約の適用可能性を判断するというワンクッションが必要となる。

たとえば、ビル清掃契約は、仕事の完成を目的とするものではなく役務の提供を目的とするものと考えれば準委任契約（民法656条）にあたると解される。これを前提とすれば、その契約内容にトイレットペーパー等の消耗品の補充も含まれているが、消耗品の費用負担に対する明示の規定がない場合、その費用の請求根拠は、（準）委任契約における費用等の償還請求権（同法650条1項）と解しうる。

2 双務契約と片務契約

(1) 基本原則

双務契約は、対価的相互依存の牽連関係がある。すなわち、双務契約には、

同時履行の抗弁権が付着し（民法533条）、危険負担（同法534条〜536条）の問題が生じる。

(2) 同時履行の抗弁権

同時履行の抗弁権に関し、実務上留意すべき点として、請負契約における報酬請求と瑕疵の修補に代わる損害賠償請求との関係がある。両者は、同時履行の関係にあり（民法634条2項）、請負人から報酬請求訴訟を提起された場合、被告である注文者は、当該損害賠償請求権をもって、相殺の抗弁または同時履行の抗弁権による権利抗弁を提出できるが、相殺した場合、その時より残余の報酬請求権に遅延損害金が付加されるのに対し、同時履行の抗弁権を提出した場合には、引換給付判決がなされることとなり、当該報酬請求権は遅滞に陥らないため、遅延損害金が発生しない。その限りにおいて、同時履行の抗弁権を行使したほうが有利である。

(3) 危険負担

危険負担に関して、債権者主義（民法534条、535条）には批判が多かったが、要綱案第13では、債権者主義は廃止されることとなる（同法534条、535条の削除）。また、債務者主義（同法536条）は、その効果が債務消滅（「債」の消滅）から、履行拒絶権の付与に改められている。

3 有償契約と無償契約

双務契約はすべて有償契約である。無償契約はすべて片務契約である。

〈図表1-3-1〉 有償・無償契約と双務・片務契約の関係

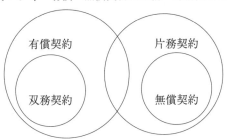

ベン図で表せば〈図表1-3-1〉のとおりである。有償契約である片務契約というカテゴリーが考えられる（利息付金銭消費貸借契約）。

4 諾成契約と要物契約

典型契約では、消費貸借契約のみが要物契約であり、他の典型契約はすべて諾成契約である。

留意すべき要物契約（物権契約含む）としては、質権設定契約（民法344条、指名債権の権利質を除く）、代物弁済契約（同法482条）等がある。

要物契約では、契約条項中に「……を引き渡した。」との記載を入れておくことが後日の紛争予防となり望ましい。

5 一時契約と継続契約

債務の履行が1回で終了するか一定期間継続するかに着目した区分である。

継続契約では、解除は、将来に向かってのみ効力を有する（民法620条、630条、652条）。遡及効のある解除（同法545条）と区別するため、「告知」あるいは一般的には「解約」とよばれる。

留意すべき点として、継続契約では、その人的関係の継続性から信義則が強く支配し、相手方の合理的期待に一定の法的保護が与えられる場合があるため、解釈上、正当事由がなければ、解約や契約期間の更新拒絶が制限されることがある（大阪地判平成17・9・16判時1920号96頁、札幌高判平成23・7・29判時2133号13頁）。

6 付合契約（定型約款）

付合契約とは、携帯電話加入契約やクレジットカード契約のように、契約当事者の一方（一般的には企業）があらかじめ用意した契約条項（約款）を他方当事者（一般的には消費者）が包括的に承認することが事実上契約成立の要件となっている契約である。

付合契約は、契約自由の原則に反するおそれがあり、約款に法的拘束力が

認められるかという点で疑義があるが、契約当事者に、約款に従うという包括的な意思が認められるとして、原則として法的拘束力を有すると解されている。ただ、このように解しても、一方当事者に一方的に不利益な契約条項にまで契約の拘束力を認めるかという問題点は残る。

　この点に関し、要綱案第28は、まず、定型取引および定型約款の定義を定める。そのうえで、定型取引を行うことの合意（定型約款を契約の内容とする合意をし、定型約款を契約の内容とすることを表示している場合に限る）から、定型約款の個別条項についての合意を導き、合意が存したとのみなし規定をおく。ただし、定型約款のうち、相手方の権利を制限し、義務を加重する条項であって、その定型取引の態様およびその実情並びに取引上の社会通念に照らして民法1条2項に規定する基本原則（信義則）に反して相手方の利益を一方的に害すると認められるものについては、前述のみなし規定の適用を排除する形で、契約の拘束力を否定する構成をとっている。

II　実務的観点からの分類

1　契約書・覚書・合意書・念書

　名称のいかんを問わず、契約の成立とその内容を証明するための書面として作成されたものである以上、契約として法的拘束力を有する。一般人の中では、これら書面の名称により、法的拘束力の存否や強度に差異が存するとの誤解がみられる場合が多い。

　一般的には、「契約書」は、本契約（当事者間の合意の中核をなす合意）の場合に使用され、「覚書」は、本契約に付随する細目的合意または本契約締結後の契約内容の変更合意等に使用される傾向にある。一方、「合意書」や「念書」は、当事者間に紛争または契約内容の疑義等が存した場合に、その解決に関する合意を行う場合に使用される傾向がある。

2　基本契約と個別契約

　商品供給契約のような継続契約や当事者間で反復継続して取引が行われる場合において、当該契約または取引に共通的に適用される事項をまとめてあらかじめ定めたものが「基本契約」または「取引基本契約」である。例として、銀行取引における銀行取引約定書がこれにあたる。

　反復継続して行われる取引の個々の取引における合意が「個別契約」であり、銀行取引では、金銭消費貸借契約書や手形貸付（手形の振出）がこれにあたる。

　一般的に商取引では、個別契約は、注文書と注文請書の授受により成立するとされることが多い。

　実務上みられる問題点としては、個別契約が存在しない（口約束に近い形で漫然と取引が行われる）、基本契約と個別契約間に矛盾抵触があるが、どちらが優先されるかの規定がない、などがある。

3　原契約と変更契約

　契約の内容を途中で変更した場合、当初の合意内容を「原契約」、契約内容の変更合意を「変更契約」という。例としては、金銭消費貸借契約における弁済期の延長合意、利率の変更合意等がある。

　第1章Ⅱ4で述べたとおり、契約内容の変更であって当事者間に更改意思が認められる場合は、「原契約」は消滅し、新たな「債」が発生する。

4　商事契約

　商人間（会社間）の契約のように商法の適用がある契約を「商事契約」または「商取引」等という。

　商事契約の場合、商行為法の適用がある点で注意が必要である。

　法定利率が6％（商法514条）となることおよび消滅時効期間が5年であること（同法522条）は著名であるが、そのほか主たるものとして、商行為の代理に顕名が不要であること（同法504条）、契約の申込みを受けた場合の諾否

通知義務とみなし承諾（同法509条）、債務の履行場所（同法516条）、商事留置権（同法521条）、商事売買における買主の目的物検査・通知義務と瑕疵担保責任の免責（同法526条）等がある。

上記以外にも、当該契約の内容が商法第2編第2章以下の商行為に該当する場合には、当該規定が適用されるので、商行為法の条文にも目を通しておく必要がある。

5 B2B契約・B2C契約・C2C契約

(1) B2B契約とは

B2B契約とは、Business to Business（企業対企業）契約の略語である。

この契約類型では、原理的には「情報の非対称性や依存性」がなく、力関係が同等である対等当事者間の契約である。このため、判例は、契約内容の解釈にあたり、契約自由の原則をストレートに適用する傾向にあるが、元請と下請のように、力関係に差がある場合は、弱者保護の観点からの修正が加えられる。

たとえば、継続契約の解約は、契約自由の原則からすれば、特約がない限り、正当事由がなくとも自由になし得るのが原則となる。東京地判平成23・7・28判時2143号128頁は、銀行間の業務提携契約の解約が争われた事案であるが、上記原則に従い、解約申入れに正当事由は不要として解約を認めた。

一方、大阪地判平成17・9・16判時1920号96頁は、大手外食チェーン店とその商品を製造供給している下請企業との業務委託契約の解約が争われた事案であるが、上記原則は認めつつ、契約の目的物の性質、当事者の性質等の特質を考慮して、解約申入れには正当事由が必要であるとして原則の修正を行っている。

(2) B2C契約とは

B2C契約とは、Business to Consumer（企業対消費者）契約の略語である。

企業と消費者間では、「情報の非対称性や依存性」があり、対等当事者間の取引とはいいがたく、消費者契約法等の強行規定により契約自由の原則が

修正されていること、付合契約の問題があることは、既述のとおりである。

判例は、消費者保護の観点から、契約内容の解釈にあたっても、契約自由の原則を修正して適用する傾向にある。

(3) C2C 契約とは

C2C 契約とは、Consumer to Consumer（消費者対消費者）契約の略語である。

この契約類型では、原理的には対等当事者間の契約となるが、一般論として、法的知識の乏しいまたは法的専門家の助言等がない者同士の契約となるため、契約内容が不明瞭であることが多く、判決では、当事者の合理的意思を解釈して判断がなされる傾向がある。また、基本的書証（契約書等）を欠き、立証に困難を来すことが多い。

6　基本合意書（LOI：Letter Of Indent)

M&A 等の特定の案件に関し、最終合意（契約）に至る前段階として、当該案件を検討することを表明し、いわゆる due diligence（適正評価手続）の結果を踏まえて、最終合意に至った場合の基本事項の取り決め等の合意である。

いわゆる due diligence 実施の前提として締結されることが通例である。

LOI の特徴として、通例は、最終合意（契約）を行うことに法的拘束力を付与しない点にある。たとえば、M&A が株式譲渡の方式で行われる場合、買主サイドは、LOI によっても当該株式譲渡契約の締結義務を負うことはない。

第4章 契約の成立

I 成立要件

　契約の目的は、相手方に法的拘束力（司法手続を経た強制）を課す点にあり、法的拘束力の根拠は、当事者の自由意思に基づく。したがって、不要式の諾成契約の場合、当事者間の意思が合致（合意）すれば契約は成立する。この場合、契約書の有無は、合意の立証方法にすぎないが、当該契約書に当

〈図表1-4-1〉　二段の推定

　　　　　　　　要証事実：文書の真正成立

第2段　　　　　　法律上の推定（民訴228条4項）

　　　　文書に本人 or 代理人の署名 or 押印（印影）がある

第1段　　　　　　事実上の推定（本人 or 代理人の
　　　　　　　　　　　　　　　　意思に基づいて顕出）

　　　　文書の印影が本人 or 代理人の印章により顕出

　　印章が本人 or 代理人のものであることの立証（印鑑証明書等）

事者の印章による印影があれば、いわゆる二段の推定（最判昭和39・5・12民集18巻4号597頁）により、文書の真正な成立が推定され形式的証明力を有するに至り、さらに契約書は、いわゆる処分文書であることから、形式的証明力が認められれば、実質的証明力も反証なき限り認められ、合意の存在と内容がほぼ認められることとなる。

II 契約の不成立と錯誤

1 契約の不成立

当事者の意思の合致が認められない場合（当事者の意思の不合致）、契約は不成立となり当然に法的拘束力を有しない。考えられる事例としては、不利益な条項を隠して契約書に押印させることや一方的に不利益な条項の存する付合契約等がある。

2 錯　誤

一方、表意者自身が内心の効果意思と表示が一致していないことを知らないときは、錯誤の問題となる。これが要素の錯誤である場合、契約は無効であり、法的拘束力を有しない（近時の例として、最判平成14・7・11判時1805号56頁）。

3 区別の実益

当事者の意思の不合致の場合も錯誤の問題ととらえる見解もあるが、別の問題ととらえるのが近時の通説である。

区別の実益として主張・立証責任の所在が異なる点があげられる。契約の成立の主張・立証責任は、契約の効力を主張する当事者が負うことから、契約の効力を否定する当事者は、契約の成立を否認すればよく、主張・立証責任を負担しない。一方、錯誤の場合、契約自体は成立していることを前提とするため、契約の効力を否定する当事者が抗弁として錯誤についての主張・

立証責任を負うことになる。契約の効力を否定する当事者が主張・立証責任を負うか否かという点で、両者の区別の実益がある。

III 契約の当事者（代表と代理）

商事契約において、実務上、しばしば問題となる事項を解説する。

1 代表者

法人（以下、株式会社を念頭におく）にあっては、その代表者（代表取締役または取締役）が代表権を有し（会社法349条）、契約締結権限があることは疑いない。

2 支配人

支配人が選任されている場合、支配人も事業に関する代理権を有し（会社法11条）、契約締結権限を有する。支配人か否かは、登記で確認できる（同法918条）。

3 委任を受けた使用人

実務では、部長や課長の名義で契約が締結されていることがままあるが、これらの契約は有効か、という形でしばしば相談がなされることがある。この署名した部長や課長が、「事業に関するある種類又は特定の事項の委任を受けた使用人」であれば、当該事業に関する代理権を有し（会社法14条）、契約締結権限を有することとなるが、代理権が授与されているか否かは外見上明らかではない。取引の相手方は、代理権が授与されていることを確認する必要があるのだろうか。

旧商法に関する判例であるが、最判平成2・2・22商事法務1209号49頁は、「当該使用人が営業主からその営業に関するある種類又は特定の事項の処理を委任された者であること及び当該行為が客観的にみて右事項の範囲内に属

することを主張・立証しなければならないが、右事項につき代理権を授与されたことまでを主張・立証することを要しないというべきである」と判示している。判例理論に従えば、事実行為の委任があれば、代理権の授与は不要であり、代理権授与の確認の必要はない。

4 販売店舗の使用人

コンビニエンスストアでの売買等、物品の販売等（賃貸その他これに類する行為も含む）を行う店舗の使用人は、店舗に存する物品の販売等に関し、代理権を有するものとみなされ（会社法15条）、契約締結権限を有する。取引の相手方が悪意の場合、みなし規定の適用はない。

5 第三者保護

(1) 代表権等の制限

代表者の代表権、支配人の代理権および委任を受けた使用人の代理権に加えた制限は、善意の第三者に対抗できない（会社法349条5項、11条3項、14条2項）。

(2) 表見法理

代表者または支配人として行動した者が、実際にはその権限が存在しないにもかかわらず、会社がそれらがあるかのような表示をさせていた場合、表見代表取締役（会社法354条）および表見支配人（同法13条）の規定により、会社は、権限がないことを善意の相手方に対抗できず、契約の成立が認められる。

IV 契約成立（合意成立）の証明

1 契約書（合意書面）

当事者間の合意内容を記載した処分文書であり、既述のとおり、二段の推定により形式的証明力が認められれば、特段の事情がない限り（内容を異に

する別の契約書が存在する場合等)、実質的証明力が認められ、契約の成立およびその内容が認定される。その意味で極めて強い証明力を有する。

2 ファクシミリ (FAX)

継続的取引における個別契約の成立については、一方当事者が記名押印した注文書を相手方にファクシミリ送信し、受信した相手方は、当該注文書の注文請書欄に記名押印し、相手方にファクシミリ送信することによって契約を成立させる形態をとることが多い。

この注文請書を受信した書面も二段の推定等により形式的証明力が認められれば、契約の成立を証明する証拠となる。

ただし、原本性を有する契約書に比して、偽造、変造がなされやすい面があり、その意味において証明力(裁判官の自由心証によるが)は、やや劣る。証明力を争われた場合、人証等による補充的な立証が必要となる場合がある。

3 電子メール等

ファクシミリと同様に、個別契約の成立につき、電子メール等による方法も実務上ままみられる。

この場合も、たとえば「○○を○円で売りたい」という電子メールに対し、「買います」と電子メールで返信すれば、当事者間の意思の合致が認められ、契約が成立する。この電子メールをプリントアウトしたものも形式的証明力が認められれば、契約の成立を証明する証拠となる。

ただし、電子メールは文書ではなく、準文書(民事訴訟法231条)にあたる。このため通常の署名または押印を欠くこととなり、文書の真正な成立の推定規定(同法228条4項)が働く余地がなく、当然、二段の推定も及ばない(電子署名及び認証業務に関する法律に基づく電子署名がなされている場合は、同法3条により真正な成立の推定が働く)。このため、相手方が文書の真正な成立を争っている場合は、文書が真正に成立したことを立証する必要がある。具体的には、電子メールのヘッダー情報からメールアドレスや送受信年月日を

特定し、当該メールアドレスが文書の作成者が使用しているものであることを立証していくことになる。

　また、電子メールの本体は、電子データであり、改ざんが容易である。このため、文書の成立自体は争わないものの、改ざんがなされている等、実質的証明力を争われることもままみられる。この場合も、人証による補充的な立証により実質的証明力を有することを証明する方法が考えられるが、最も効果的な方法は、調査嘱託等の方法により、プロバイダ等から電子メールの通信記録を取り寄せ、電子メールのヘッダー情報を証拠提出した電子メールと対照のうえ、内容の同一性を示すことにより実質的証明力を有することを立証することである。ただし、プロバイダ等の記録保管期間に注意する必要がある。

4　口頭（口約束）

　契約が口約束だけでなされている場合、契約の成立を立証する直接証拠は当事者尋問しかないが、その証明力は書証に比して格段に弱い。したがって、この場合は、間接証拠による推認により契約の成立という主要事実（要証事実）を立証する必要がある。

　金銭消費貸借契約の成立を例にして、具体的に考えられる間接証拠をあげれば、貸主の預金通帳の動き（貸出実行日に主張する金額と同額の払い出しがなされている。あるいは、相手方からの送金（弁済）がある等）、相手方に対する金銭の振込依頼票、日記、メモの類、相手方に資金需要が存在した事実関係（多額の負債があり督促されていた。病気になり医療費が必要であった等）などが考えられる。

5　黙示の意思表示

　親が子に対し、所有する家屋を使用貸借していた場合において、子の死亡後（民法599条により使用貸借契約は終了する）、その配偶者が引き続き使用継続を続け、親がその事実を知りながら長期間その退去等を求めなかった場合、

黙示の意思表示により、親と配偶者間で使用貸借契約が成立したと考えることができる。

このように黙示の意思表示により契約が成立したことを主張する場合は、黙示の意思表示を基礎づける具体的事実を立証することになる（主要事実説による）。上記の例でいえば、親子関係に基づき子が使用貸借していた事実、子とその配偶者が同居していた事実、子の死後も配偶者が居住を続けている事実、長期間にわたり親から退去を求められなかった事実等が考えられる。

第5章 契約の解釈

I 意義

1 序論

契約の成立に争いがなくとも、その契約内容につき争われることは極めて多い。契約にまつわる紛争のうち、契約内容を争うものがその過半を占めているものと思われる。以下、契約の解釈が問題となる場合を3個の類型に分類し各説明する。

2 狭義の契約の解釈

契約書の締結により契約が成立している場合、契約内容すなわち当該契約の各契約条項の意味は、一義的に定まっているのが理想ではあるが、当事者がその認識を異にすることにより、紛争が生じうる。たとえば、請負契約の代金額が明示的に定まっていたとして、その代金には、法令の改正に伴う費用の増加分も含まれているのか、それとも増加分は含まれず、請負人は、別途請求できるのかで紛争に至るようなケースである。結局のところ紛争の帰すうは契約条項の解釈問題に帰結し、当事者の真意を明らかにすることにある。

このようなタイプの契約の解釈問題は、一般的に狭義の契約の解釈とよばれている。

3 補充的解釈

次に、契約条項に明示していなかった状況の発生等により、その取扱いをめぐっての紛争が生じうる。たとえば、毎月X日を支払期日とする契約条項がある金銭消費貸借契約において、X日が日曜日の場合の取扱いが定められていなかったようなケースである（最判平成11・3・11民集53巻3号451頁）。

このようなタイプの契約の解釈問題は、契約条項を補充する作業が必要であり、一般的に補充的解釈とよばれている。

4 修正的解釈

最後に、契約条項の意味理解において、当事者間に認識を異にすることはないが、当該契約条項を適用することが一方当事者にとって不利益となることから、紛争が生じうるケースがある。たとえば、契約者以外の者による通話でも契約者がその代金の支払義務を負うとのNTT加入電話約款が存する場合において、契約者の未成年の子が親の承諾なくダイヤルQ2サービスを長時間利用し、高額の通話料金が発生したが、NTTが契約者に高額の通話料を請求し、契約者がこれを拒絶するようなケースである（最判平成13・3・27民集55巻2号434頁）。

このようなタイプの契約の解釈問題は、正義・公平の概念から当事者の意思いかんにかかわらず、新たな規範を定立し、契約条項の修正を図る必要があり、一般的に修正的解釈とよばれている。

II 契約の解釈手法

1 狭義の契約の解釈の場合

(1) 主観的意味の探求

まず、契約当事者が示した表示（契約条項）の両当事者共通の意味（主観的意味）を明らかにすることから始まる。

前記Ⅰ2の例でいえば、「請負代金」に法令改正後の増加費用を含む意図があったか、なかったかを明らかにすることであり、通常は事実認定の問題に帰着する。すなわち、契約交渉過程において、注文者が「増加分を含んでの代金額です」との意思が電子メール等で請負人に示され、請負人から「了承した」との返信がなされていれば、契約条項には明示されていなくとも、契約当事者の共通の意味理解は、「代金額には増加分も含む」ものであったと認定できる。

(2) **客観的意味の探求**

契約当事者に共通の意味理解が存在しない場合または認められない場合、表示（契約条項）の客観的意味を明らかにする作業が必要になる。

この場合、表示の文言、文言の通常の意味理解のほか、当該契約に関する一切の事情を考慮し、契約当事者の合理的意思を探求することとなる。

同様に前記Ⅰ2の例でいえば、法令が改正され、その施行日も業界に広く周知され、法令改正に伴う費用の増加が当然に予見できる状況にあり、当該請負人と下請人間の請負契約（下請契約）では、増加費用を含んだ代金額が設定されていたような事情があれば、契約当事者の合理的意思としては、代金額に増加費用分も含むものであったと解釈することができる。

2　補充的解釈の場合

慣習、経験則、信義則等を基準として、欠けている内容（規範）を定立していく。あるいは、これら基準および契約に関する一切の事情を勘案し、契約当事者であればどのような内容の合意をしたかを探求し、欠けている部分につき、黙示の意思表示の成立を認めるという解釈手法をとる。

前記Ⅰ3の例（前掲最判平成11・3・11）でいえば、判例は、X日が日曜日等休日の場合、その地方において別異の慣習があるなどの特段の事情がない限り、その翌営業日を返済期日とする旨の黙示の合意があったと推認されるとして、社会通念または経験則を基礎に、該当日が日曜日の場合は翌営業日が支払期日になるとの規範を定立し、黙示の合意の擬制という解釈手法によ

り、契約条項の欠けている部分を補充している。

3 修正的解釈の場合

契約条項のうち、正義・公平の概念から、文言どおりの効果を認めることが妥当ではない条項を信義則あるいは公序良俗等の一般条項や条理に基づきその効力を否定する（一部無効）。そのうえで、一部無効となり、契約条項を欠くに至った部分につき、補充的解釈の手法により補充し、契約条項を修正するという解釈手法をとる。

前記Ⅰ4の例（前掲最判平成13・3・27）でいえば、判例は、当該約款の主観的意味が当事者間で合致していることを前提に、ダイヤルQ2サービスの危険性を契約者に周知し、防止対策を講じる責務があったにもかかわらず、当該約款の規定が存在することの一事をもって、契約者に利用料金全額を負担させることは信義則ないし衡平の観念から是認しがたい、としてその効力を否定したうえで、契約者も電話管理を自由になし得るという事情を勘案し、通話料金のうち5割を契約者に負担させるのが相当との規範を定立し、契約条項の補充および修正を行っている。

契約の終了

I 終了原因

契約の終了原因として、以下のものがある。
① 合意解除・合意解約
② 解除
③ 告知（解約）
④ 期間満了
⑤ 撤回

II 合意解除・合意解約

　当事者の合意により契約を終了させるものであり、実務上もよくみられる。何らかの理由により契約を終了させたい場合は、まず合意解除の方法を模索することになる。
　契約が一時契約の場合、合意解除に遡及効が認められる。
　契約が継続契約の場合、合意解除（合意解約というべきか）は、将来に向かってのみその効力を有すると解される。

1 法定解除権

全契約に共通の債務不履行に基づく解除権(民法541条～543条)と特有の契約に特有の解除権(売買契約の売主の瑕疵担保責任による解除権(同法570条、566条)、請負契約の注文者の解除権(同法635条、641条)等)がある。

2 要綱案による債務不履行解除の規定

債務不履行解除につき、要綱案第12では以下のとおり改正提言がされている。

(1) 催告解除

相当期間を定めて履行の催告をし、当該期間に履行のない場合、解除できる。ただし、当該期間を経過した時における不履行の程度が軽微な場合は除かれる。

(2) 無催告解除

以下の場合、催告なくして直ちに解除できる。

① 履行不能
② 履行拒絶の意思を明確に表示したとき
③ 一部履行不能もしくは一部履行拒絶の意思を明確に表示した場合で、残部のみでは契約の目的を達することができないとき
④ 定期行為(民法542条)の履行遅滞
⑤ ①から④のほか、債務の履行がなされず、催告をしても契約の目的を達するに足りる履行がなされる見込みのないことが明らかなとき

(3) 無催告の一部解除

以下の場合、催告なくして直ちに契約の一部を解除できる。

① 一部履行不能
② 一部履行拒絶の意思を明確に表示したとき

(4) 債権者に帰責事由がある場合の解除

債務不履行が債権者の責めに帰すべき事由によるときは、債権者は、(1)から(3)までの解除はできない。

(5) 解除の効果

契約解除に伴って以下の効果が生じる。

① 民法541条１項本文の場合において、金銭を返還するときは、受領時からの利息を付さなければならない。

② ①の場合において、金銭以外の物を返還するときは、受領時以後生じた果実を返還しなければならない。

(6) 解除権者の故意等による解除権の消滅

解除権を有する者が故意もしくは過失によって契約の目的物を著しく損傷し、もしくは返還することができなくなったとき、または加工もしくは改造によってこれを他の種類の物に変えたときは、解除権は、消滅する。ただし、解除権を有する者がその解除権を有することを知らなかったときは、この限りではない。

3　約定解除権

契約により、解除権を当事者に付与し、契約条項の中に解除ができる場合を定めたものである。実務上、頻繁に認められる。特約がない限り、その効果等は、法定解除権と同様と解される。

継続契約の場合は、一般に「解約権の留保」とよばれる。

IV　告知（解約）

告知とは、継続契約における解除であるが、既述のとおり、その効果は将来に向かってのみ発生する点で遡及効のある解除とは概念を異にし、講学上は、「告知」、一般的には「解約」とよばれている。

法定告知権としては、民法620条、630条、652条等がある。また、上述し

た解約権の留保により、解約権が与えられることも実務上多い。

　期間の定めのない契約の場合、当事者はいつでも、正当事由の存在なしに解約できることが原則である（強行規定による例外として、借地借家法28条、労働契約法16条等）。ただし、契約当事者間の力関係の優劣により、信義則上、解約自由の原則が修正されるべき場合があることは、第3章Ⅰ5、Ⅱ5(1)のとおりである。

V 期間満了

　期間の定めのある契約の場合、当該期間の満了により契約は終了する。

　ただし、法律の定めによる更新の規定（借地借家法5条、26条、労働契約法19条）や、当事者間の合意により当該契約に自動更新条項がある場合は、一方当事者の更新拒絶の意思表示により契約が終了することとなる。

　法律の定めによる更新の場合、社会的弱者保護の見地から、更新拒絶には、正当事由等の一定の要件（借地借家法6条、28条、労働契約法19条）が必要となる。

　自動更新条項がある場合の更新拒絶に関しては、契約自由の原則からして、本来、無制限に行いうるものであるが、解約権の制限と同様に、契約当事者間の力関係の優劣により、信義則上、更新拒絶自由の原則が修正されるべき場合がある（札幌高判平成23・7・29判時2133号13頁）。

Ⅵ 撤回

　書面によらない贈与契約は、各当事者の撤回の意思表示により終了する（民法550条）。

第2編 契約関係事件の現場
――典型契約をモデルケースとして

第1章 口頭による請負契約──契約締結の存否と少額訴訟手続

I 事案の概要

⟨*Case* ①⟩

　新人弁護士である甲弁護士は乙法律事務所に所属している。ある日、事務所の顧問会社の従業員であるA川とその実父のY男が法律相談のため来所することとなり、甲弁護士が、所長の乙弁護士に代わって話を聞くこととなった。Y男は、東京都中央区築地に土地と建物（以下、それぞれ「本件土地」および「本件建物」という）を所有していたが、本件土地および本件建物を、株式会社B社に売却した。ところが、その後、B社より本件建物の解体工事等を請け負っていた株式会社X組からY男に対し、Y男とX組との間で本件土地の地中埋設物の撤去・処分工事に関する請負契約が成立しており、同契約に基づき請負代金および遅延損害金の支払いを求めるという内容の少額訴訟が提起された。

II 実務上のポイント

⟨*Case* ①⟩における実務上のポイントは、以下の5点である。
① 少額訴訟手続のメリット・デメリット
② 民法上の瑕疵担保責任と特別法上の規律

③　口頭による契約の成否
④　特定商取引に関する法律における訪問販売の該当性
⑤　クーリング・オフの可否

Ⅲ　Y男からの聴取内容

1　聴取事項の概要

　平成××年11月10日、乙法律事務所の会議室において、甲弁護士がA川およびY男と面談した際の聴取事項の概要は以下のとおりであった。

- A川の実父であるY男は、B社に対し、平成××年3月25日、本件土地およびその上に建っていた二階建ての木造家屋である本件建物を、売買代金5500万円で売り渡す旨の契約を締結した。
- 同日、B社からY男に対し、売買代金の一部が手付金として支払われ、残金は、2カ月後の同年5月25日に、Y男がB社に本件土地および本件建物を引き渡し、登記申請に必要な書類を交付することと引き換えに支払われることとなった。
- Y男は、40年ほど前に、本件土地を更地の状態で前主から購入し、本件土地上に本件建物を建築した。
- 本件建物には、当初は家族で住んでいたものの、A川ら子供たちが家を出て独立し、Y男の妻も3年前に他界したため、それ以降Y男が1人で住んでいた。
- Y男は今年で70歳を迎え、数年前に勤めていた会社も定年退職していたことから、本件土地および本件建物を売却し、江東区豊洲のマンション（購入時に一部Y男が購入資金を拠出しており、Y男も共有持分を有しているマンション）に住んでいるA川の家族と同居することとなった。
- B社は、東京都内で建売住宅の販売を手がけている業者であり、本件

建物を解体して更地となった本件土地上に建売住宅を建設して販売する目的で本件土地と本件建物を購入するに至った。
・B社をY男に紹介したのは、地元の不動産会社のC不動産のD島社長である。

2 さらなる聴取り内容

基本的な事実関係を聞き出した甲弁護士は、さらにA川およびY男から〈Case①〉の争点に関する事実関係を聴取した。

甲弁護士：売買契約書では、平成××年5月25日を物件の引渡日と残代金の支払日としていますが、この日に決済は完了したのですか。

Y　男：はい、5月25日に無事に物件の引渡しと残代金の支払いが終わり、私は、長男家族が住む豊洲のマンションへ引っ越しました。それから4カ月ほど経った9月末頃に、突然、B社との売買契約を仲介したC不動産のD島社長から私宛てに電話がありました。話の内容は、B社に売却した本件不動産の地中からコンクリートの塊やガラが多数出てきたので、現地に確認に来てほしいというものでした。本件土地は、私が約40年前に、江戸時代から続く畳屋さんから購入したものですので、地中からコンクリートの塊など出てくるはずがありません。何かの間違いだろうと思いながら、すぐに現地に向かいました。現地には、C不動産のD島社長のほか、B社のE山社長とX組の現場責任者F田氏がいました。

甲弁護士：現場の様子はどうだったのですか。

Y　男：本件建物はすでに解体されて何もなくなっていました。本件土地は深さ2メートル、長さ10メートルほど掘られていて、

その中に、5メートルくらいのコンクリートの塊が横たわっていました。穴の中にあったのは、そのコンクリートの塊だけで、ガラ等はありませんでした。

甲弁護士：その時にどのようなやりとりが行われたのですか。

Ｙ　男：Ｂ社のＥ山社長は私に対し、「Ｂ社はＸ組に本件建物の解体工事と地中埋設物の有無の調査を依頼した。解体工事が終わり、地中埋設物の有無について調査をするため、Ｘ組の現場責任者のＦ田氏らが地面を掘っていたところ、ここにあるコンクリート塊やガラなどが大量に出てきた。これでは新しく建物を建てるのに基礎工事ができない。いったいどうしてくれるんだ」などと一方的に責めてきました。Ｘ組のＦ田氏も、「本件土地の地中から埋設物が出てきた以上、売主であるあなたがその撤去・処分費用を負担すべきことになります。われわれＸ組との間でコンクリート塊やガラを撤去・処分する契約をしてください」などと、私がＸ組に地中埋設物の撤去・処分を依頼する内容の契約を結ぶことを求めてきました。

甲弁護士：それで、契約してしまったのですか。

Ｙ　男：いいえ、それは断固として断りました。私は、Ｅ山社長やＦ田氏に対し、「私は、そのような契約は結べない。前の畳屋さんからこの土地を買っただけで、そのようなコンクリートの塊は知らない。私が買ったのは40年も前だし、前の畳屋さんは江戸時代から続く老舗だったのだから、地中からコンクリートの塊など出るはずがない」と反論しました。また、Ｃ不動産のＤ島社長に対し、「あなたも、昔から地元でやっている不動産屋なんだから、こんなコンクリートの塊が出るはずないことはわかるだろう。あなたのほうからも何か言ってくださいよ」と、私を擁護してくれるようお願いしましたが、

D島社長は無言のままでした。

甲弁護士：その後どうなったのですか。

Ｙ　男：とりあえず、その場は双方平行線のままで話がつかず、解散しました。その数日後に、C不動産のD島社長から私の下に再び電話があり、「もう一度話合いをしたいので、現地に来てください」とのことでした。気は進みませんでしたが、今度は長男を連れて再度現地に行きました。現地には、前と同様に、B社のE山社長、X組のF田氏、C不動産のD島社長がいました。F田氏は私に、「見積書」と書かれた紙を見せて、「すでに前回の話の中でご了承いただいた当社とY男さんとの間の請負契約に基づいて、コンクリート塊やガラの撤去・処分に関する工事を実施し、完了しました。ついては、撤去・処分費用としてこの見積書記載の金額をお支払いください」などと要求してきました。すかさず、長男が、「勝手に工事を進めておいて何を言っているんだ。大体工事が完了してから見積書を提示してくるなんて非常識だろう。親父はX組と契約してないんだから、何も支払う義務はない」と抗議し、われわれはすぐにその場を立ち去りました。

甲弁護士：その後何か請求はあったのですか。

Ｙ　男：はい、その後2回ほど、X組から私宛てに、内容証明郵便というものが届きました。これがそのコピーです。

甲弁護士：拝見します。……X組の内容証明には、Y男さんとX組との間で、本件土地の地中埋設物を撤去・処分する工事に関して請負契約が成立しており、工事も完了したことから、請負代金を速やかに支払えと書いてあります。これに対して、Y男さんの側で何らかの回答はされたのですか。

Ｙ　男：いいえ、私はX組との間で何も契約しておらず、工事代金を支払う理由もないと思っていましたから、無視していまし

た。しかし、このたび裁判所から、私の下に訴状(【書式2-1-1】)というものが届いてしまったのです。これがその訴状です。

甲弁護士：拝見します。……X組が、あなたを被告として、請負代金50万円を求める訴えを東京簡易裁判所に提起したのですね。

Y　男：私がX組からの内容証明を無視したから訴えられてしまったのでしょうか。裁判所に訴えられた以上、X組の請求する金額を支払わなければならないのでしょうか。

甲弁護士：仮にあなたがX組の内容証明に回答したとしても、X組からの請求を拒絶するという内容になったでしょうから、結局訴えられることになったはずです。それに、裁判所に訴えられたからといって心配する必要はありませんよ。裁判所でこちらの言い分を主張すればよいのですから。

Y　男：先生、何とかお願いします。

【書式2-1-1】　訴状 (《*Case* ①》)

訴　　　状

【事　件　名】
　　　□貸金　□売買代金　☑請負代金　□敷金返還　□賃料　□賃金
　　　□解雇予告手当　□損害賠償（物損）　□入会預託金返還
　　　□マンション管理費　□損害賠償（原状回復費用〔建物〕）　□
　請　求　事　件
☑少額訴訟による審理及び裁判を求めます。本年、私がこの裁判所において少額訴訟による審理及び裁判を求めるのは1回目です。

平成××年10月20日

原　告　　株式会社　　X　組
　　　　代表者代表取締役　X　一　郎　㊞

東京簡易裁判所　御中

┌───────────┐
│　収　入　印　紙　│
└───────────┘

　　　　訴　額　　500,000円
　　　　手数料　　　5,000円

| 印　紙 | 5,000円 | 印 |
| 予納郵券 | 3,910円 | |

　　　　　　　　　　　　　受　付　印

当　事　者　の　表　示

（略）

（請負代金）

請求の趣旨
1　請求額　金　500,000円
☑2　上記1の金額に対する　☑ 平成××年10月1日
□ 本訴状送達の日の翌日
から支払済みまで年6パーセントの割合による遅延損害金
（□約定利率　☑法定利率）

紛　争　の　要　点	
1	請負契約日	平成××年9月28日
2	請負の内容	平成××年9月○日、当社は、株式会社B社より、

			東京都中央区築地〇―〇―〇所在の建物（以下「本件建物」といいます。）の解体工事及び同所在の土地（以下「本件土地」といいます。）について地中埋設物の有無に関する調査を請け負いました。解体工事が終了し、本件土地を掘り起こして地中埋設物の調査をしていたところ、大量のコンクリートの塊やガラが発見されました。すぐにB社に連絡を取ったところ、本件土地及び本件建物は、B社がA川Y男氏から購入したものなのでY男氏に確認をとる必要があるということになり、9月28日に、B社のE山社長、Y男氏、当社F田及びC不動産のD島社長が集まりました。当初、Y男氏は、コンクリート塊等について自分は無関係だと争っていましたが、同席者から、売主として責任を負わなければならないことについて説明を受け、最後には、当社に対し、コンクリート塊等の撤去・処分工事を依頼する旨を承諾され、Y男氏と当社との間で、請負代金を50万円（消費税込み）とする請負契約が成立しました。当社は、この契約に基づき、9月30日に、コンクリート塊等の撤去・処分工事を完了させました。 しかし、その後Y男氏は、当社との間で請負契約を締結していないなどと争って、請負代金を支払わないので、本訴訟に及んだ次第です。
3	請負代金額	金　　　　500,000円	
4	支払済みの額	金　　　　　　0円	
5	最終支払期限	平成××年9月30日	
6	目的物の引渡日	平成××年9月30日	
7	そ　の　他		
8	添付書類	（略）	

IV 手続選択と問題点の検討

1 手続選択

相談を終えた甲弁護士は、あらためてY男から預かった訴状を確認したところ、「少額訴訟による審理及び裁判を求めます。本年、私がこの裁判所において少額訴訟による審理及び裁判を求めるのは1回目です」という記載があることに気づいた。甲弁護士は、これまで受験勉強や司法修習の中で少額訴訟という手続が存在することは知っていたものの、具体的に少額訴訟が通常の民事訴訟とどのように異なるのかまでは把握していなかったため、早速文献にあたって自分なりに調べることとした。

(1) 少額訴訟制度

少額訴訟とは、小規模の訴訟で訴額も低い事件について、費用対効果の面から、通常訴訟と比べてできるだけ簡易な手続とし、迅速な解決が図れるようにした制度であり、民事訴訟法上、簡易裁判所の訴訟手続における特則として定められている。少額訴訟における特色は、以下のとおりである。

(A) 手続選択の場面

(a) 対象となる事件の限定

簡易裁判所の管轄は、訴額が140万円以下の事件を対象としているが、少額訴訟の場合はさらに低く、訴額60万円以下で、しかも金銭の支払いの請求を目的とする訴えに限定されている（民事訴訟法368条1項本文）。

(b) 利用回数の制限

国民が少額訴訟手続を平等に利用する機会を保障するため、同一の原告が、同一の簡易裁判所において、同一の年に10回を超えて少額訴訟手続を利用することはできない（民事訴訟法368条1項ただし書、民事訴訟規則223条）。

(c) 被告の通常訴訟への移行申述権（民事訴訟法373条1項本文・2項）

少額訴訟手続は、証拠の制限や不服申立ての制限など、通常の民事訴訟と比べて簡略化した手続となっているため、原告の手続選択の場面だけでなく、

被告についても、本来の民事裁判の中で権利関係について争っていく機会を保障する必要がある。そのため、被告に通常訴訟への移行申述権が認められている。

(B) **審理手続の場面**

　(a)　一期日審理の原則

少額訴訟手続では、原則として、1回の口頭弁論期日で審理が完了する（民事訴訟法370条1項）。

　(b)　証拠の制限

証拠の取調べは、即時に取り調べられる証拠（書証や本人尋問等）に限って行うことができる（民事訴訟法371条）。

　(c)　反訴の禁止

反訴は禁止されている（民事訴訟法369条）。

(C) **判決と不服申立ての場面**

　(a)　即日言渡しの原則

原則として審理が一期日で終わり（民事訴訟法370条1項）、その場で直ちに判決が言い渡されることになる（同法374条）。

　(b)　必要的仮執行宣言

請求を認容する少額訴訟の判決については、裁判所が職権で仮執行宣言を付さなければならないとされている（民事訴訟法376条1項）。

　(c)　控訴の禁止

通常訴訟における控訴は禁止されており（民事訴訟法377条）、不服申立方法が制限されている。

　(d)　異議の申立て

少額訴訟の判決に対する不服申立方法としては、異議の申立てに限定される。敗訴した当事者は、判決書または調書の送達を受けた日から2週間の不変期間内に、その判決をした裁判所に異議を申し立てることができる（民事訴訟法378条1項本文）。異議審の判決に対しては、原則として上訴できない。

(2) 甲弁護士の選択

　甲弁護士は、上記の少額訴訟手続に関する調査結果を基に、Y男がX組から提起された本件少額訴訟について、そのままこれに応じて少額訴訟として追行していくべきか、通常訴訟への移行を申述して通常の訴訟手続の中で争うべきか、手続選択についてあらためて検討した。

　甲弁護士は、契約書も交わしていないのに口頭で請負契約が成立しているなどというX組の主張には無理があるし、X組が弁護士に依頼せずに本人訴訟を提起しているから、このような無理な主張をしているのだと甘く考えてしまった。そのため、このまま訴訟追行しても請求棄却判決が下されるだろうから、不服申立方法が異議申立ての1回に制限されている少額訴訟のまま訴訟を追行し、早期に紛争を解決する方針でのぞむこととした。

(3) 他の問題点の検討

　次に、甲弁護士は、売買の目的物たる本件土地から隠れた瑕疵といえる地中埋設物が発見されたのであれば、本来、買主であるB社から売主であるY男に対して瑕疵担保責任を追及するという構成が自然であるが、本件少額訴訟は、売買契約の当事者でもないX組からY男に対し、口頭により成立した請負契約に基づく請負代金の支払いを求めるという迂遠な形で提起されていることに疑問を感じた。

　そこで、甲弁護士は、あらためてY男から預かったB社との売買契約書を確認したところ、瑕疵担保責任については、「本物件は現状有姿にて引き渡すものとする。ただし、土地に隠れた瑕疵が発見された場合には、買主が売主に対し、引渡完了の日から3か月以内にその旨の通知をすることにより、売主は当該瑕疵について責任を負う」と記載されていた。

　甲弁護士は、Y男の話によれば、Y男がB社に本件土地を引き渡したのが平成××年5月25日であり、B社側からY男の下に初めて本件土地の地中埋設物について連絡があったのが同年9月末頃であったことを思い出し、買主であるB社が売主であるY男に対し、本件土地について瑕疵の通知をしたのが引渡しから優に3カ月以上経過した後であり、売買契約において定

められた瑕疵担保責任の行使期間が過ぎていることに気がついた。

　しかし、民法上の瑕疵担保責任の行使期間を当事者間の特約によって制限することが許されるのか、〈***Case*** ①〉において、民法以外の特別法によって瑕疵担保責任が規律される余地はないのかといった点が気になったため、甲弁護士は、売買契約に関する瑕疵担保責任について、もう少し調べてみることとした。

　(A)　民法上の売買の瑕疵担保責任（民法570条、566条）

　　(a)　立法趣旨

　瑕疵のない目的物を買主に移転させることを担保・保証した売主の責任である。

　　(b)　主　体

　主体は、売買契約における買主と売主である。

　　(c)　客　体

　客体は、売買契約の目的物である。

　　(d)　「隠れた瑕疵」（民法570条）

　「隠れた」とは、買主が当該瑕疵について善意・無過失であること（最判昭和41・4・14民集20巻4号649頁等）である。過失の有無は、取引上要求される一般的な注意を払っても発見できないような瑕疵かどうかで判断されるものと解されている。

　「瑕疵」とは、当該物がその種類の物において通常有すべき一般的性質を備えていないか、契約当事者が予定していた品質・性能を備えていないこと（最判平成25・3・22判時2184号33頁）である（なお、現在予定されている民法（債権関係）改正後は、「瑕疵」は、「契約不適合」ということになる）。

　　(e)　効　果

　隠れた瑕疵の存在によって契約をした目的が達成できない場合には、買主は売主に対し、契約の解除と損害賠償を求めることができる。それ以外の場合には、損害賠償のみ求めることができる（民法570条、566条1項）。

　　(f)　行使期間

買主が隠れた瑕疵が存在するという事実を知った時から1年以内に行使しなければならない（民法570条、566条3項）。また、引渡しを受けた時から10年で時効消滅する（同法167条。最判平成13・11・27民集55巻6号1311頁）。

　(g)　瑕疵担保責任に関する当事者間の特約

民法における瑕疵担保責任は任意規定であるため、当事者間で民法上の瑕疵担保責任を拡げたり、逆に制限したりする特約を結ぶことは有効である。ただし、瑕疵担保責任を負わない旨の特約（免責特約）をしたときであっても、売主が隠れた瑕疵の存在を知りながら買主に告げなかった場合には、瑕疵担保責任は免責されない。

(B)　**特別法による瑕疵担保責任の規律**

民法以外の特別法にも瑕疵担保責任の規定が設けられている。整理すると〈図表2-1-1〉のとおりである。

〈図表2-1-1〉　特別法による瑕疵担保責任の規律

法令	対象	行使方法	効果	行使期間	当事者間の特約
商法	商人間の売買における瑕疵（526条）	買主に目的物の検査義務（526条1項）、瑕疵あるいは数量不足が発見された場合の売主への通知義務（同条2項）が課されている	買主が検査義務等に反した場合には、契約の解除あるいは損害賠償を請求できなくなる。なお、代金減額は数量不足の場合のみ可能（注1）	隠れた瑕疵については引渡時から6カ月以内	有効（民法と同じ）
住宅の品質確保の促進等に関する法律（品確法）	新築住宅の売買における住宅の構造耐力上主要な部分あるいは雨水の浸入を防止する部分	民法と同じ	瑕疵修補請求権も担保責任に含まれる（95条3項）	引渡時から10年間（95条1項）当事者間で20年まで伸長することが可能（97条）	95条1項に反する買主に不利な特約は無効（同条2項）

	として政令で定めるものに関する隠れた瑕疵（95条1項、94条）(注2)				
宅地建物取引業法	宅建業者が売主、宅建業者以外の者が買主となる不動産の売買に関する瑕疵（40条）(注3)	民法と同じ	民法と同じ	引渡時から2年間（40条）	2年間を下回る行使期間を定めた特約は無効（40条）
消費者契約法	売主を事業者、買主を消費者とする消費者契約における隠れた瑕疵（8条1項5号、2条3項）	民法と同じ	民法と同じ	民法と同じ	瑕疵担保責任の全部を免除する特約（全部免責特約）は原則無効（8条1項5号・2項）。消費者の利益を一方的に害する特約も無効（10条）

(注1) 最判昭和29・1・22民集8巻1号198頁。
(注2) 政令とは、「住宅の品質確保の促進等に関する法律施行令」を指し、同施行令5条では、「構造耐力上主要な部分」とは、「住宅の基礎、基礎ぐい、壁、柱、小屋組、土台、斜材（筋かい、方づえ、火打材その他これらに類するものをいう。）、床版、屋根版又は横架材（はり、けたその他これらに類するものをいう。）で、当該住宅の自重若しくは積載荷重、積雪、風圧、土圧若しくは水圧又は地震その他の震動若しくは衝撃を支えるもの」と定義されている。また、「雨水の浸入を防止する部分」とは、「①住宅の屋根若しくは外壁又はこれらの開口部に設ける戸、わくその他の建具、②雨水を排除するため住宅に設ける排水管のうち、当該住宅の屋根若しくは外壁の内部又は屋内にある部分」と定義されている。
(注3) 隠れた瑕疵に限られない。

(C) 検　討

　民法上の売買の瑕疵担保責任は任意規定であるため、行使期間を引渡後3カ月以内と定めた〈*Case* ①〉の売買契約の瑕疵担保特約は有効である。

　また、〈*Case* ①〉の売買契約は、商人間の売買ではないし、新築住宅の売買でも、宅建業者が売主となった売買でも、買主が消費者である売買でもないから、上記特別法の規律はいずれも適用されない。

　これにより、甲弁護士は、〈*Case* ①〉の売買契約における瑕疵担保特約の効力は何ら妨げられず、買主のB社が売主のY男に対して行った隠れた瑕疵に関する通知は引渡後3カ月経過後になされたものであるから、〈*Case* ①〉でB社がY男に瑕疵担保責任を追及できないことを再確認した。

2　再調査事項

　ここまで検討した段階で甲弁護士は、事務所の所長である乙弁護士の了解を得るため、本件訴訟の方針について報告することとした。

> 乙弁護士：なるほど、B社としては、もはやY男さんに対して瑕疵担保責任を追及できなくなってしまったから、B社から解体工事と地中埋設物の調査業務を請け負ったX組が原告となって、Y男さんに対し、請負契約に基づき請負代金の支払いを求める少額訴訟を提起したと、甲くんは考えているんだね。そうすると、この裁判では、X組とY男さんとの間で口頭による請負契約が成立したかどうかが主たる争点になるけど、甲くんは、口頭で請負契約が成立したというX組の主張には無理があると考えているんだね。
> 甲弁護士：はい、日用品を購入する際に、いちいち売買契約書を作成するなんてことは煩雑すぎて現実離れしていますが、今回のように50万円という決して安くはない金額で、しかも定型の契約ではなく、当該工事の内容に応じて決める請負契約を、個

人が契約書も取り交わさず口頭で締結するなんて考えにくいと思います。

乙弁護士：確かに、そのようにみることもできるけれど、不動産の取引などと比べると50万円という請負金額が高額とまでいえるかは微妙なところだよね。たとえば一刻を争うような状況だったとか、何か特別な事情があれば、そのような口頭での請負契約を締結する場合もあるのではないかな。実際に、契約書を締結しないままX組は本件土地にあったコンクリート塊などを撤去・処分したのだろう。

甲弁護士：はい、X組の主張ではそうなっていますが、Y男さんの話だと、そもそも本件土地の地中からコンクリート塊やガラが多数出てきたという点が疑わしいのです。

乙弁護士：そうだとすれば、そのあたりをもう少し調査する必要があるのではないかな。もう現地には行ったのかい。

甲弁護士：いいえ、Y男さんの話をお聞きすれば十分だと思っていました。

乙弁護士：それは駄目だよ。弁護士は事務所で書面をつくるだけではなく、交通事故の現場や不動産などの係争物が問題となっている場合には、直接現地に行って自分で確認してくることが大事なんだ。そうすることで、具体的なイメージが湧くし、話を聞いたり、写真を見たりしただけでは気づかなかったことが発見できることも少なくないからね。

甲弁護士：はい、わかりました。早速現地に行って見てきます。

乙弁護士：そのときは、写真を撮影してくることも忘れないようにね。本件の場合は、もうすでに掘り起こした穴は埋めてあるだろうからあまり意味はないかもしれないけれど、後で現場写真が証拠になることもあるからね。この事件は君に任せるので、もちろん私に相談するのはかまわないけれど、最後は、1人

　　　　　の弁護士として自分の判断で事件を処理してみなさい。
甲弁護士：はい、私 1 人で代理人をやるのはとても不安ですが、何とか
　　　　　やってみます。

　甲弁護士は、早速 Y 男に連絡をとって、Y 男とともに現地に行ってみることにした。甲弁護士らが現地に行ってみると、本件土地の上にはすでに B 社の建売住宅の建設が始まっていた。建売住宅はちょうどコンクリートの基礎部分の工事をしているところであった。
　甲弁護士と Y 男は、現地で次のようなやりとりをした。

甲弁護士：Y 男さんが B 社に売却された本件建物にもコンクリートの
　　　　　基礎部分があったのですか。
Y　　男：はい、でもコンクリートは部分的に使われていただけで、X
　　　　　組が地中から出てきたなどと言っているコンクリートの塊の
　　　　　ような大きいものが出てくるはずがありません。
甲弁護士：9 月 28 日に関係者が集まった際に、本件土地を掘り返した穴
　　　　　の中に、コンクリートの塊なんかが埋まっていたのですか。
Y　　男：確かにコンクリート塊はありましたが、長さ 5 メートル、幅
　　　　　1 メートルほどの巨大なもので、とても本件土地の下に埋ま
　　　　　っていたものとは思えません。確か X 組から届いた訴状と
　　　　　一緒に入っていた写真にも写っているはずです。
甲弁護士：この甲 2 号証（資料 2-1-1）の写真ですね。なるほど、パワ
　　　　　ーショベルで何とか持ち上げられるくらいの大きさですね。
Y　　男：私が最初に現地に呼ばれて見に行った際には、このコンクリ
　　　　　ート塊が地中からすべて露呈した状態でゴロンと置いてあっ
　　　　　たのです。発見された状況を私にも確認させたいのであれば、
　　　　　すべて掘り起こした後ではなく、発見された状態で確認させ
　　　　　るべきだったはずです。あのコンクリート塊は、X 組がど

こか別の現場で掘り起こして処理に困ったものを本件土地を掘り起こした穴に入れて、その処理費用を私に負担させようとしたに違いありません。

甲弁護士：そう思ったあなたは、X組から再三要請されても請負契約を締結しなかったのですね。

Y　男：はい、そのとおりです。

甲弁護士：X組からは、甲1号証として、見積書も提出されていますが、50万円の請負代金が記載されているこの見積書に見覚えはありますか。

Y　男：確かに、現地で話合いをした際にX組からそのようなものを見せられました。ただ、それを見せられたのは、2回目に現地で話合いをした時です。それは、長男のA川も記憶しています。

甲弁護士：ただ、X組の主張では、1回目の現地での話合いの際に、Y男さんが渋々請負契約を締結することを認めたとされていますので、2回目の話合いの際に見積書を見せるなんて変ですね。

Y　男：そうなんです。普通は、見積書を提示されて注文者が納得するから、契約を結ぶはずなのですが、それが逆になっているのです。

甲弁護士：いろいろと攻撃する材料がありそうですね。X組の訴状とともに裁判所からY男さんの下に届いた書類の中に、「口頭弁論期日呼出状及び答弁書催告状」という書類が入っていたかと思います。それによると、第1回期日は平成××年12月1日ですので、その1週間前までにこちらから答弁書を提出する必要があります。答弁書の中では、口頭による請負契約なんて締結されるはずがないということを、今お話したようなX組の主張の不合理な点や矛盾点を突く形でまとめたい

と思います。それから、訴状と一緒に入っていた書類の中に「少額訴訟手続についての説明書（被告用）」という紙が入っていたかと思います。ここに書かれているとおり、少額訴訟の場合は、このまま少額訴訟で進めてもらう方法もありますし、通常の民事訴訟に移行する方法もあります。少額訴訟の場合は、通常の民事訴訟のように三審制がとられておらず、判決に不服があれば、基本的に異議の申立てが１回できるだけですが、逆に先方も異議の申立てで敗訴判決が下されても、それ以上上訴することはできなくなります。Ｘ組の主張には明らかに無理がありますので、ここは早期に裁判を解決させるためにも少額訴訟のまま進めて、Ｘ組に控訴や上告の機会を与えて粘られないようにしたほうがよいと考えております。

Ｙ　男：難しいことはよくわかりませんので、先生にすべてお任せします。

V
第１回口頭弁論期日に向けての事前準備

1　方針の確定

　甲弁護士は、Ｙ男からの聴取内容によって、Ｘ組とＹ男との間で口頭での請負契約が成立していないことを確信し、少額訴訟においても勝訴の見込みが十分にあるという結論に至った。そこで、所長の乙弁護士にその旨を報告し、通常訴訟への移行ではなく、そのままＸ組が提起した少額訴訟の中で、応訴していくこととなった。

　早速、甲弁護士は、第１回口頭弁論期日である平成××年12月１日の１週間前までに答弁書を提出できるよう準備を進めることとした。答弁書には、訴状の認否を記載するとともに、被告の反論として、原告との間で口頭によ

(資料2-1-1) コンクリート塊の撤去工事写真（《Case ①》）

る請負契約など締結していないことを主張し、そのことを裏付けるような事実を理由として記載することとした。また、本件土地の地中からコンクリート塊等の地中埋設物が発見されたという事実がないという主張も、請負契約の存在を否定する理由の一つとして構成することとした。そこで、甲弁護士は、口頭による契約の成否が問題となる事案について、裁判においてどのように事実認定がなされているのか調べてみることとした。

2 口頭による契約の成否

(1) 契約の成立

契約は申込みの意思表示と承諾の意思表示の合致によって成立する。そのため契約が成立するためには、書面等を取り交わしたり、特別な方法による必要はなく、注文者と請負人との間の意思表示の合致だけで成立することになるから、口頭による請負契約も成立し得ることになるが、書面の場合に比べて口頭による場合には、後に当事者間で契約の成否が争われることが多い。

(2) 契約の成否が争われた場合の事実認定

契約の成否が問題となる場合には、契約成立に至るまでの経緯・過程（プロセス）が重要となる。すなわち、当事者間の交渉過程において、最初にどのような形で接触したのか、商談が開始された際の状況、金額等の契約の条件がどのように決まっていったのか、大筋の部分について合意できた後に、双方どのように契約内容を確認し合ったのか（契約書がある場合には、合意内容を書面に落とし込む作業をし、契約書をつくり込んでいくということになるが、口頭による場合には当事者間の契約内容の確認の方法が問題となる）といった詳細な事実関係まで検討する必要がある。契約の成否が問題となった多くの裁判例でも、契約成立に至るまでの経緯・過程について詳細な事実認定をしている。

また、契約成立前の当事者間の背景事情や契約締結の動機の有無など、契約成立前の客観的状況や当事者の内心も重要である。

さらに、契約が成立したとされる後の客観的状況の有無や当事者の言動なども、検討すべき重要なポイントとなる。たとえば、請負契約であれば請負人が契約の内容に従った工事に着手し、これを完成させたといったことや、契約の成立を争っている当事者が、後に契約の成立を認めるような言動をしていたような場合である。

(3) 主要事実と間接事実

主要事実（直接事実）とは、権利の発生・変更・消滅といった法律効果について規定した法規の要件に該当する事実のことをいう。請負契約でいえば、注文者が請負人に対して報酬を支払うことを約束してある仕事の完成を依頼し、請負人がこれに応じて仕事の完成を約束することである（民法632条）。

これに対し、間接事実とは、主要事実の存否を経験則上推認させる事実のことをいう。主要事実を直接立証することのできる直接証拠（たとえば請負契約書など）が存在するのであれば、請負契約の成立という主要事実を認定することはさほど困難ではないが、契約書等の直接証拠が存在しない場合には、上述した①契約成立に至るまでの経緯・過程、②契約成立前の当事者間

の背景事情や契約締結の動機の有無、③契約が成立したとされる時点よりも後の客観的状況や当事者の言動などの契約成立に積極に働くプラスの間接事実や消極に働くマイナスの間接事実を検討することによって、請負契約の成否という主要事実の存否を推認して事実認定をしていくことになる。

3　答弁書の起案

　甲弁護士は、答弁書において、請負契約の成否について消極に働くマイナスの間接事実を主張していくことで、X組とY男との間で口頭による請負契約が成立していないことを推認していく内容とした（【書式2-1-2】）。

　甲弁護士は、期日のちょうど1週間前に答弁書を裁判所と原告に提出した。

【書式2-1-2】　答弁書（〈*Case* ①〉）

平成××年（少コ）第1234号　請負代金請求事件
原　告　株式会社X組
被　告　A川Y男

答　弁　書

平成××年11月24日

東京簡易裁判所民事第〇室□係　御中

被告訴訟代理人弁護士　　　　甲

第1　請求の趣旨に対する答弁
　1　原告の請求を棄却する
　2　訴訟費用は原告の負担とする
との判決を求める。

第2　請求の原因に対する認否
　（略）

第3 被告の主張
 1 原告と被告との間に本件請負契約は成立していないこと
  原告は、平成××年9月28日、原告が被告から、本件土地の地中埋設物を撤去・処分する工事を、請負代金50万円（消費税込み）で請け負う旨の契約（以下「本件請負契約」という。）が口頭で成立した旨主張するが、原告と被告との間において、本件請負契約が成立した事実は一切ない。以下、理由を述べる。
  (1) 被告が原告との間で本件請負契約を締結する動機がないこと
    被告は、平成××年3月25日、B社との間で、本件土地及び本件建物を売り渡す旨の契約（以下「本件売買契約」という。）を締結し、その後同年5月25日に引渡しも完了した。本件売買契約における瑕疵担保責任については、売買契約書（乙1号証）第○項が、「本物件は現状有姿にて引き渡すものとする。ただし、土地に隠れた瑕疵が発見された場合には、買主が売主に対し、引渡完了の日から3か月以内にその旨の通知をすることにより、売主は当該瑕疵について責任を負う。」と定めている。
    したがって、本件土地に隠れた瑕疵が発見された場合であっても、B社が被告に対し、引渡時から3か月以内、すなわち8月26日（民法140条本文により初日不算入。）までに、隠れた瑕疵について通知をしない限り、被告が瑕疵担保責任を負うことはない。
    本件において、B社が被告に対し、本件土地から地中埋設物が発見された旨通知したのは9月28日であるから、かかる通知は、引渡時から3か月以内の通知に当たらず、もはやB社が被告に対して瑕疵担保責任を追及することはできない。
    このように、被告は、本件売買契約に関して瑕疵担保責任を負わず、本件土地の地中埋設物に関して何ら法的責任を負うことはないのであるから、原告との間で本件請負契約を締結する動機がない。
  (2) 契約成立に至るまでの経緯・過程からも、本件請負契約が成立したとはいえないこと
    原告は、本件土地から発見された地中埋設物を確認するため、平成××年9月28日に、原告と被告、その他の関係者が集まり、被告が当初地

中埋設物について「自分は無関係だ。」と争っていたものの、同席者の説得により、原告との間で本件請負契約を締結することに同意したなどと主張する。

　しかし、原告も認めているように被告は本件請負契約を締結することについて争っていたのであり、そのような態度の被告がその日のうちに書面も取り交わさずに契約を締結するはずがない。また、原告が主張する本件請負契約の請負代金50万円（消費税込み）は、無職の被告からすれば高額であり、この点からも、その日のうちに契約を締結するはずがない。そもそも、原告は請負代金に関する書面を何ら提示しておらず（見積書を提示したのは2回目に現地で会ったときのことである。）、被告において、工事の中身も一切知らされないまま言い値で請負代金を承諾し、契約を締結することなどあり得ない。

(3) 本件請負契約が成立したとされる後に被告が契約成立を否定する言動をしていること

　被告は、平成××年10月1日に、再度原告やその他関係者とともに、本件土地の現場において集まった際に、原告らに対し、明確に本件請負契約の成立を否定している。

　また、被告は、その後原告から請負代金の支払を求める請求が何度かあったものの、これに一切応じず請負代金を支払っていない。

　かかる被告の態度は、本件請負契約の成立を前提とした契約当事者の言動とは相容れないものであるから、この点からも、本件請負契約が成立していないことは明らかである。

2　本件土地からコンクリート塊等の地中障害物が発見されたという事実は存在しないこと

　原告は、本件土地の地中埋設物を調査したところ、地中から大量のコンクリート塊等の地中埋設物が発見されたと主張するが、そのような事実はない。以下、その理由について主張する。

　（略）

以上

VI 第1回口頭弁論期日と判決言渡し

1 口頭弁論期日開始前の状況

　第1回口頭弁論期日当日、甲弁護士は、霞が関の東京家庭・簡易裁判所合同庁舎1階のロビーにて、期日開始15分前にY男およびA川と待ち合わせ、法廷に向かった。

　法廷は、ラウンドテーブル方式であり、原告側と被告側の向かいに裁判官が着座し、裁判官の隣には司法委員と裁判所書記官がそれぞれ着座していた（〈図表2-1-2〉参照）。

　原告側が遅れて入室してくると、X組の現場責任者だったF田氏のほか、驚いたことにC不動産のD島社長も原告側の席に着座した。

2 口頭弁論期日における審理

　まず冒頭に、F田氏について、原告X組の代理人として訴訟追行することを許可する旨の裁判官の発言があった。地方裁判所以上の裁判所では、弁護士代理の原則があるため、法令によって裁判上の行為をすることができる者（支配人登記された会社の支配人等）を除き、弁護士以外の者が訴訟代理人となることはできないが、簡易裁判所においては、裁判所の許可を得て、弁護士以外の者が訴訟代理人となって、訴訟を追行することが許されているのである（民事訴訟法54条1項）。続いて、双方が事前に提出していた訴状や答弁書のほか、その他の証拠書類が確認された。

　その後、裁判官から、原告F田氏の証人尋問と被告Y男の本人尋問を行いたい旨の発言があり、当事者からは特段異議は出なかった。

　しかし、意外だったのは、原告F田氏より、C不動産のD島社長についても、口頭による請負契約が成立したとされる現場にいた人物であるから証人尋問を実施してほしい旨の発言があり、裁判官がこれを採用した点であった。甲弁護士も、さすがにD島社長の尋問準備まではしていなかったため、

〈図表 2-1-2〉　ラウンドテーブル法廷（《Case ①》）

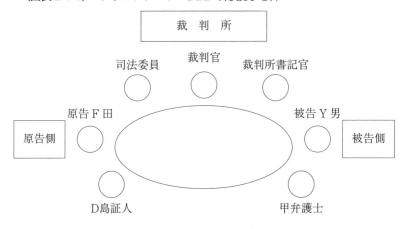

まさにぶっつけ本番で質問していくしかない状況となった。
　まず、原告F田氏の証人尋問を行うこととなったが、F田氏が原告の訴訟代理人でもあるため、裁判官からF田氏に対して主尋問を行うこととなった。

　裁判官：本件土地の地中から、コンクリート塊やガラが発見されたのはいつですか。
　F　田：平成××年9月27日です。
　裁判官：その後、あなたは誰に連絡をとったのですか。
　F　田：X組はB社から本件土地の地中埋設物の調査を請け負っていましたから、B社のE山社長です。
　裁判官：その際に、E山社長とはどのような話をしたのですか。
　F　田：本件土地から、コンクリート塊やガラの地中埋設物が多数出てきたこと、新築建物の基礎工事をする際に、これらの地中埋設物が障害になるため、全部撤去しなければならないことをお伝えしました。

裁判官：E山社長の反応はどのようなものでしたか。
F　田：売主のY男さんや仲介をしたC不動産のD島社長からは、そのような地中埋設物の話は全く聞いていなかったようで、大変驚かれていました。E山社長は、「すぐにY男さんやD島社長を現地に呼んで一緒に確認しなければならないな」と言っていました。また、「このような地中埋設物が出てきた以上、売主には責任があるのだから、X組は、地中埋設物の撤去・処分工事について、B社ではなく、Y男さんから請け負ってください」と言われました。
裁判官：そう言われて、あなたは何と返事したのですか。
F　田：確かに、Y男さんが売った土地の地中から埋設物が出てきた以上、売主であるY男さんがこれを撤去・処分するのは当然だと思いましたので、「はい、わかりました」と答えました。
裁判官：それで、あなたとB社のE山社長、Y男さん、C不動産のD島社長が本件土地に集まったのはいつですか。
F　田：翌日の9月28日です。
裁判官：その時、Y男さんは、本件土地の地中にあるコンクリート塊を見て何と言っていましたか。
F　田：「自分は、40年前に前の所有者から土地を買って建物を建てただけで、こんなコンクリートは知らない」と言っていました。
裁判官：Y男さんに対し、地中埋設物の撤去・処分工事に関する請負契約を締結してほしいと話したのですか。
F　田：はい。当初Y男さんは、自分は地中埋設物について知らないから契約はできないとの一点張りでしたが、B社のE山社長や私から「売主の責任として、地中障害物が出てきたら撤去・処分しなければならないのですよ」と懸命に説明したところ、最後には、Y男さんも渋々「わかった」と納得されていました。

裁判官：その際に、撤去・処分費用について説明はしたのですか。

F　田：はい。まだ全容は解明できていないものの、50万円ほどかかりますとご説明しました。Y男さんは、「高いな」と言っていましたが、金額の点についても承諾してもらえました。

裁判官：その後、再度現地で集まったということですが、この時は何のために集まったのですか。

F　田：Y男さんに工事の契約について承諾をしてもらったので、早速撤去工事に着手し、9月30日に工事が完了しました。ただ、Y男さんとは、工事の契約について書面を取り交わしたわけではなかったので、再度の確認のために、翌日の10月1日に、私を含めてE山社長、Y男さん、D島社長とで、現地に集まって話合いをすることになりました。なお、その際には、Y男さんの長男のA川さんも同席されていました。

裁判官：結局、Y男さんとの間で契約書は取り交わせなかったということでしょうか。

F　田：はい、その時は契約書まで作成するのは間に合わなかったため、とりあえず見積書を持参してサインしてもらうことにしました。しかし、Y男さんは長男のA川さんに請負契約を締結したことを話していなかったのか、ものすごい勢いでA川さんが契約の締結を否定してきたため、まともに話をすることができませんでした。最後は、Y男さん本人も「契約なんてしていない」としらを切る始末でした。

裁判官：その後も、Y男さんが請負契約の成立を認めたり、請負代金を支払うといったことはなかったのでしょうか。

F　田：はい、こちらは、Y男さんとの間で請負契約を締結したからこそ、地中埋設物の撤去・処分工事を進めたのですから、契約書という形で取り交わさなかったことをいいことに、契約の成立を否定してとぼけるY男さんの態度はひどいと思いました。

> やはり、X組としてもY男さんの行動は許せないということ
> になり、この裁判に踏み切った次第です。

　次に、被告代理人の反対尋問となり、甲弁護士が、F田氏に対して尋問を行った。

> 甲弁護士：乙1号証の売買契約書を示します。この売買契約書の瑕疵担保責任の条項には、「本物件は現状有姿にて引き渡すものとする。ただし、土地に隠れた瑕疵が発見された場合には、買主が売主に対し、引渡完了の日から3か月以内にその旨の通知をすることにより、売主は当該瑕疵について責任を負う」と記載されています。Y男さんがB社に本件土地および本件建物を引き渡したのが平成××年5月25日で、あなたの先ほどの話では、B社がY男さんに、本件土地から地中埋設物が発見された旨を通知したのは9月27日ということになりますから、すでに引渡完了の日から4カ月が経過しており、Y男さんは瑕疵担保責任を負う必要はなくなるということになります。あなたは、このことを知っていたのではないですか。
> F　田：いいえ、知りませんでした。X組は売買契約の当事者ではないので、売買契約書自体見ていませんでした。
> 甲弁護士：最初に関係者が現地に集まって確認した際に、コンクリートの塊は地表からすべて露呈した状態で置かれていたのですか。
> F　田：はい。
> 甲弁護士：なぜ、発見した直後の掘り起こす前の状態で確認をせずに、全部地中から掘り起こした後で確認したのですか。
> F　田：全部掘り起こしてみないとどれくらいの規模のものかわからないので、皆さんに集まって確認してもらう以上、全部掘り

> 起こした後の全容を確認してもらったほうがわかりやすいだろうと思ったからです。
> 甲弁護士：先ほどのあなたの話では、最初に現地で集まったときに、あなたはＸ社とＹ男さんとの間で、地中埋設物の撤去・処分工事に関する請負契約を締結しようと思っていたそうですが、そうだとすれば、なぜその時に契約書や見積書を持参しなかったのですか。
> Ｆ　田：昨日の今日の話で、時間的に用意するのが間に合わなかったからです。
> 甲弁護士：そうであれば、3日後に再度集まった際には、見積書ではなく、契約書を準備する時間も十分あったのではないですか。
> Ｆ　田：最初に集まった時点でＹ男さんから契約締結の承諾をいただき、すぐに工事に着手しましたから、ゆっくり契約書をつくる時間などありませんでした。

　続いてＣ不動産Ｄ島社長の証人尋問となった。
　原告Ｆ田氏は、最初に関係者が現地に集まった状況と2回目に関係者が現地に集まった状況について、上述の裁判官のＦ田氏に対する主尋問とほぼ同内容の質問をした。
　Ｄ島社長は、最初に集まった際に、Ｙ男が渋々ながらＸ組との請負契約の締結に応じ、口頭による請負契約が成立したこと、2回目に集まった際には、一転して契約の締結を否定したことなど、原告Ｆ田氏の証言に沿う内容の証言をした。
　被告代理人の反対尋問の場面では、甲弁護士は、Ｄ島社長に対しても、上述の原告Ｆ田氏に対する反対尋問と同様に乙1号証の売買契約書を示し、〈*Case* ①〉の場合、Ｙ男に瑕疵担保責任が成立しないこと、そのことについて当然仲介をしたＤ島社長が知らないわけがないことについて質問したが、Ｄ島社長は「見落としていて気づかなかった」という回答に終始した。

続いて、Y男の本人尋問となった。甲弁護士は、事前の打合せでY男やA川から聴取した事項について、準備した尋問事項どおりに質問をし、Y男も、ほぼ事前に想定していた回答どおりに証言した。

原告F田氏からは特に反対尋問はなかった。

そして、裁判官および司法委員からY男に対して補充質問があり、以下のやりとりがなされた。

裁 判 官：先ほど被告代理人も原告の証人に質問していましたが、Y男さんとB社の売買契約書に規定されている瑕疵担保責任の条項によれば、今回本件土地から地中埋設物が発見されたことについて、あなたは瑕疵担保責任を負わなくてよいということになりそうです。ですが、あなたは、最初に関係者が現地に集まった時や2回目に集まった時に、自分は瑕疵担保責任を負わなくてよいということを知っていたのですか。

Y 　 男：いいえ、法律のことなので知りませんでした。

裁 判 官：X組からこの裁判を起こされて、甲代理人に相談して初めて説明を受けたということですか。

Y 　 男：はい。

司法委員：あなたは、約40年前に本件土地を更地で購入したということですが、あなたが本件土地上に建てた建物、つまり本件建物の基礎はコンクリートでしたか。

Y 　 男：はい。

司法委員：建物の接地面全体についてコンクリートで基礎を構築する、いわゆる「ベタ基礎」ではなかったですか。

Y 　 男：くわしくはわかりませんが、本件建物の新築当時、大工さんから、あの辺の土地は地盤が軟弱なところらしいので、「ベタ基礎」で工事をすると聞いたことは覚えています。

3　判決言渡し

　証拠調べが終了し、判決の前に、裁判官より和解の話がもちかけられた。
　甲弁護士は、当然勝訴するものと自信があったため、その場でY男と相談し、「解決金として数万円程度であれば支払う」との回答をした。しかし、原告のF田氏の回答は、「工事も完了しているので、少なくとも40万円は支払ってもらいたい」というものだったので、和解は打切りとなった。
　そして、その場で裁判官より、判決が言い渡されることとなり、一同緊張の瞬間を迎えた。
　「主文、被告は、原告に対し、50万円及びこれに対する平成××年10月1日から支払済みまで年6パーセントの割合による金員を支払え。……」。
　甲弁護士は自分の耳を疑ったが、それは紛れもない現実だった。甲弁護士は、内心茫然自失となる中、依頼者のY男に悟られないように平静を装い、法廷から退室した。
　案の定、Y男からは、「私は負けてしまったのですか。先生は大丈夫と言ってくれましたよね。私はこれからどうすればいいのですか……」と、胸に突き刺さる言葉が投げかけられた。甲弁護士は、気を取り直して「とにかくあの裁判官にはこちらの主張がわかってもらえなかったため、このような判決になりましたが、まだこれで終わったわけではありません。判決に対して異議を申し立てることができますので、異議の手続の中でもう一度チャレンジしましょう」とY男に説明し、何とかその場を収めてY男と別れた。

VII
異議の申立てと強制執行停止決定の申立て

1　乙弁護士との協議

　急いで事務所に戻った甲弁護士は、乙弁護士に法廷でのやりとりと判決の結果について報告した。

甲弁護士：このような結果になってしまって申し訳ありません……。

乙弁護士：君は依頼者のために一所懸命やってきたのだろう。それで負けてしまったのだから仕方ないよ。今は、事実は事実として受け止めて、どうリカバリーするかを考えるべきだろう。

甲弁護士：はい、民事訴訟法378条1項により、判決の送達を受けてから2週間以内に異議を申し立てる必要がありますので、早急に異議を申し立てて、異議審の裁判官にはこちらの主張をわかってもらえるように頑張ります。

乙弁護士：ただ、少額訴訟の判決に対して異議を申し立てた場合、手続としてはどうなるのかな。

甲弁護士：民事訴訟法379条1項は、「異議後の手続」として、「適法な異議があったときは、訴訟は、口頭弁論の終結前の程度に復する。この場合においては、通常の手続によりその審理及び裁判をする」とあります。

乙弁護士：つまり、異議を申し立てても、口頭弁論終結前の状態に巻き戻るだけだから、異議審においても同じ裁判官が判断する場合が多いということだね。

甲弁護士：えっ、そうなんですか。それじゃあ、本件みたいに事実認定の点で争いがある事件では、同じ裁判官が判断しても、まず結論は変わらないってことになりますね。

乙弁護士：そういうことだね。よほど判断の前提を覆すような新事実や新証拠が出てこない限り、結論は変わらないだろう。

甲弁護士：うーん、困ったなぁ……。

乙弁護士：この事件は君に任せているのだから、このまま異議審でも事実認定の点を争い続けるのか、何か別の主張をひねり出して食らいつくのか、はたまた和解を試みるのか、君が最終的に決断しなりれば駄目だよ。

甲弁護士：はい、自分なりに考えてみます。

乙弁護士：それから、少額訴訟の判決の場合は、民事訴訟法376条1項

によって必要的仮執行宣言となるから、いくら異議を申し立てても仮執行を止めなければY男さんの財産に強制執行されるおそれがあるので、この点も注意するようにね。確かY男さんは、現在A川さん家族と同居している江東区豊洲のマンションの共有持分をもっているはずだから、もたもたしていると差し押さえられかねないよ。

2 異議の申立てと強制執行停止決定の申立て

甲弁護士は、まず裁判所に連絡を入れ、少額訴訟判決の判決書ができ上がっていることを確認し、裁判所に赴き判決正本を入手した。判決書を確認したところ、やはり「この判決は、仮に執行することができる」との記載があった。

そこで、仮執行宣言付少額訴訟判決による強制執行を止める手続を調べたところ、判決に対する異議の申立てをするとともに、強制執行停止決定の申立てを行えばよいことにたどり着いた（民事訴訟法403条1項本文・5号）。甲弁護士は、早速、少額訴訟の担当部宛ての簡単な異議申立書（【書式2-1-3】）および異議申立書受理証明申請書を起案した。また、強制執行停止決定申立書（【書式2-1-4】）を起案するとともに、仮執行宣言の効力を止めるためには、「原判決の取消し又は変更の原因となるべき事情につき疎明があったとき」（同法403条1項5号）でなければならないとされていることから、強制執行停止決定申立書の「申立ての理由」の内容に沿ったY男の陳述書を用意し、Y男の確認を得たうえで、疎明資料として提出することにした（なお、異議申立ておよび強制執行停止決定申立てを甲弁護士に委任するY男の委任状も新たに取得した）。

甲弁護士は、これらの書類が整った段階で担当部に提出した。担当書記官から、しばらくその場で待つように指示を受けて待っていたところ、担当書記官から、「担保として金35万円を立てる旨の命令が出ましたので、法務局

で供託してきてください」と告げられた。

　甲弁護士は、急いでＹ男に連絡をとり、担保として35万円の供託金を積む必要がある旨を説明し、供託委任状を作成してＹ男と面談した。Ｙ男から、35万円の供託金を預かった甲弁護士は、供託委任状とともに九段下の東京法務局の供託課に提出し、供託手続を行った。

　再度裁判所を訪れた甲弁護士は、供託書正本を担当部に提出し、晴れて強制執行停止決定が発令され、決定書を受領したのであった。

【書式2-1-3】　異議申立書（《Case ①》）

平成××年（少コ）第1234号　請負代金請求事件
　原　　　告　　株式会社Ｘ組
　被　　　告　　Ａ川Ｙ男

異　議　申　立　書

平成××年12月8日

東京簡易裁判所民事第〇室　御中

被告訴訟代理人弁護士　　　甲

　頭書の事件について、平成××年12月1日貴庁が言い渡された少額訴訟判決は、全部不服であるから異議の申立てをする。
　被告の主張については、追って準備書面をもって詳述する。

以上

【書式2-1-4】　強制執行停止決定申立書（《Case ①》）

強制執行停止決定申立書

平成××年12月8日

東京簡易裁判所民事部　御中

申立人代理人弁護士　　　甲

　　　当事者の表示　　別紙当事者目録記載のとおり（略）

第1　申立ての趣旨
　　上記原・被告間の東京簡易裁判所平成××年（少コ）第1234号請負代金請求事件の仮執行宣言付少額訴訟判決の執行力ある正本に基づく強制執行は、異議訴訟手続による判決あるまで、これを停止する。

第2　申立ての理由
　　（略）

以上

立証方法及び添付書類

1　甲1号証（仮執行宣言付少額訴訟判決正本）　　1通
2　甲2号証（申立人の陳述書）　　1通
3　甲3号証（異議申立書受理証明書）　　1通
4　訴訟委任状　　1通

Ⅷ　異議審の審理と二度目の判決言渡し

1　主張の検討

　仮執行宣言による強制執行の憂いを排除した甲弁護士は、本題の異議審での主張内容を検討することとした。

　乙弁護士との協議で話題にあがったように、異議を申し立てても同一の裁判官が判断する可能性が高い以上、新事実や新証拠がない〈*Case* ①〉において、従前どおり口頭による請負契約は成立していないという事実認定の点を争っても、引き続き敗訴判決となることが予想された。

　そのため、何か発想を転換した法律上の主張をする必要があると考えた甲

弁護士は、Y男が個人であることから、仮に契約の締結が認められるとしても、何か消費者法の観点から救済できないか検討してみることとした。

2 消費者契約法と特定商取引に関する法律の比較

消費者を保護する法律の主なものとしては、「消費者契約法」と「特定商取引に関する法律」（以下、「特商法」という）がある。

(1) 消費者契約法

消費者契約法は、消費者と事業者との間には情報の質や量、交渉力に格差があることから、事業者の一定の行為によって消費者が誤認または困惑した場合に、契約の申込みや承諾の意思表示の取消しを認めたり、事業者と消費者間の契約において消費者の利益を不当に害するような条項を無効とするなどして、消費者の利益の保護を図る法律である（消費者契約法1条）。

そのため、消費者と事業者との間で締結される労働契約を除くすべての契約（消費者契約）が対象となる（消費者契約法2条3項）。

ただし、契約を取り消したり、不当条項を無効とするためには、契約締結の際に事業者が不実告知等の一定の行為類型を行ったことや不当条項の存在が必要となる（消費者契約法4条、10条等）。

(2) 特商法

特商法は、消費者と事業者との間でトラブルとなりやすい特定の取引方法（訪問販売等）に限定して、消費者側に契約の申込みの撤回・契約の解除権（クーリング・オフ）や取消権等を与えることで、特定の取引方法を規制し、消費者の利益を図る法律である（特商法1条）。

そのため、消費者契約法とは異なり、消費者と事業者との間のすべての契約を対象とするのではなく、訪問販売等の特定の取引に基づいて締結された契約に限定される。

もっとも、クーリング・オフの場合は、特商法の定める一定の取引方法に該当する限り、一定期間内であれば理由の有無や当事者の認識にかかわらず、契約を解消できることから、消費者にとって強力な手段であるといえる。

また、特商法は、訪問販売や電話勧誘販売などにおいて、事業者に対し、消費者から契約の申込みを受けたときにはその内容を記載した申込書面を、契約を締結したときには契約書面（法定書面）を、それぞれ当該消費者に対して交付する義務を定めている（特商法 4 条、5 条、18条、19条等）。事業者が、これらの記載内容が法定された書面を消費者に交付しない限り、クーリング・オフの行使制限期間が起算されることはなく、消費者はいつまでもクーリング・オフを行使できることとなる（同法 9 条 1 項。東京地判平成16・7・29判時1880号80頁、大阪地判平成19・3・28消費者法ニュース72号292頁）。

3　検　討

　甲弁護士は、以上の調査結果を基に、〈*Case* ①〉において、仮に請負契約が成立してしまったとして、その効力を否定する方法について検討した。

　その結果、消費者契約法における契約の取消しについては、事業者と消費者との間のすべての契約（労働契約を除く）が対象となる点で対象範囲は広いものの、事業者において不実の告知や不利益事実の不告知等をしたという一定の行為類型が必要であり、この点が争いとなった場合には、結局事実認定の問題となってしまうことに難点があると思われた。

　他方、特商法におけるクーリング・オフについては、対象となるのが訪問販売や電話勧誘販売等の特定の取引方法によってなされた契約でなければならない点で対象範囲は狭いものの、一定期間内であれば理由のいかんを問わず、契約を解消できることが利点であり、しかも、事業者が消費者に対して法定書面を交付しない限り、クーリング・オフを行使できる期間が制限されないことも魅力的であった。

　そこで、特商法上のクーリング・オフを行使することとし、第 1 準備書面（【書式 2-1-5】）に主張をまとめ、提出することとした。

〈図表 2-1-3〉 消費者契約法と特商法との比較

	対象となる取引	対象となる目的物	行為類型	効果	行使期間
消費者契約法	事業者と消費者との間の労働契約を除くすべての契約が対象（2条3項）	特に限定なし	誤認類型（①不実の告知（4条1項1号）、②断定的判断の提供（同項2号）、③不利益事実の不告知（同条2項））困惑類型（①不退去（同条3項1号）、②退去妨害（同項2号））	取消し（4条等）条項の無効（10条等）	取消しについてのみ、追認できるときから6カ月間あるいは、契約締結時から5年間（7条1項）
特商法	特定の商取引（①訪問販売、②通信販売、③電話勧誘販売、④連鎖販売取引、⑤特定継続的役務提供、⑥業務提供誘因販売取引、⑦訪問購入）に限定	商品や指定権利の販売、役務の提供に限定（2条等）ただし、訪問購入の場合は、物品の購入に限定（58条の4）	クーリング・オフについては特になし。取消しについては、①不実告知（9条の3第1項1号等）、②不利益事実の不告知（同項2号）	クーリング・オフ（9条等）取消し（9条の3等）	法定書面受領日から8～20日間（商取引の類型ごとに異なる）

【書式 2-1-5】　第 1 準備書面（〈*Case* ①〉）

平成××年（少エ）第○○○号　請負代金請求異議事件
原告　株式会社 X 組
被告　A 川 Y 男

第 1 準備書面

平成××年12月20日

東京簡易裁判所民事第○室　御中

　　　　　　　　　　　　　被告訴訟代理人弁護士　　　　　甲

　被告は、本準備書面において、被告と原告との間に、本件土地の地中埋設物の撤去・処分に関する請負契約（以下「本件契約」という。）が成立することを認めるものではないが、仮に原告との間で本件契約が成立しているとしても、以下に述べるとおり、本件契約は、特定商取引に関する法律（以下「法」という。）に規定されている訪問販売（法2条1項1号）に該当し、かつ、原告から被告に対し、申込書面（同4条）ないし契約書面（同5条）が交付されていないことから、本準備書面をもって、原告に対し、クーリング・オフ（法9条）による本件契約の解除を通知する。

第1　本件契約が「訪問販売」（法2条1項1号）に該当すること
　1　原告の主張を前提とすると、本件契約は、平成××年9月28日、本件土地の現場確認の際に、原告と被告との間で、本件土地の地中埋設物を請負代金50万円で除去するという約定で締結されたものである。
　　　原告は、解体工事や宅地の造成工事等の事業を営む業者であり、「役務提供事業者」（法2条1項1号）に当たる。
　　　また、本件契約は、原告の「営業所等」（同号）ではない本件土地ないし本件土地前路上において締結された「役務提供契約」（同号）といえる。
　2　したがって、本件契約は、役務提供事業者が営業所等以外の場所において、役務提供契約を締結してなされたものといえるから、「訪問販売」（同号）に該当する。

第2　原告が被告に対して法定書面を交付していないこと
　1　原告は、本件契約を締結するにあたって、被告に対して甲第1号証の「見積書」なるものを提示するにとどまり、法が交付を義務付けている書面を一切交付していない。
　　　すなわち、役務提供事業者が、営業所等以外の場所で役務提供契約の申込みを受けた際には、申込者に対し、申込みの内容を記載した書面（以下「申込書面」という。）を交付することが義務付けられ（法4条）、また、営業所等以外の場所で役務提供契約を締結した際には、契約の内容を明らかにする書面（以下「契約書面」という。）を交付することが義務付けられている（法5条1項）が、かかる書面は一切被告に交付されていない。
　2　仮に「見積書」を原告から被告が受領したとしても、同書面には、申込書面及び契約書面（以下「法定書面」という。）の中で記載することが義務付けられている重要な事項が殆ど記載されておらず、法定書面の体を全くなさないものである。
　　　すなわち、「見積書」には、役務提供契約の締結を担当した者の氏名（特定商取引に関する法律施行規則（以下「規則」という。）3条2号、同4条2号）や、「役務の対価の支払時期及び方法」（法4条3号）が記載されていないほか、クーリング・オフに関する説明事項（法4条5号、同5条2項、規則6条1項）すら全く記載されていない。
　3　したがって、原告が被告に対して本件契約に関して法定書面を何ら交付していないことは明らかである。

第3　クーリング・オフの行使期間が経過していないこと
　1　以上のように、仮に被告と原告との間に本件契約が成立しているとしても、本件契約は「訪問販売」に該当することから、被告は原告に対し、法9条1項のクーリング・オフ規定に基づき、本件契約を解除することができる。
　　　もっとも、本件契約が平成××年9月28日に成立したとすると、現時点ではクーリング・オフの行使期間を経過してしまっているのではないかが問題となり得るが、以下に述べるように、クーリング・オフの行使期間は、

いまだ進行していないというべきである。
　法9条1項は、「申込者等が第5条の書面を受領した日（その日前に第4条の書面を受領した場合にあっては、その書面を受領した日）から起算して8日」間をクーリング・オフの行使期間としており、申込者等が法律の定めに則った適式な申込書面や契約書面を受領した日から行使期間を起算するとしている。その趣旨は、法定の契約条項が過不足なく記載された書面を申込者等が受領することで、契約締結後に冷静に考え直すことのできる一定の期間を、申込者等に保証しようとしたものにほかならない。
　したがって、役務提供事業者との間で契約を締結したとしても、同事業者から法定の申込書面や契約書面が契約者に交付されない限り、契約者のクーリング・オフ期間は進行せず、何時でも自由にクーリング・オフによる契約解除を求めることができるのであり、これは判例・学説の一致した見解である。
2　よって、本件契約に関して、被告の有するクーリング・オフの行使期間はいまだ経過しておらず、被告は原告に対して、何時でもクーリング・オフに基づく契約解除を求めることができるものである。

第4　クーリング・オフの行使に基づく本件契約の解除
　以上のとおり、被告は、クーリング・オフの行使に基づき、原告に対して本件契約の解除を求めることができるものであるから、本準備書面をもって、被告は、原告に対し、法9条1項に基づき、本件契約の解除をし、これを通知するものである。
　　　　　　　　　　　　　　　　　　　　　　　　　　　　　　以上

　そして、甲弁護士は、でき上がった第1準備書面のドラフトを乙弁護士にみてもらい、乙弁護士からも、「クーリング・オフの要件にずばっとあてはまっていて特に問題はないように思う。私もこの発想はなかった。よく頭を切り替えて思いついたね」とゴーサインが出たため、Y男にも、異議審では特商法のクーリング・オフで主張することを説明して了解を得たうえで、準備書面を裁判所と原告に提出した。

4 異議審の審理と2回目の判決言渡し

甲弁護士とY男は、あらかじめ指定されていた異議審の口頭弁論期日に出席した。原告側は、今回はX組のF田氏のみの出廷であった。また、案の定、異議審の担当裁判官は、先日の少額訴訟で敗訴判決の言渡しをした裁判官であった。

裁判官：正直、被告側からこのような書面が提出されて驚いています。ここは、原告側にも、反論の機会を十分に保障しなければならないと考えますが、原告側のほうで何か反論はありますか。

F　田：特にありません。

裁判官：本当に反論しなくていいのですか。被告側の準備書面を読む限り、裁判所としては、原告と被告との間で請負契約が締結されたとしても、特商法上の訪問販売に該当すると考えざるを得ないのですが。

F　田：当社の顧問弁護士にも相談しましたが、「訪問販売にあたるだろう」と言っていたので、やむを得ないと考えています。

裁判官：わかりました。

その後、和解の話も試みられたものの、原告・被告との間に金額の開きがあったために和解は打ち切られた。

続いて、その場で裁判官より、判決が言い渡されることとなった。

「主文、原告と被告間の東京簡易裁判所平成××年（少コ）第1234号請負代金請求事件について、同裁判所が平成××年12月1日に言い渡した少額訴訟判決を取り消す。原告の請求を棄却する。……」。

甲弁護士は最後まで不安であったが、主文を言い渡され、ようやく胸をなで下ろすことができた。Y男も、前回の判決のときとは打って変わって、満足気な表情を浮かべており、甲弁護士に対し、「ありがとう。やはり先生はやってくれると思ってたよ」などと感謝の言葉を述べるのであった。

甲弁護士は、後日、裁判所の担当部に赴いて担保取消決定をもらい、その足で法務局に行き供託金全額の払渡しを受け、これをY男に返還した。

IX 甲弁護士の反省点と雑感

異議審の判決の中でも、やはり口頭による請負契約が成立したものと認定されており、少額訴訟において、いったん事実認定の点で敗訴してしまうと、同じ裁判官が担当することの多い異議審で覆る可能性は低いといえる。甲弁護士は、口頭による請負契約の成否という事実認定の点で過度な自信をもってしまったため、少額訴訟のままで応訴すれば、勝訴判決が異議審でも維持されて早期解決が図れると考えたのだが、それがかえって自分の首を絞めることとなり、手続選択を誤る結果となってしまった。

また、C不動産のD社長が敵性証人として出廷してきたのは予想外であったが、Y男に対する裁判官や司法委員からの補充質問にY男が耐え切れず、不利な心証をもたれてしまった可能性もある。甲弁護士としては、事前のY男との打合せのときからY男の話を100％鵜呑みにすることなく、第三者的な視点からも検討し、不自然な点があればY男に質問して疑問を解消することが必要であったといえる。

本稿は、複数の事例を組み合わせるなどして構成したものであり、実際の事例とは異なる。

第2章 売買契約──特定商取引法によるクーリング・オフ

I 事案の概要

――〈Case ②〉――

　社会人になって間もないXが、ある日、S社経営のアクセサリー店からの電話で来店を勧誘され、人生初めてのクレジット契約で、アクセサリー2点を、手数料込120万円で購入した。Xは、冷静になって振り返ると、お店の人に流されるように契約してしまったことを後悔した。甲弁護士を通じて、S社に対して、クーリング・オフを通知したが、S社は、クーリング・オフを認めず、Xに対して訴訟を提起してきた。

II 実務上のポイント

〈Case ②〉における実務上のポイントは、以下の3点である。
① 特定商取引法の取引類型の理解
② 特定商取引法の法定要件の理解
③ 売買契約とクレジット契約を同時にした場合の対処方法

Ⅲ 相談経緯

　甲弁護士は、東京都内の個人事務所に勤務して、もうじき丸１年となる弁護士である。今回は、ボスのところに、ボスの同級生から、娘（Ｘ女）が消費者被害にあったようなので相談にのってほしいとの連絡が入った。Ｘ女は、地元の短大を卒業し、東京の会社に就職するために上京し、昨年の春から初めての一人暮らしを始めたとのことであった。ボスから、勉強になるし、同性のほうが相談にのりやすいのではないかと言われ、甲弁護士が担当することになった。Ｘ女は、１人で相談に来る予定であり、手元にある関係資料一式を持ってくるように伝えてあるとのことであった。

　甲弁護士にとっては、初めて取り扱う分野である。「訪問販売」や「クーリング・オフ」の単語程度の知識しかないが、面談の際に、取り急ぎの方針を提案する必要がある。ボスが、Ｘ女の母親から聞き取った事案の概要を基に、下調べをしたうえで、面談にのぞんだ。

Ⅳ 初回面談

1　聴取り①——来店経緯

　平成28年３月４日、約束の時間に、Ｘ女は、１人で事務所を訪れた。挨拶の様子から、きちんとしていることがうかがわれたが、おとなしい印象であった。まず、Ｘ女から聞き取った〈*Case*②〉の来店経緯は、次のとおりである。

　　最初の電話がかかってきたのは、平成27年10月17日。若い男性の声で、「Ｘさん！」、「社会人１年目お疲れ様です！」と元気に話しかけられた。Ｙと名乗っていた。Ｘ女は、Ｙのことを知らなかったため、最初は不審に思ったが、「実家暮らしか」、「出身はどこか」と聞かれ、この程度

ならと思って答えると、Yの母親が同じ出身だと言われたため、急に親近感を抱き、X女から、出身校などの地元の話をしたところ、Yも母親に連れられて一緒に行ったことがあると言われ、話が盛り上がったため、X女が上京した経緯なども話した。

すると、Yから、自分のことも紹介したいと言われ、Yは、アクセサリーの販売店で働いていること、若い女性に人気で、雑誌にも取り上げられているので、「ぜひ、お店に来てほしい」と誘われた。X女としては、アクセサリーに興味はなかったので、高価なものを売りつけられるのではないかと不安になり、「また今度……」と言って断ろうとしたが、Yから、急に、「すごく残念だ」と言われ、「実は、自分も新人で、お店での研修を終えて初めての接客の機会になるはずだった」、「Xさんには、商品を買ってもらいたいとかそういうのではなく、ぜひ私の研修の成果をみてもらいたい」、「話を聞くだけでいいから」と言われた。X女も会社で新人研修の実践ノルマがあり、その相手をみつけるのに苦労した経験があったため、Yに同情して、「話を聞くだけ」ということで1週間後（10月24日）お店に行く約束をした。

電話を切ってから、Yの勤務先というお店をインターネットで検索すると、ホームページがみつかり、S社という会社が経営していること、S社の社長の挨拶や企業理念が書いてあり、取引先として聞いたことのある名前もあったため、きちんとした会社なのだろうと思って約束どおりに行くことにした。

2 取引類型の判断

(1) 特定商取引法

「特定商取引に関する法律」、いわゆる「特定商取引法」は、特殊な形態で取引した消費者について、取引を公正にし、消費者の損害を防止して、消費者の利益保護を図るための法律である。

店舗で取引する場合には、通常、消費者には何か買いたい動機があって自分から店舗に出かけ、自由に選べる状況下で、自分の意思で、買うか買わないか、買う場合はどれを買うのかを検討し、決定する過程がある。しかし、たとえば、典型的な訪問販売の場合には、ある日突然、見知らぬ業者が消費者宅を訪れ、消費者に購入意思のない特定の商品の説明を行い、その場で購入するかどうかの意思決定を迫られ、契約に至る。これでは、消費者にとって不意打ちになるため、必ずしも冷静に判断して取引できるとは限らない。このような場合にも、消費者が当該契約に当然に拘束されるとなれば不合理である。

　そこで、過去に被害が多発した取引類型について、事業者を規制し、クーリング・オフなどの契約解消手段を制度化して消費者の保護を図ろうとしたのが特定商取引法である。消費者目線で、取引に関する正確な情報を与え、消費者の自由な意思で選択して契約できる公正な取引社会を実現するため、取引実態に合わせた改正が頻繁に行われている。たとえば、これまで規制対象を指定していた訪問販売、通信販売、電話勧誘販売も、平成20年改正によって、原則としてすべての商品・役務に関する取引を規制対象とすることになった。

　(2) 取引類型

　「特定商取引法」は、7つの取引類型を対象としているため（同法1条）、目の前の相談案件について、同法の適用を検討するためには、まず、どの取引類型にあたるのかを確定する必要がある。文献を開いてみると、各取引については、同法に定義づけされているほか、細かなことは、適宜、施行規則（通商産業省令第89号）や施行令（政令第295号）に委ねて規定していることがわかった。さらに、法解釈の指針として、消費者庁による通達（「特定商取引に関する法律等の施行について」）も出ている。これらを1つひとつ追うのであるから、地道な作業が必要になる。飛び込みの相談の際は、戸惑うことが想定された。

　〈*Case* ②〉の場合には、どの取引類型に該当するのだろうか。電話で勧

誘されていることから、語感からして、「電話勧誘販売」に該当するのだろうと思っていたが、調べてみると、「電話勧誘販売」とは、電話などの通信手段で契約する類型であるため、店舗で契約した〈Case②〉の場合には該当しないことがわかった。特定商取引法の定めによって、消費者が事業者に対して強気に出ることができる場面である。それなのに明らかに取引類型をはずして主張するのはみっともない。契約類型を正確に把握するため、慎重に検討作業を進めることにする。

　　(3) 「訪問販売」の類型

　そうなると、〈Case②〉の取引類型は、「訪問販売」にあたるのだろうか。「訪問販売」という語感からすると、店舗に出かけて契約した〈Case②〉の場合には、該当しないように思える。ところが、特定商取引法の定めによれば、「訪問販売」には、「営業所等以外の場所」で契約をする場合（同法2条1号）のほかに、「営業所等において」契約をする場合（同条2号）も含まれるのである。

　〈Case②〉の場合には、店舗で契約したのであるから、訪問販売の2号の類型に該当すると考えられるため、他の要件も充足しているのか確認することにした。この2号は、いわゆる「キャッチセールス」や「アポイントメントセールス」によって勧誘されて取引した場合であるが、〈Case②〉は、営業所等以外の場所で呼び止めて同行されたのではないから「キャッチセールス」にはあたらない。

　他方、「アポイントメントセールス」については、特定商取引法施行令1条に規定があり、「電話……により……当該売買契約……の締結について勧誘をするためのものであることを告げずに営業所……への来訪を要請すること」である。そうすると、〈Case②〉が、「アポイントメントセールス」に該当するかどうかは、「販売意図を明らかにしないで」誘引されたかどうかによって決まることになる。この点、前記通達は、「販売意図の告知」について、「勧誘の対象となる商品等について、自らがそれを扱う販売業者等であることを告げたからといって、必ずしも当該商品について勧誘する意図を

告げたものと解されるわけではない」、「例えば、こうした場合であっても、『見るだけでいいから。』と告げるなど販売意図を否定しているとき……には、当該商品について勧誘する意図を告げたことにはならない」と説明している。

〈*Case*②〉の場合には、「Xさんには、商品を買ってもらいたいとかそういうのではなく、ぜひ私の研修の成果をみてもらいたい」、「話を聞くだけでいいから」ということで来店したのであるから、「販売意図の告知」はないと理解すべきである。そうすると、〈*Case*②〉は、「訪問販売」に該当すると考えられた。

3　聴取り②──契約

次に、契約経緯について、X女から以下のとおり聞き取った。

> 10月24日、X女は、待合せ場所の渋谷駅でYと初めて顔を合わせた。アクセサリーの販売と聞いて、奇抜な格好をした人が現れるのではないかと想定していたが、Yは、短髪で黒髪のスーツ姿できちんとした身なりをしていたため、まともなお店なのだろうと感じた。お店は、繁華街から少し入ったところだったが、それなりに人通りもあった。お店に入ると、アクセサリーのショーケースが並んでいる部屋に通され、こういうものを扱っていると見せられた後、まずは、この間の話の続きを話そうと個室に通された。お茶が出され、電話で話した話題にさかのぼって、携帯で写真を見せ合ったりしながら、しばらく談笑した。
>
> そのうち、Yが、研修の成果をみてもらうのだったと言い、アクセサリーを5点ほどトレーに乗せて持ってきてX女に見せた。X女が、アクセサリーのことは全くわからないと言うと、Yは、かまわない、むしろ研修だから説明させてほしいと言い、商品を手に取りながら、ホワイトゴールドとピンクゴールドの違い、ダイヤモンドのグレードやカットの種類、鑑定書等の説明をした。そのうえで、Yは、アクセサリーの良さは、理屈ではなく身に着けて実感してもらうものだからぜひ試

しに着けてほしいと言い、X女は言われるままに着けてもらった。好みを聞かれても全くわからずX女が答えられずにいると、Yは選んであげると言って、次々と商品を出してきた。

　途中から、お店の先輩という女性店員が3人ほど入ってきて、Yにとって初めて1人で対応する接客であること、こういう説明は聞いたかとか、わかりやすく説明できているか等とX女に聞いてきた。X女としては、あまりアクセサリーに興味がないので、全然頭に入ってこなかったが、研修明けのY本人とその先輩を前に、とてもわかりやすいと言うしかなかった。次第に、先輩の店員の1人から、あるダイヤモンドのネックレスがあなたに似合うと言われ、Yからも、他の店員からも、同じように褒められ、「すごく良いものなので、これが似合うのはあなた自身の品がいいからだ」、「ほかのお店ではなかなか扱っていないタイプで、ほかでみつかったとしてもかなりの値段だと思うが、うちなら月々1万円くらいで買える」と値段の話になり、給料を聞かれた。ごまかすこともできず、ありのままに月給約20万円、年収約300万円と答えると、「それならば無理がない」、「良いものだから一生ものになる」、「ネックレスとリングもセットで買っておけば、将来、パートナーができたときに、ペアのアクセサリーにつくり替えることができる」、「月々2万円ならば無理がないし、むしろ、少し負荷をかけたほうが仕事も頑張れる」、と、4人の店員から次々と言われた。

　X女は、すすめられたアクセサリーを特に気に入ったわけではなかったが、断りにくく、結局買うことになった。Yから、契約については、店長からきちんと説明させると言われ、40代くらいの店長に2種類の契約書の説明を受けた。売買契約書を見て初めて、商品2点で100万円ということがわかった。そして、分割払いについては、別の会社（Z社）と契約すると言われ、手数料込で月2万円を5年間の分割払いであることを確認した。勤務先や年収を記載する欄は、ありのままに記載した。店長から、「クーリング・オフ」という言葉を聞いたが、普通はあ

まり関係ないと言われた。その日、X女は、まさか契約するとは思わず、印鑑を持っていなかったので、後日、来店することになった。商品については、キャンペーンでイニシャルを無料で入れてくれるということだったので、その加工をしてから受領することになった。お店を出る頃には、外が真っ暗になっていて、6時間くらい経っていた。1週間後（10月31日）に来店し、印鑑を押して契約書を完成させた。それからさらに1週間後（11月7日）、Yから商品ができたと連絡があり、再度来店して受領した。このときに鑑定書も受領した。

4 契約内容の検討

　X女が持参した契約書は、「売買契約書」と「個別クレジット契約書」の2種類であった。どちらも記載事項は細かいようにみえる。〈Case②〉の「売買契約」は、特定商取引法が適用されるのに対し、次のとおり、「個別クレジット契約」は割賦販売法が適用されることがわかった。もっとも、いずれの法律も消費者保護の趣旨は同じであるから、基本的には、同種の規制がある。

(1) 法定書面交付義務

　特定商取引法では、契約締結にあたり、消費者に対して正確な情報を提供するため、事業者に申込書や契約書の書面交付義務を定め、かつ、記載事項についても法定している（同法4条、5条、同法施行規則3条、4条）。そして、記載事項は細かく規定されているため、実際には法定要件を満たしていない記載が多くみられるという。あら探しをする感覚で契約書をみるのは面白い。

　たとえば、商品の特定としては、「種類」（特定商取引法4条1号）、「商品名及び商品の商標又は製造者名」（同法施行規則3条4号）、「商品に型式があるときは当該型式」（同条5号）の記載が要件とされる。さらに、通達では、「『商品名』は原則として固有名詞」と説明している。〈Case②〉の「売買契約書」をみると、商品として、「ダイヤモンドネックレス」「ダイヤモンド

リング」と記載されているのみである。通常、ダイヤモンドにはカットの種類やグレードがあることから、商品の特定が足りないと考えられた。また、ダイヤモンドの訪問販売で契約書では商品の特定が不完全であった事案において、契約の後日、鑑定書を送付しても、「遅滞なく」「書面の交付」にはあたらないと判示した裁判例があり（大阪地判平成12・3・6判例集未登載）、〈Case ②〉の場合も、後日、鑑定書が交付されているため、法定要件を欠くと考えられた。

　(2)　クーリング・オフ

　クーリング・オフは、消費者が事業者との間の契約を、一定期間に限って、無理由かつ無条件で撤回または解除できる権利である。これにより、契約の効力が遡及的に消滅するから、消費者の代金支払義務は消滅し、消費者は受領済みの商品を事業者に返還する義務を負い、事業者は受領済みの代金を消費者に返還する義務を負う。その際の原状回復費用も不当利得返還義務も消費者は負担しない（特定商取引法9条3項・4項）。したがって、契約解消手段としては、クーリング・オフが簡便かつ効果的である。ただし、「訪問販売」におけるクーリング・オフ期間は、「8日間」の期間制限がある（同条1項ただし書）。〈Case ②〉の場合は、契約書を受領してからとっくに8日を経過している。もっとも、特定商取引法9条1項ただし書によれば、クーリング・オフの起算日は、「第5条の書面を受領した日」である。つまり、法律で求められている要件を充足した書面を受領しない限り、クーリング・オフは起算しない。〈Case ②〉の場合、明らかに法定要件の記載を欠くため、クーリング・オフは起算しないと考えられた。なお、具体的な事案において、クーリング・オフ期間が起算しない不備書面や虚偽書面と評価されるか否かについては、さまざまな裁判例が出ている（東京地判平成16・7・29判時1880号80頁、大阪地判平成19・3・28消費者法ニュース72号292頁）。

　(3)　個別クレジット契約

　〈Case ②〉の「個別クレジット契約」とは、聞きなれない名称である。いわゆる手持ちのカードでするクレジット取引と違うのだろうか。文献を調

べてみると、「個別信用購入あっせん契約」といい、買い物をするごとに、販売業者を通じて個別クレジット会社に立替払いの申込みをする契約であることがわかった。加盟店で繰り返し使えるクレジット取引（包括信用購入あっせん）とは異なり、今回の買い物限りのクレジット契約である。消費者が契約をする場合、後払いや分割払いを利用することもある。現金を持っていなくても契約できてしまうのであるから、消費者被害を拡大させる要因にもなるのだろう。こうした取引については、「割賦販売法」で規制している。

〈*Case* ②〉は、売買契約と同時に、個別クレジット契約をしているため、クーリング・オフの通知は、S社とZ社の両方に出す必要がある（割賦販売法35条の3の10）。とはいっても、両社を連名にして、同一内容を記載した書面を各社に送れば済む。

5 聴取り③――契約後

続いて、甲弁護士は、X女から、契約後の対応について下記のとおり聞き取った。

> X女は、商品を受け取ったものの、自分の買い物ではないような気がして、包みさえ開けないままになっていた。年明けになって、最初のクレジットの引き落としを通帳で見たときに、このままこれが5年間も続くと思うとその重みから自己嫌悪に陥った。現実から目を背けていたが、本当に欲しいものではなかったのに、結局、お店の人の雰囲気に流されて買ってしまったことを自覚した。次第に仕事に集中できなくなり、不安になって何となくインターネットで調べていると、消費者被害の例として、似たような例が出ているのを目にした。そこで、消費者センターに問い合わせをしてみると、「クーリング・オフできるかもしれない」、「取り急ぎ、引き落としを防ぐために、口座を空にしたほうがよい」、「すぐに弁護士に相談したほうがよい」と言われた。そうこうしているうちにクレジット会社から、支払いの催促状が届いたことから、思い切

って母に相談して、弁護士を紹介してもらうことにした。

V 方針決定

　以上の聴取りと検討を踏まえ、甲弁護士は、X女に対して、クーリング・オフの通知をS社とZ社の両方に出す手段を提案した。これに対して、S社やZ社が何も言ってこなければ、事実上、紛争は解決したことになる。あるいは、S社やZ社から、クーリング・オフはできないと反論してくる可能性もあった。結局、相手方の出方次第である。まずは、S社やZ社の反応を待ってみて、その後の対応が必要になれば、再度打合せをすることにした。また、クーリング・オフの通知は、X女自身でも作成できると説明したが、X女は、S社やZ社とはかかわりたくないので、弁護士名で差し出してほしいと言われたため、受任して、早速、当日中に、【書式2-2-1】の通知書を内容証明で発送した。

【書式2-2-1】　通知書（《*Case* ②》）

　　　　　　　　　　　　　　　　　　　　　　　　　平成28年3月4日
〒〇〇〇-〇〇〇〇　東京都〇〇区〇〇1-2-3
　　　　S社　　　　御中
〒〇〇〇-〇〇〇〇　東京都〇〇区△△3-4-5
　　　　Z社　　　　御中

　　　　　　　　　　　　　〒〇〇〇-〇〇〇〇　東京都□□区□□5-6-3
　　　　　　　　　　　　　　　〇〇法律事務所
　　　　　　　　　　　　　　　　　電話　03-0000-0000
　　　　　　　　　　　　　　　　　FAX　03-0000-0000
　　　　　　　　　　　　　　　X代理人弁護士　　　　甲

　　　　　　　　　　　　通　知　書

当職は、X（東京都△△区△△7-8-9、以下、「通知人」）から、Xと貴社との間の下記の契約に関する問題（以下、「本件」）について、依頼を受け受任しました。

　下記の契約は、S社の従業員Y氏が、Xに対して、「ぜひ、お店に来てほしい」、「Xさんには、商品を買ってもらいたいとかそういうのではなく、ぜひ私の研修の成果をみてもらいたい」、「話を聞くだけでいいから」と述べ、販売意図を告知することなく来店を勧誘しており、「訪問販売」（特定商取引法第2条1項2号）に該当し、かつ、本件契約書の記載は少なくとも商品名の特定を欠き、法定書面交付義務を欠いているため（同法第4条・5条、同法施行規則3条4号）、下記の契約をすべて解除いたします（同法9条1項本文）。

　したがって、速やかに、Xが支払い済みの〇〇〇〇円を下記指定口座に返金し、引き換えにXが受領した商品をお引き取り下さい。なお、本件に関するすべてのご連絡は代理人である当職宛にご連絡ください。

記

契約日：平成27年10月24日
販売業者名：S社
個別クレジット会社名：Z社
商品：ダイヤモンドネックレスおよびダイヤモンドリング
価格：100万円（手数料込120万円）
担当者：S社Y氏
指定口座：
　〇〇銀行〇〇支店　普通預金口座　1234567　ベンゴシコウアズカリキングチ

以上

VI　回答に対する検討

1　S社の回答

　クーリング・オフの通知をした10日後（3月14日）、甲弁護士宛てに、S社から回答が届いた。S社の言い分としては、「販売意図を告げており、訪問

販売にはあたらないから、クーリング・オフは認められない」、「Z社に残額を立て替えたから残額を直ちに支払え」という内容である。X女に報告すると、電話口から動揺した様子がうかがえる。そこで、その日の夜、X女と再度面談を行うことになった。

2　聴取り

事務所に来たX女と甲弁護士で、以下のやりとりが行われた。

> X　女：クーリング・オフを認めないということは、解除できず、やっぱり支払いをしないといけないということですか。
> 甲弁護士：クーリング・オフが認められるかどうかは、販売意図を告知して来店を誘ったかどうかによるのですが、S社としては、最初の電話の際に販売意図を告知していたという言い分です。そこで、もう一度、最初の電話の内容を聞かせてください。Xさんの地元の話で盛り上がって、Yのお店の話に変わり、最終的には、Yから、「Xさんには、商品を買ってもらいたいとかそういうのではなく、ぜひ私の研修の成果をみてもらいたい」、「話を聞くだけでいいから」と言われたのですよね。
> X　女：そうです。私は間違いなく「話を聞くだけなら」と言って会う約束をしました。
> 甲弁護士：まさかその最初の電話を録音していないですよね。
> X　女：録音はないですよ。こんなことになるとは思わず、録音するとは思いつきもしませんでした。
> 甲弁護士：来店の約束は、その電話でしたのですか。来店後もYと何度か連絡をとり合ったみたいですが、メールではなくずっと電話でのやりとりだったのですか。
> X　女：……はい。メールアドレスを教えてしつこく連絡が来るのは嫌だったので……。

甲弁護士：そうですか。そうすると、Ｙとのやりとりは記録としては残っていないのですね。もし、裁判になれば、訪問販売にあたること、つまり、販売意図の告知はなかったことをこちらで立証する必要があるのですが、その客観的な証拠はないので、Ｓ社としては強気に出ているのかもしれません。

Ｘ　女：裁判ですか。

甲弁護士：裁判までしてくるかどうかはわかりませんが、この様子ですと、してくる可能性もあります。Ｓ社から訴訟提起されるまで様子をみるか、こちらから債務不存在確認訴訟を提起する方法もあります。

Ｘ　女：裁判にするのはできるだけ避けたいです。それなら、いっそのこと、約束どおりの支払いをします。

甲弁護士：……でも、Ｘさんとしては納得いかないでしょう。お話を聞いていると、Ｓ社はかなり手慣れた業者のようです。誰でも巻き込まれる可能性がありますから、きっと同じように悩んでいる方は少なくないでしょう。Ｘさん、自分を責めることはないですよ。Ｘさんは、毎月ご実家に仕送りをしているそうですね。そのうえ、不用品のために月々２万円の支払いを今後５年間も続けるのは大変です。とりあえず、もうしばらくＳ社の様子をみるということでどうですか。

Ｘ　女：……そうですね。母からも、「これを勉強の機会にすればいいんだから」と言われました。

甲弁護士：では、万一、訴状が届いたらすぐに連絡をください。それまでに、訴訟になったときに備えて、さらに検討をしておきます。

Ｘ　女：ありがとうございます。どうぞよろしくお願いいたします。

3　他の法的手段の検討

クーリング・オフのほかに、〈*Case* ②〉の契約を解消する手段は何かないだろうか。明らかな不実の告知はないようであるから、特定商取引法の取消し（同法9条の3）、民法の錯誤無効（同法95条）や詐欺取消し（同法96条）の主張は難しいかもしれない。

そうなると、公序良俗違反（民法90条）を主張するしかないだろうか。根拠として、商品価値が価格におよそ見合わない、いわゆる「暴利行為」にあたらないか。その判断のためには、ダイヤモンドを独自に鑑定に出してみてもよいだろう。

あるいは、X女の立場からすれば、社会人になって間もない一人暮らしの女性が、不意打ちで、不要不急の商品について、手数料込120万円の債務を負担させられたのであるから、適合性の原則違反を主張できないだろうか（特定商取引法7条4号、同法施行規則7条3号）。この適合性の原則は、顧客の知識、経験および財産の状況に照らして、客観的に不適当なものを勧誘してはならないとする行政規制行為として規定されているが、違反の程度が著しい場合には、公序良俗違反となりうる。もっとも、年収約300万円のX女にとって、月2万円の5年分割払いをすることは支払能力を超えるような高額な債務負担とまではいいがたいだろう。

さらに、消費者の従業員に対する恋愛感情を利用して契約させる、いわゆるデート商法による不当な取引であると主張できないだろうか。もっとも、X女がY氏に対して恋愛感情を抱くような接触はないようである。

備えるに越したことはない。X女と相談した結果、費用は1万円ほどかかるが、参考までに、ダイヤモンドを鑑定に出してみることになった。

Ⅶ　訴訟提起

1　訴状受領

それから約1カ月後（4月20日）、X女の家に、S社から訴状が届いたと連

絡があった。早速、訴状を事務所に送ってもらい、答弁書の準備を検討することにした。

　S社の言い分としては、やはり、販売意図を告げて来店を約束したから、訪問販売にあたらないというものであった。そして、証拠の中に、Y氏からX女に送信した電子メールで「Xちゃん、先ほどは突然電話してごめんね。Xちゃんの話が面白いので、楽しくてついつい長電話になっちゃった。それで、電話でも伝えたとおり、Xちゃんにおすすめしたいアクセサリーがあるので、約束の日のご来店を楽しみに待っているね！ Y」と書かれたものが含まれていた。送信日は、最初の電話があった日になっていた。また、「契約前アンケート」という書面もあり、「ご来店のお誘いのお電話をした際、商品をご案内することの説明はありましたか」、「担当販売員の商品説明は理解できましたか」、「担当販売員から、強引に商品を勧められることはなかったですか」などと書かれており、「はい」「いいえ」のどちらかにマルをつけて回答するようになっている。X女の記入をみると、上記の回答はいずれも「はい」になっている。S社としては、これらの証拠があるから販売意図を告知していると主張して強気に出ていたのだろう。後に争われる可能性を想定して、証拠化しておいたとしか思えない。

　それにしても、X女は、Y氏とメールはしていなかったと言っていたが、どうして隠したのだろう。このようなアンケートを記入していたことも聞いていなかった。自分の説明が足りていなかったのではないか、そもそもX女との間に信頼関係ができていなかったのではないかと若干の動揺を覚えながら、X女から詳細を聞くため、面談をすることにした。

2　3度目の面談

　甲弁護士とX女との3度目の面談は以下のとおりであった。

> X　女：アンケートのことはすっかり忘れていました。それから
> 　　　　……Yとのメールのことは、正直に言わなくてごめんなさ

い……何だか親しげなメールだったので、恥ずかしくて言えませんでした。甲先生が説明してくださった争点というものに関係していることもわかっていませんでした。

甲弁護士：いえいえ、Xさんのご事情は理解できます。気にしないでください。S社から証拠として出てきたからにはそれを前提にできることを考えましょう。そうすると、このメールのほかにもYとのやりとりのメールがあるのですね。

X　女：はい、あります。それと、実は、Yと待ち合わせてそのままお店に行ったのではなく、まずは一緒に食事をしました。それも、当日、待合せ場所の駅で、Yから、「お昼食べたの」と聞かれ、「まだです。終わってから食べようかと思って……」と言うと、「Xちゃんとは、共通の話題が多いから、また盛り上がって話していると遅くなっちゃうかもしれない。先に食べておいたほうがいいと思うよ」「でも、一緒に食事したことは、絶対にお店の人に言わないでね」「社内ルールで、お客さんと食事してはいけないことになっているんだ」と言われました。そのこともあって、甲先生にお話することをためらってしまいました。

甲弁護士：ということは……デート商法という可能性もあり得ますが……食事したから、お店に行くことを断れなくなったということはありましたか。

X　女：そういう面もありました。東京に来て、職場の仲間以外に知り合いがいなくて寂しかったので、Yともっと話していたいという気持になりました。

甲弁護士：その後もYから食事に誘われたとか、出かけたとかはないのですか。

X　女：ないです。ただ、証拠になるかわかりませんが、Yと食事したA店の店員さん（T）が、「Yさん、いつもおひとりな

のに、今日はお連れ様がいらっしゃるのですね」とYに話していたことを覚えています。

甲弁護士：そうですか。そうすると、その店員さんの証言がとれれば、来店前にYと食事していた証拠になりますね。もっとも、常連さんだと協力してくれるかは難しいかもしれないし、仮に証言を入手できたとしても、最初はデートに誘ったわけではないので、デート商法として契約の効力を争うのは、苦しいかもしれない。それから、先日出しておいたダイヤモンドの鑑定結果ですが、S社から受領した鑑定書と大差はないようでした。価格を調査してみたところ、暴利行為という主張は難しそうですね。こうして検討を重ねてくると、S社は明らかな法律違反は犯さないようにしくんでいるようでかなり巧妙な手口ですね。

X　女：裁判となると、和解ということはないのでしょうか。

甲弁護士：そうですね、S社としては、証拠を取り揃えてきていますから、譲歩はしないかもしれません。もっとも、こちらからデート商法として契約の効力を争う主張を出してみたときのS社の反応は気になります。まずは、答弁書を用意しますので、提出前に確認をお願いします。

3　訴訟の準備

　ダメもとで、甲弁護士は、A店に赴き、Tさんに事情を話して協力を求めてみたが、やはり門前払いだった。以上を踏まえ、【書式2-2-2】のとおり、答弁書を用意した。

【書式2-2-2】 答弁書（〈Case ②〉）

平成28年（○）第○○号売買代金請求事件
原　告　株式会社Ｓ社
被　告　　Ｘ

答　弁　書

平成28年5月25日

東京簡易裁判所民事第○室○係　御中

〒○○○-○○○○　東京都□□区□□5-6-3
　　　　　　　　　　○○法律事務所（送達場所）
　　　　　　　　　　電話　03-0000-0000
　　　　　　　　　　FAX　03-0000-0000
　　　　　　　　　　被告訴訟代理人弁護士　　　　甲　　㊞

第1　請求の趣旨に対する答弁
　1　原告の請求を棄却する
　2　訴訟費用は原告の負担とする
　との判決を求める。
第2　請求の原因に対する認否
　1　当事者について
　　　認める。
　2　本件売買契約について
　　　請求原因2のうち、平成27年10月17日、原告従業員Ｙが、被告に対し、電話を掛けたこと及びアクセサリー店で働いている旨を告げたこと、同年10月24日、被告は、原告との間で、本件売買契約を締結したこと、は認め、その余は否認する。Ｙは、被告に対して、販売意図を告知しなかった。
　3　被告による解除について
　　　請求原因3のうち、平成28年3月4日付で、被告が、代理人を通じて、原告に対し、解除する旨を通知したことは認め、その余は否認ないし争う。
第3　被告の主張
　1　クーリング・オフについて

 (1) 「訪問販売」にあたること
 (2) 法定書面の交付を欠いたこと
 (3) クーリング・オフの行使は有効であること
2 公序良俗違反について
 仮に、クーリング・オフによる解除が認められないとしても、本件売買契約は、次のとおり、複数の著しく不公正な点が認められるから、公序良俗違反にあたり、無効である（民法90条）。
 (1) 契約の適合性違反（特定商取引法7条4号、同法施行規則7条3号）
  被告は、社会人になったばかりであり、単身で生計を立てている年収約300万円の若者であるところ、原告は、被告に対し、手数料込120万円もの不要不急の商品を購入させるに至っており、契約の適合性の原則に違反する。
 (2) デート商法
  原告は、異性であり被告と同世代のYを通じて被告に電話を掛けさせ、その際、突然、「Xちゃん！」と馴れ馴れしく話しかけ、雑談をして親しくなった後に、店舗への来店を勧誘し、さらに店舗で約6時間とどめ置いて本件売買契約を締結させており、恋愛感情を利用したいわゆるデート商法にあたるというべきである。
3 結語
 以上より、原告の請求は、何ら理由がないから、速やかに棄却されるべきである。

以上

Ⅷ 訴訟経過

1 第1回期日

通常、第1回期日の被告側は擬制陳述で対応することが多いが、今回の場合は、S社はどういうスタンスでいるのか、様子をうかがうため、甲弁護士は出席することにした。

> 裁判官：原告は、訴状陳述、被告は、答弁書陳述ですね。次回は、原告のほうで反論されますか。
> S社訴訟代理人弁護士：はい。
> 裁判官：念のためうかがいますが、原告のほうは、和解の考えはありますか。
> S社訴訟代理人弁護士：クライアントは和解をしない方針です。判決を希望しています。
> 裁判官：そうですか。では、しばらく争点について、双方の主張・立証をお願いします。

2　期日間

　やはり、S社は強気である。最初から判決を希望すると明言した。これまでも勝訴判決を集めているのであろうか。そう思うと何としてでも勝訴判決をとらせたくない思いになる。クーリング・オフの主張が認められない場合に備えておきたいところ、他の手段による主張はいずれも苦しいが、証拠化しうる事情があるデート商法として契約の効力を争う手段にかけるしかないだろう。再度、A店のTさんに協力をお願いできないか聞いてみることにした。ところが、今度は、意外にも話に応じてくれた。Tさんは、「あの後、Yさんが、会社を辞めることになった、と挨拶に来ました」、「Yさんは、会社の方針についていけない……と落ち込んだ様子でした」、「それから、実は、成人したばかりの娘が、電話でしつこく勧誘されて高額な買い物をさせられたと怒ったご両親から、近所のS社について知っていることはないかと聞かれたり、S社の従業員に勧誘されて行ってきたという若い女性の方から、強引に高額な商品を買わされそうになった、と聞き、私にも同じような年頃の娘がいるので、他人事とは思えなくなり気になっていました」、『何月何日何時頃、YさんとXさんが一緒に食事をしていました』という限度で

あれば、協力します。でも、近所なので、それ以上のことについて見聞きしたことは勘弁してください」と話してくれたのである。こうして、甲弁護士は、Tさんから簡単な陳述書を入手することができた。

3　第2回期日

期日前に、原告であるS社から、準備書面が提出された。また、証拠として、S社の他の顧客に対する売買代金請求訴訟で、勝訴判決を得た判決書の写しが2通提出された。

当日、A店のTさんから入手した陳述書と簡単な準備書面を提出した。S社の訴訟代理人は、意外なものが出てきたというような反応にみえた。

4　見通し

X女に期日報告し、反論の準備書面の方針を検討する。そもそも訪問販売に該当しなければ、法定書面の欠缺の論点に至らない。他方、やはり契約の適合性違反の主張については、X女は年収約300万円のところ、手数料込120万円の5年ローンを組んだことは明らかに不適合とはいえないと思われる。また、デート商法の主張については、電話では食事に勧誘していないことから、なかなか厳しいことが想定された。尋問で勝負するしかないのだろうか。これらの見通しをX女に伝えると、「先生にお任せします」とのことだった。

ただ、電話によるアポイントメントセールスの場合、事業者としては、違反を犯さないように、まずは、販売意図は告げるものの、その後、消費者に抵抗されると、「見るだけでいいから」、「聞くだけでいいから」と言い換えて誘い出すケースが多いと思われた。通常、この会話は証拠に残らないため、販売意図の告知がなかったことの立証は非常に難しくなる。こういうありがちなケースで、消費者が保護されないことになるのは、非常にもどかしい思いであった。

5　和解提案

ところが、思いがけず、期日間に、S社訴訟代理人から、90万円という和解提案を出された。A店のTさんの陳述書の影響が思いのほかあったのだろうか。やるだけやってみるものである。すぐにX女に報告し、X女の意見を聞くことにした。

X女としては、裁判所でまともに話せる自信はなく、どうしても尋問は避けたいこと、和解できるのであればこちらの主張が間違いではないことを認めたと考えられるから和解したい、90万円でもいい、もっとも、まとめての支払いの限度は50万円である、それ以上は、頑張っても月々5万円の分割払いが限度である、後は甲先生にお任せします、とのことだった。

S社が譲歩してきた様子からすれば、守りのための和解提案だと思われるが、裁判の見通しからすれば、必ずしも当方に有利な情勢ではない。万一、S社の勝訴判決が確定すれば、X女の勤務先が知られていることもあり、遅延損害金を含めた支払いをせざるを得ないだろう。特に、X女に、最後まで戦いたいとの希望がないならば、この段階での和解は早期解決にもなる。ただし、X女の代理人の立場からすれば、S社の言い値での和解は受け入れがたいことから、減額交渉に入ることとする。

結果として、総額60万円、3回の分割払いでの和解となった。できれば、S社にもう一歩譲歩してほしかったが、X女は、「十分です」、「良い勉強になりました」と笑顔だった。甲弁護士は、X女が、ひとまわり大きく成長したように感じた。

【書式2-2-3】　和解条項（《Case ②》）

1　被告は、原告に対し、本件解決金として、60万円の支払義務があることを認める。
2　被告は、原告に対し、前項の金員を、次のとおり分割して、毎月末日限り、○○銀行○○支店の原告代理人「○○○○」名義の普通預金口座（口座番号7654321）に振り込む方法により支払う。ただし、振込手数料は被告の負担

とする。
　(1)　平成28年7月に50万円
　(2)　平成28年8月から同年9月まで5万円ずつ
3　被告が前項の分割金の支払いを怠った場合には、当然に期限の利益を喪失し、被告は、原告に対し、第1項の金員から既払金を控除した残金及びこれに対する期限の利益を失った日の翌日から支払い済みまで年5パーセントの割合による遅延損害金を直ちに支払う。
4　原告は、その余の請求を放棄する。
5　原告及び被告は、原告と被告との間には、本件に関し、本和解条項に定めるほかに何らの債権債務がないことを相互に確認する。
6　訴訟費用は各自の負担とする。

以上

　本稿は、複数の事例を組み合わせるなどして構成したものであり、実際の事例とは異なる。

第3章 金銭消費貸借契約──私文書の成立の推定

I 事案の概要

―〈Case ③〉――

　平成24年4月11日、Xの下に、友人のYの代理人と称する弁護士乙から、平成14年5月1日に貸し付けた2000万円を返還せよ、という内容証明郵便が送付されてきた。

　Xは、Yから2000万円を受け取ったことは事実であるが、これは、業務の対価（お礼）として受け取ったものであり、なぜこのような通知が送られてくるのか、突然のことに驚いた。

　内容証明郵便を受け取るなど初めての経験で、どうしたものかわからなかったので、知り合いの紹介でT法律事務所の甲弁護士に相談することになった。

II 実務上のポイント

〈Case ③〉における実務上のポイントは、以下の3点である。
① 消滅時効の起算点と時効中断
② 私文書の成立の推定
③ 事実認定のあり方（授受された金銭の趣旨）

III 第1回打合せ

1 X氏の来訪

　X氏は電話で甲弁護士に連絡をとり、平成24年4月20日にT法律事務所を訪ねることになった。甲弁護士は大まかに話を聞いたが、突然個人の方が2000万円も請求されるなんて、何か複雑な事情でもあるのだろうか、と思いつつ、面談の日を迎えた。

　4月20日、X氏はT法律事務所を訪れた。X氏は40代の男性で、元某商社にいたそうだが、独立して、現在はコンサルタント業務を行っているという。見た目は以前流行したちょい悪オヤジの印象であった。

　甲弁護士は早速、乙弁護士から送付された内容証明郵便をみせてもらった。通知の内容は【書式2-3-1】のとおりである。

【書式2-3-1】　相手方からの通知書（〈*Case* ③〉）

```
                        通　知　書

〒○○○-○○○○
神奈川県○○市○○1-2-3
        X      殿

                                        平成24年4月10日

                              〒○○○-○○○○
                              神奈川県横浜市○○区3-4-5
                                ○○法律事務所
                                  Y代理人弁護士　　乙


冠省
　当職は、Y（以下、「通知人」といいます）からの委任を受け、貴殿に対し、
```

本書を差し出します。
　通知人は、平成14年5月1日、貴殿との間で、次の条件で2000万円を貸し付ける旨の金銭消費貸借契約を締結しました。

記

貸付金額　　2000万円
利　　息　　年2％
弁　済　期　平成14年7月20日に1000万円、同年12月20日に残額を支払う。
失権約款　　支払を1回でも怠った場合には、当然に期限の利益を喪失する

　通知人は、上記契約に基づき、貴殿に対し、平成14年5月2日に、銀行送金により貴殿の銀行口座に2000万円を振り込みいたしました。
　しかしながら、貴殿は、その後、利息の支払を一切せず、元金も全く支払っておりません。
　つきましては、通知人は、貴殿に対し、本通知書受領後直ちに、金2000万円のほか、平成14年7月21日から支払済みに至るまで年5分の割合による遅延損害金を、下記口座に振込送金する方法により支払うよう求めます。

記

　　　　　　　　○○銀行△△支店
　　　　　　　　口座番号　1234567
　　　　　　　　口座名義　○　○　○　○

　これによれば、平成14年に金銭消費貸借契約を締結し、2000万円を振り込んだということであった。甲弁護士は、事実関係を確かめるべく、X氏に内容証明郵便に記載されたことは事実か否か聞いてみたところ、X氏は否定し、Y氏から2000万円を受け取ったことは事実であるが、これはお礼としてもらったものだ、と答えた。
　そこで甲弁護士は、X氏から詳しい話を聞くことにした。

2　X氏からの聴取り

甲弁護士が、X氏から聞き取った内容は以下のとおりである。

　平成14年頃、Xは、個人事業主として、会社経営者に対するコンサルタント業務を行っていた。Xの小学校以来の友人であるYは、自身が経営する旅行会社であるA社と地方のホテルとが提携して行うプロジェクトを企画しており、提携先となるホテルを探していた。

　そうした折、XとYが通っていた小学校の同窓会が開かれ、XはYと10年ぶりの再会を果たした。Yが自身のプロジェクトの話をXにしたところ、Xは、知り合いに何人かホテル経営者がいるので、協力できることがあればいつでも声をかけてくれ、と言った。Yは、提携先探しに難航していたことから、Xの申出を非常にありがたく思い、早速、提携ホテルを探してくれないかと依頼した。このとき、XY間で報酬の話はなく、また、Xとしても知り合いに話をするくらいのことなので、特に報酬をもらうつもりなどなかった。Xは、すぐに何人か知り合いのホテル経営者にあたり、そのうちB社の代表者ZがA社のプロジェクトに興味を示したことから、YとZを引き合わせることにした。

　平成14年1月、X、Y、Zの三者で初めての顔合わせがあり、Yから、自身の考えているプロジェクトの説明があった。Zは、Yの企画はもちろん、Yの人となりにも惚れ、A社と提携する方向で前向きに検討することとなった。

　その後、X、Y、Zの三者で数回の打合せがもたれ、最終的にA社とB社の共同でプロジェクトを行うことが決定した。平成14年3月のことであった。決定後は、Xは打合せ等に参加しなかった。

　しばらくXとYとは連絡をとり合っていなかったが、平成14年4月末頃、YからXに対し電話があった。話の内容は、この前（B社の紹介）のお礼がしたいということで、A社近くの喫茶店で会うことにな

った。その際、Yからは、お礼として2000万円を支払うという話があった。Xは、もともとお礼をもらうつもりではなかったが、いただけるのであれば、ということで2000万円を快く受け取ることにした。同年5月2日、Yから約束どおり、2000万円が振り込まれた。このお礼の授受に関し、特に書面を交わしたことはなく、Xの手元には、2000万円が振り込まれたことを示す通帳があるのみであった。

　その後、Yとは、年賀状のやりとりが数年続いたものの、次第につき合いは薄れていった。そんな折、今回の内容証明郵便が届いた。

3　今後の対応

甲弁護士は聞き取った内容を踏まえ、X氏と対応について相談した。

甲弁護士：2000万円を受け取ったのは事実ですね。

　X　氏：はい。

甲弁護士：2000万円が、お礼、あるいは報酬ということを示す資料は何かありますか。

　X　氏：何もありません。

甲弁護士：逆に、貸付けを示す資料として何か心あたりはありますか。

　X　氏：何もありません。すべて口頭でのやりとりでした。

甲弁護士：では、まずは、この通知書には、貸付けの事実はないということで回答しましょう。資料が何もないとなると、Y氏が何を根拠に金銭消費貸借契約の存在を主張しているのか検討がつきませんが、訴訟になれば明らかになるでしょうし、われわれとしては、お礼として受け取ったことに間違いないわけですから、回答はシンプルにいきましょう。

　X　氏：はい、お願いします。ちなみに、借りたということでも、時効ということはありませんか。

甲弁護士：今回の場合、最初の履行日は、平成14年7月20日ですが、そこで支払いを怠っており、そこから10年ですから平成24年7月20日、つまり後2カ月弱で時効が完成する可能性があります。ただし、今回、内容証明郵便で催告されていますので、7月20日を過ぎても、あなたが内容証明郵便を受領した4月11日から6カ月以内に訴訟提起されれば、時効は完成しません。ちなみに、あなたが仕事の関係でお金を借りたということになれば、時効の期間は5年ですので、すでに時効が成立していることになります。

X　氏：わかりました。ただ、決してお金は借りていませんので、先ほどの内容で回答をお願いします。

甲弁護士：わかりました。

以上のやりとりを経て、甲弁護士は、乙弁護士宛てに、内容証明郵便にて、金銭消費貸借契約は存在していないこと、したがって、2000万円を支払う必要はないこと、を回答した。

甲弁護士は、X氏の言い分を信じつつも、時効が完成することを密かに期待していた。

4　消滅時効

(1)　消滅時効の起算点

消滅時効は、「権利を行使することができるときから進行する」（民法166条1項）とされており、これは、権利を行使するのに法律上の障害がないことを意味すると考えられている。〈*Case* ③〉の場合には、2000万円が貸付けだと仮定した場合、平成14年7月20日に1000万円、同年12月20日に残額を支払うとされており、1回でも支払いを怠れば、当然に期限の利益を喪失するとされている。X氏は1回目の支払期限に履行を怠ったことから、平成14年7月20日に期限の利益を喪失しているので、この翌日から時効が進行す

る。ちなみに、〈Case ③〉のような期限の利益の当然喪失の事案とは異なり、「割賦払の約定に違反した時は債権者の請求によって償還期限にかかわらず直ちに残債務全額を弁済すべき」旨の約定がある場合には、債務者の遅滞があった時に残債権すべての消滅時効が進行するのか、それとも債権者が残債権全部の弁済を請求した時から進行するのか、2つの考え方があり得る。判例（最判昭和42・6・23民集21巻6号1492頁）は、後者の立場をとっている。

　(2) 時効の中断

　時効の中断とは、時効の完成を阻止するために、時効の進行を止める制度である。時効中断事由は、請求（民法147条1号）、差押え・仮差押え・仮処分（同2号）、承認（同3号）に大別される。

　「請求」には、裁判上の請求（民法149条）や、和解および調停の申立て（同法152条）、催告（同法153条）などがある（なお、現在予定されている民法（債権関係）改正後は、「時効の中断」は「時効の更新」ということになる）。

　〈Case ③〉は、乙弁護士の内容証明郵便が催告にあたるが、これのみでは完全に時効は中断せず、催告から6カ月以内に裁判上の請求などを行う必要がある。

　なお、参考までに、弁護士会の運営しているあっせん・仲裁などの裁判外紛争解決手続に関しては、ADR法（裁判外紛争解決手続の利用の促進に関する法律）の認定を受けたものであれば、手続終了の通知を受けた時から1カ月以内に訴えを提起すれば、同紛争解決手続の請求時に訴えの提起があったものとみなされるが（ADR法25条）、認証を受けていない場合には、時効中断効は生じないので注意が必要である。もっとも、同紛争解決手続の請求をもって催告と考えることはできるであろう。

IV 訴訟提起

　甲弁護士は、乙弁護士に回答書を送付してから、何も音沙汰がなかったことから、もしかしたら、乙弁護士で再度調査した結果、金銭消費貸借契約は

なかった、という結論になったのでは、という淡い期待を抱いていた。

そんな折、X氏から連絡があり、裁判所から訴状が届いたという連絡があった。

X　氏：裁判所から訴状が届きました。

甲弁護士：そうですか。このまま訴訟提起されないことを期待していたのですが、やむを得ないですね。ちなみに、請求内容は、この前の内容証明郵便と変わりないですか。

X　氏：はい。変わってないです。

甲弁護士：ちなみに、どんな証拠が提出されていますか。

X　氏：金銭消費貸借契約書がありました。

甲弁護士：それって、見たことはありますか。

X　氏：全くないです。でも私の印鑑が押してあります。なぜでしょう。不思議です。

甲弁護士：そうですか。それでは、詳しい話は事務所でお聞きしたいので、今度打合せをしましょう。ちなみに、その印影ですが、見覚えはありますか。

X　氏：よく見ると、私の実印に似ているかもしれません。

甲弁護士：そうですか。そうしたら、打合せ当日は実印をお持ちください。

こうしてX氏は、打合せのため、甲弁護士の下を訪れた。

Ⅴ　第2回打合せ～答弁書の提出～

1　X氏からの聴取り

甲弁護士は、X氏から訴訟資料一式を受け取り、中身を確認した。すると、訴状には関連事実の記載が全くなく、まさに要件事実のみといっていい

ような簡単なものであった。そして、証拠として提出されていたのは、金銭消費貸借契約書、2000万円を支払ったことを示す振込受付書、この前やりとりされた双方の内容証明郵便のみであった。

今回の訴訟のポイントとなるであろう、金銭消費貸借契約書は、【書式2-3-2】のような内容であった。

【書式2-3-2】　金銭消費貸借契約書（《Case ③》）

金銭消費貸借契約書

　Y（以下「甲」という）とX（以下「乙」という）とは、以下のとおり契約を締結した。

第1条
　甲は乙に対し、金2000万円を、次の約定で貸し渡し、乙はこれを借り受け、受領した。
（利息）2％
（弁済期）平成14年7月20日に1000万円、同年12月20日に残額を支払う。

第2条
　乙は、上記の支払を1回でも怠った場合には、当然に期限の利益を喪失し、直ちに元利金を支払わなければならない。

平成14年5月1日

　　　　　　　　甲　神奈川県横浜市〇〇区〇〇3-4-5
　　　　　　　　　　　Y　　　㊞
　　　　　　　　乙　神奈川県〇〇市〇〇1-2-3
　　　　　　　　　　　X　　　㊞

X氏の話によれば、この契約書は一度も目にしたことがないとのことで

あった。契約書には、XYの記名があり、それぞれ印鑑が押されていた。

甲弁護士：Xさんの名前の横に押印されていますが、実印に似ているということですよね。
X　氏　：はい。そんなところに押したはずはないのですが。
甲弁護士：実印は、平成14年当時から今も変わりないですか。
X　氏　：変わってないです。
甲弁護士：その実印を誰かに盗まれたりとか、貸したりしたということはありましたか。
X　氏　：そういったことはないと思います。
甲弁護士：まだわかりませんが、仮にこの印影がXさんの実印のものとなると、なぜそこにあなたの実印の印影があるのか不思議ですね。
X　氏　：なぜなのか検討もつきません。ただ、以前、B社のZ氏と取引した際に、Z氏から言われて、実印を押印したことがあり、その際、印鑑証明書を渡しています。
甲弁護士：つまり、Y氏がZ氏から実印の印影や印鑑証明書を入手して、偽造したと、そう考えるわけですね。
X　氏　：そんなこと思いたくないですが、そうとしか思えません。
甲弁護士：確かに、金銭消費貸借契約書に実印が押してあるとすれば、印鑑証明書が添付されていないのはおかしいですよね。
X　氏　：はい。それに、Yからは内容証明郵便が届くまで、一度も請求されたことがありませんでした。しばらくは年賀状のやりとりをしていましたが、その時も、お金の話は全くなかったです。
甲弁護士：なるほど。当時、Xさんは、お金に困っていたとか、大きいお金が必要だったとか、そういう事情はありませんでしたか。

Ｘ　氏：当時は40歳くらいでしたが、独立して５年くらいで、貯金も数千万円ありましたし、もちろん、借入れもありませんでした。ただ、その年に、妻が海外に別荘を購入したいと言ったので、１億円弱の資金が必要になったということはありました。

甲弁護士：そのお金はどうされたのですか。

　Ｘ　氏：5000万円は金融機関から借り入れ、残りは手持ちのお金で何とかなったと思います。

甲弁護士：残りというのは。

　Ｘ　氏：正確には覚えていないですが、4000万円くらいだったと思います。

甲弁護士：当時の通帳は残っていますか。

　Ｘ　氏：残っていません。

甲弁護士：銀行から取引履歴を取り寄せられないか、やってみてください。

　Ｘ　氏：わかりました。

甲弁護士：それと、遅かれ早かれ、金銭消費貸借契約書に押印されている印影について、裁判所から、実印かどうか聞かれると思います。素人目では、これがＸさんの実印の印影なのかそうでないのか、正直わからないので、鑑定をお願いしたいと思いますが、よろしいですか。

　Ｘ　氏：はい、お願いします。

甲弁護士：これで、実印の印影ではない、という判定が出れば、こちらにとって、かなりよい方向に進みますが、そうでなかった場合、対応を考えないといけません。

　このようにして甲弁護士は、Ｘ氏から、金銭消費貸借契約が存在しないことを裏付ける事情をいろいろと聞き取っていった。

他方、事情は聞くとしても、訴訟戦略として、答弁書にX氏とY氏の関係から、2000万円の授受に至った経緯について詳細に主張しておくか。それとも、とりあえず訴状に対する認否だけをしておいて、先に原告であるY側に、2000万円の授受の経緯などを主張させるか、悩んでいた。
　甲弁護士は、裁判官の経験もある先輩弁護士に相談してみたところ、裁判官の目線からすると、証拠が少ない事件においては、後からいろいろな事情を主張して説明を加えるよりは、最初から一貫したストーリーを主張したほうが心証がいいし、こちら側のストーリーがまず頭に入るので、そのほうがよいであろう、というアドバイスを受けた。
　そこで甲弁護士は、X氏とも協議のうえ、答弁書でそれなりに詳しい事情を主張する方針をとることにした。
　打合せ終了後、甲弁護士は、何度も何度も、X氏の実印の印影と金銭消費貸借契約書の印影とを重ね合わせ、蛍光灯の光で透かして見たりもしたが、重なり合って見えるようにも思えるし、ずれているようにも見えるし、一喜一憂を繰り返した。

2　鑑定の結果

　甲弁護士は、東京都弁護士協同組合の特約店に印影鑑定を依頼した。鑑定の結果は、「同一である可能性が極めて高い」であり、甲弁護士とX氏はともに落胆した。とはいえ、落ち込んでいる暇はなく、甲弁護士は気持を引き締め、答弁書の作成にとりかかった。

3　答弁書の提出

　甲弁護士は、X氏からの聴取り内容を踏まえ、先輩弁護士のアドバイスのとおり、2000万円の授受の経緯（X側のストーリー）を説明したうえで、金銭消費貸借契約が存在しないことを裏付ける事情を主張した。甲弁護士は、答弁書を起案しながら、修習生時代の民事裁判修習での事実認定起案を思い出していた。

なお、初回の打合せでＸ氏に頼んでおいた銀行の取引履歴は入手できたものの、2000万円の入金が確認できたくらいで、その前後に預金は200万円から300万円前後しかなく、Ｘ氏の妻が購入した別荘の代金について、金銭を借り入れなくても金銭的に余裕があったといえるほどではなかった。
　答弁書の概要は、【書式2-3-3】のとおりである。

【書式2-3-3】 答弁書（《Case ③》）

```
平成24年㈨第○○○号　貸金返還請求事件
原　告　　　Ｙ
被　告　　　Ｘ

                    答　弁　書

                                    平成24年○月○日

横浜地方裁判所第○民事部○係

                        〒○○○－○○○○
                        神奈川県横浜市○○区○○7-8-9
                        △△法律事務所
                        被告訴訟代理人
                            弁護士　　　甲　　　　　㊞


第１　請求の趣旨に対する答弁
　１　原告の請求を棄却する
　２　訴訟費用は原告の負担とする
との判決を求める

第２　請求の原因に対する答弁
　１　……は、2000万円の振込があったことは認め、その余は否認する。金銭
　　消費貸借契約は存在せず、2000万円はお礼として受け取ったものである。
　２　……は認める。
```

    3 ……は争う。
第3　被告の主張
    1　2000万円授受の経緯
    ⑴　XとYとの関係、X・Yの職業・地位
　・・・・
    ⑵　Y（A社）のプロジェクトについて
　・・・・
    ⑶　XによるZ（B社）紹介とプロジェクトの実行
　・・・・
    ⑷　2000万円の支払についてYからの申出
　・・・・
    ⑸　2000万円の授受
　・・・・
    2　金銭消費貸借契約の不存在
    ⑴　金銭消費貸借契約の押印はXによるものではないこと
　・・・・
    ⑵　借入れの必要性がなかったこと
　・・・・
    ⑶　Yから請求が全くなかったこと
　・・・・
    ⑷　契約に至る経緯が不明であること
　・・・・

VI 第1回口頭弁論期日以降

1　第1回口頭弁論期日

　甲弁護士は、第1回口頭弁論期日にのぞんだ。

　答弁書では、金銭消費貸借契約書に押印されていた印影については、X氏のものではない、という程度でとどめており、X氏の実印と似ているという点には触れていなかった。当然、甲弁護士の頭の中には、金銭消費貸借

契約書について、文書の成立の推定のことが頭に浮かんでいた。

そして、案の定、第1回期日では、金銭消費貸借契約書の成立について質問がなされた。

> 裁判官：金銭消費貸借契約書については、その成立の真正を争うという理解でよろしいでしょうか。
> 甲弁護士：結構です。
> 裁判官：この金銭消費貸借契約書には、Xさんの記名の横に押印がありますが、この印影について見覚えはありませんか。Xさんの実印ではないのでしょうか。
> 甲弁護士：Xさんはこのような書面を見たことがなく、Xさんの印章によるものではないと考えています。
> 裁判官：ちなみに、実印は当時から現在まで、変わっていませんか。
> 甲弁護士：変わっていません。
> 裁判官：原告はこの点について何かありますか。
> 乙弁護士：成立の真正を争われるのは結構ですが、これがXさんの印章の印影でないことを示す証拠を提出される予定はないのでしょうか。
> 裁判官：被告はいかがですか。
> 甲弁護士：今のところは特に予定しておりません。
> 裁判官：ご主張はわかるのですが、成立の真正を争われるのであれば、この印影に関して、印鑑証明書を取得するなどして、Xさんの印章によるものではないことを説明・報告していただきたいのですが。
> 甲弁護士：承知しました。検討します。

以上のとおり、金銭消費貸借契約書の印影について質問がなされ、次回までにX氏の印章によるものでないことを主張することになった。

他方、Y氏側は、X氏の主張を踏まえ、金銭消費貸借契約締結の経緯などについて、主張を行うことになった。

2　第2回期日（弁論準備手続期日）

甲弁護士は、裁判所からの訴訟指揮を踏まえ、X氏の印鑑証明書を取得して提出した。その際、金銭消費貸借契約書の印影と実印による印影は一見して似ていたが、主張としては、実印によるものであることを否認した。

甲弁護士としては、私文書の成立の真正に関する二段の推定のことを考えながら、本件で推定を破る事情がみあたらないことに頭を悩ませていた。

3　私文書の成立の推定

(1)　署名または押印による成立の推定

民事訴訟法228条4項は、私文書について、「本人又はその代理人の署名又は押印があるときは、真正に成立したものと推定する」と定めている。これは、本人または代理人が、その意思に基づいて署名・押印した場合には、文書全体が真正である場合が多いという経験則に基づいた推定規定である。

ここで、「署名又は押印があるとき」というのは、本人または代理人の意思に基づいてされた署名、あるいは、本人または代理人の意思に基づいて押捺された印影である必要がある。

つまり、押印についていえば、単に、文書の印影と本人の印章によって顕出された印影が同一であるだけでは上記推定は働かない。

〈*Case* ③〉でも、甲弁護士は、金銭消費貸借契約書の印影がX氏の印章の印影であるかはあいまいにしているが、X氏が押捺したものではない、X氏の意思に基づいて押捺された印影ではない、と主張しており、上記推定は働かないことになる。

(2)　二段の推定

そこで出てくるのが、いわゆる二段の推定である。

私文書の印影が、本人または代理人の印章によって顕出されたものである

〈図表 2-3-1〉 二段の推定

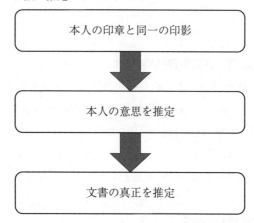

ときは(そのことを立証すれば)、反証のない限り、当該印影は本人または代理人の意思に基づいて顕出されたものと事実上推定するのが相当であり(推定①)、この推定の結果として、先の民事訴訟法228条4項にいう「本人又は代理人の署名又は押印があるとき」の要件を満たし、全体として文書が真正に成立したものと推定される(推定②)、これが二段の推定である(最判昭和39・5・12民集18巻4号597頁など)。

このように本人の印章と同一の印影の場合に本人の意思に基づくと推定するのは、本人の印章を他人が勝手に使用することは通常あり得ないという経験則に基づくものである。したがって、この推定が働くためには、もっぱら本人だけが使用するための印章である必要があるが、実印は通常、本人のみが使用することが予定されているため、推定が働くことになる。

(3) 推定を破る事情

上記のとおり、この推定は、本人の印章を他人が勝手に使用することは通常あり得ないという経験則に基づくものであるから、逆に、本人の意思によらずに勝手に使用されたという事情を立証することで、推定を破ることが可能となる。

推定を破る事情の類型として、次の3類型がある（新潟県弁護士会『保証の実務〔新版〕』36頁参照）。
① 盗用型
本人が印章を保管していたが、それを紛失し、あるいは盗難にあい、または無断借用により、本人の知らないところで冒用者が勝手に押捺した場合である。

印章の紛失、盗難、無断借用等の本人の意思に基づかないで印影が顕出されたことを示す事情（警察への被害届の提出や、実印であれば市区町村役場への改印届提出の事実等）を立証する必要がある。

② 委託背反型
本人がある特定の目的のために印章を他人に委託したところ、冒用者が委託の目的とは別の目的のために勝手に押捺した場合である。

当然のことながら、本人がある特定の目的のために印章を他人に委託していた事実の立証が必要となる。

③ 保管者冒用型
本人が他人に継続的に印章の保管を委託していたところ、保管者が保管を委ねられた趣旨に反して勝手に押捺した場合である。

本人が継続的に印章の保管を委託していた趣旨・目的に加え、当該押捺が、その趣旨・目的に反して行われたことを立証する必要がある。

4 Y氏の主張

Y氏の主張はおおむね次のようなものであった。

X氏が主張していた、X氏とY氏との関係や、Y氏がX氏に提携先のホテルの紹介をお願いしたことは争いがなかったが、その時期が1年近く前の話（平成13年1月頃）であり、平成14年の2000万円の授受とは時期が全く異なること、ただ紹介を受けただけであり、もともと報酬の約束はしていないし、2000万円もの報酬を支払うような仕事ではないこと、2000万円の貸付けの経緯については、X氏から、関連会社の設備投資で1億円弱の資金が必

要であるが、全額を金融機関からの融資で賄うことは難しく、一部でいいから貸してほしいという依頼を受け、貸すことにした、というものであった。

なお、10年近くにわたって全く請求してこなかったのは、X氏にはホテルとの提携の件で恩があったのであまり強く請求するのも悪いと思っていたことや、本業が忙しく、お金に困っていたわけではなかったので、焦って請求する必要はないと考えていたといった理由からであった。

今回、突如として弁護士を立てた理由としては、時効の完成時期を控え、いざ請求しようと連絡したところ、郵便物が宛所なしで返ってきてしまい、以前使っていた携帯電話に連絡しても連絡がつかなかったため、やむなく、弁護士に依頼したということであった。

5 その後の経過

その後の期日では、数回にわたって双方の主張・立証が行われた。その中で、Y氏からX氏に対し、Y氏から受け取った2000万円について、税務申告の有無について、求釈明がなされた。

甲弁護士が調査したところ、2000万円については所得として計上されていなかったが、その理由としてX氏は、本来であれば、所得として計上しなければならないことは理解していたが、予期せぬ収入であったこともあり怠ってしまったということであった。

他方、X氏からY氏に対しては、Y氏（A社）のプロジェクトの時期について求釈明を行ったが、Y氏からは、プロジェクトについてのリリース資料などが提出され、そこには、Y氏の主張のとおり、平成13年1月から2月頃と記載されていた。

以上のとおり、X氏とY氏とで、2000万円の授受の趣旨について、真っ向から対立しており、裁判所から和解の打診がないまま、人証調べに突入した。

Ⅶ 人証調べ

　原告側はY氏本人、被告側はX氏本人がそれぞれ出廷し尋問が行われた。

　通常どおり、先にY氏本人の尋問が行われた。乙弁護士からは、それまでの主張に沿った形で質問がされ、滞りなく主尋問が終了し、いよいよ甲弁護士の反対尋問が始まった。

　甲弁護士は、金銭消費貸借契約の締結状況について、Y氏側から詳細な説明がなく、どこでどのような形で締結されたのかが不明であった点や、長らく請求がなかったこと、金銭消費貸借契約書の印影が仮に実印によるものだとして、印鑑証明書がないのはおかしいこと、などについて質問していった。

甲弁護士：あなたは平成14年当時、どのような仕事をしていましたか。

Y　氏：旅行業を営んでいました。

甲弁護士：年収はどのくらいでしたか。

Y　氏：3000万円弱です。

甲弁護士：そのとき資金に余裕はありましたか。

Y　氏：それほど余裕があるというわけではありませんでしたが、Xさんに貸すくらいはありました。

甲弁護士：あなたにとって、2000万円を貸すことはたいしたことではないのですか。

Y　氏：そんなことはありません。2000万円は大金ですので、そう簡単には貸せません。Xさんだからこそ、貸したのです。

甲弁護士：あなたが主張しているXさんとの金銭消費貸借契約について聞きますが、契約書はどこで締結したのですか。

Y　氏：10年も前のことでよく覚えていませんが、喫茶店だったかもしれません。

甲弁護士：本当に覚えていないのですか。

Y　氏：覚えていません。
甲弁護士：あなたにとって、2000万円を貸すことは大きなことですよね。
Y　氏：はい。
甲弁護士：そんな大事なことを忘れてしまったのですか。
Y　氏：10年も前なので。
……
甲弁護士：金銭消費貸借契約書に印鑑が押印してありますが、これは実印を押してもらったのですか。
Y　氏：はい、そう記憶しています。
甲弁護士：では、印鑑証明書はどうされましたか。
Y　氏：あったと思いましたが、失くしてしまったようです。
甲弁護士：あなたは会社を経営しているのですよね。
Y　氏：そうですが。
甲弁護士：印鑑証明書の重要性くらいわかっていますよね。
Y　氏：はい。
甲弁護士：もともとなかったのではありませんか。
Y　氏：今となってはわかりません。
……
甲弁護士：2000万円も貸して一度も請求してこなかったのですか。
Y　氏：はい。
甲弁護士：Xさんと仲が悪くなったのですか。
Y　氏：いいえ。
甲弁護士：ではなぜですか。大金でしょう。
Y　氏：忙しかったのと、Xさんなので、こちらから請求しないで待っていようかと思っていました。
甲弁護士：忙しいと言ったって、請求くらいできるでしょう。
Y　氏：今思えばそうかもしれません。

その後、X氏の尋問が行われた。甲弁護士による主尋問は、準備してきたとおり問題なく終えることができた。他方、乙弁護士による反対尋問では、借入れの必要性や、実印を他人が押印する可能性がなかったこと、2000万円もお礼として受け取ることについて、そもそも合意がなく、そのような多額の金員をお礼として受け取る理由は何もないこと、などについてしつこく質問された。X氏は何とか反対尋問を切り抜け、尋問は終了した。その後、裁判所から、和解の可能性はないという理解でよいか、と聞かれ、双方とも和解はできないと回答、次回期日に弁論終結予定とし、双方とも最終準備書面を提出することになった。

Ⅷ　判　決

1　判決言渡し

判決言渡しの日、普段、甲弁護士は、判決言渡しを聞きに行くことはなかったが、この件は、X氏の今後の生活もかかっており、特に思い入れのある事件であったため、裁判所に赴いた。

結果は、Y氏の請求を認容するというものであった。甲弁護士は肩を落とし、携帯電話からX氏に連絡を入れた。

X氏は非常に残念がっていたものの、ある程度予想はしており、控訴するかどうかは、控訴費用や逆転の可能性を考えて決めたいということであった。

2　判決の事実認定

判決は、以下のとおり、二段の推定により、金銭消費貸借契約書にあるとおり、2000万円の返還合意が存在したと認定した。

・金銭消費貸借契約書の借主欄には、X名義の印影が顕出されており、これは、Xの実印によるものと酷似している。そして、Xの実印が盗まれたり、貸したり、預けたりした事情はないことから、同契約書に顕

出された印影は、Xの実印によるものである。
- 偽造の事実があったとは認められない。
- 本契約書に係るX名義の印影は、Xの実印により顕出されたものと認められ、Xの意思に基づき顕出されたものと推定される。
- かかる推定を覆す事情は認められないから、同契約書は、Xの意思に基づき作成されたものと推定されるところ、これを覆すべき事情も認められない。したがって、XとYとの間に2000万円の返還合意が存在したと認められる。

結局、実印によるものと酷似した印影のある金銭消費貸借契約書の存在は大きく、これを覆すだけの材料がX氏側には不足していたといえる。X氏に金銭的余裕があったことや、実印を押印することが不可能な事情があること、2000万円のお礼が妥当であること、などの事情を客観的資料に基づいて立証することができれば、もしかしたら判断は違ったかもしれない。甲弁護士にとっては、証拠の重要性を思い知らされる悔しい結果となってしまった。

本稿は、複数の事例を組み合わせるなどして構成したものであり、実際の事例とは異なる。

第4章 契約類型に争いがある事例
——諾成的消費貸借契約、多数当事者の法的責任

I 事案の概要

⟨*Case* ④⟩

　Xは、Yから新会社（株式会社A商事、以下「A社」という）を起ち上げるとのことで、事業資金1500万円の融通を頼まれた。その際には、Y自らも上記借入債務について個人保証をするとのことであった。

　Xは以前から、自らが経営する会社とYが経営する別会社と取引があったことから、Yを信用して、X個人としてA社に融通することとした（以下、「本件契約」という）。

　Xは、1500万円全額をすぐに用意できなかったので、とりあえず1000万円をA社指定の預金口座に送金した。その10日後、Xは残り500万円を調達できたが、A社の起ち上げ状況も気になり、残金を送金する前にYに連絡をとろうとした。ところが、Yと連絡がとれなくなった。Xはこれ以上の融資は危ないと判断し、残金の送金を保留することとした。その後、Yとは連絡がとれないまま、支払期限が経過した。

　本件契約に際しては、後掲する「覚書」と題する書面（以下、「本件覚書」という）が交わされただけであった。なお、そこには、Y個人の署名はないが、Yも連帯して責任を負う記載があった。

　XはA社およびYに対し、1000万円の貸付金の返還請求をしたいと

考えている。

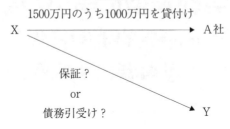

II 実務上のポイント

〈*Case*④〉における実務上のポイントは、下記2点である。
① 契約類型の解釈――諾成的消費貸借契約と消費貸借契約
② 契約類型の解釈――多数当事者への法的責任の追及手段の選択

III 相談事例

甲弁護士は2年目の弁護士である。1年間新興の大手事務所で勤務弁護士を経験し、東京の秋葉原で同期の乙弁護士と共同事務所を起ち上げ独立したばかりである。甲弁護士は当初から独立志向が強く、独立準備の一環として、弁護士会および法テラス等の法律相談、並びに、当番弁護・国選弁護など、およそ登録できるものはすべて登録していた。今回のX氏の相談も、甲弁護士が所属する弁護士会が主催する法律相談でのものであった。

平成28年5月16日に行われたX氏との面談の内容は以下のとおりである。

X 氏：初めまして、今日はよろしくお願いいたします。お若い先生ですね。

甲弁護士：よろしくお願いします。見た目ほど若くはないですよ。（相談カードを見ながら）1000万円の貸金返還請求のご相談ですね。契約書とか何か契約内容がわかるものはございますか。

Ｘ　氏：はい。覚書というのにサインしました。これです【書式2-4-1参照】）。

甲弁護士：支払期限は過ぎているようですね。しかし、先ほど1000万円の返還請求をしたいとのことでしたが、この覚書は1500万円貸し付けたことになっています。残りの500万円はどうされましたか。

Ｘ　氏：はい。当初、覚書に記載のある4月1日に1500万円を一括で支払う予定でした。しかし、当日1000万円しか用意できなかったので、覚書にはサインしましたが、とりあえず1000万円だけ先に振り込みました。それから、10日ぐらいで残りの500万円を用意することができたので、これを支払おうとしました。しかし、その前に、Ａ社の起ち上げ状況が気になり、Ｙさんに連絡をとろうとしたところ、連絡がとれなくなりました。私は不安になり、連絡がとれるまで残金の支払いを保留することにしました。

甲弁護士：現在も連絡がとれないのですか。

Ｘ　氏：とれません。ですので、残金の500万円も支払っておりません。

甲弁護士：覚書をみると、第2条でＹさん個人がＡ社の債務を連帯保証しているようにも読めますが、Ｙさん個人の署名はないようですね。覚書作成の時、Ｙさん個人の責任についてどのように話されましたか。

Ｘ　氏：えっ、本当だ。Ｙさん個人の署名がないですね。ＹさんはＡ社の代表だから、当然Ａ社の債務を保証すると言っておりました。私は、Ｙさんが連帯保証人になると言ったので

融資することにしたのです。

甲弁護士：Y個人の署名がないので、そこは争点となりますね。ところで、A社およびYさんは資産をもっていますか。仮に、裁判をして勝った場合、相手方が任意に支払ってこない場合には相手方の財産に強制執行をして回収を図ることになるのですが、これには相手方名義の財産の所在を把握していなければなりません。A社らの財産（不動産、預金債権、給与債権等）について、何か情報をおもちですか。

X　氏：裁判までは考えていなかったのですが、先月、A社に行ったところ、営業している様子はありませんでした。A社の帳簿等を見せてもらったことがないので資産の有無はわかりません。預金口座は、1000万円の振込みをした口座は知っています。

甲弁護士：Yさん個人についてはどうですか。

X　氏：全くわかりません。

甲弁護士：そうですか。A社の謄本に代表者の住所も載っていますので、後で調べてみますか。

X　氏：何とか1000万円を回収したいのですが、今後どうすればよろしいでしょうか。

甲弁護士：本件については、法律的にも難しい問題を含んでおり、かつ、Xさんもご多忙でしょうから、なかなかご本人で対応されるのは大変かと思います。

X　氏：もし、先生にお願いするとすれば、今後どのような流れとなりますか。

甲弁護士：今日は30分しか相談時間がとれないので、まずは、もう一度詳細にご事情をうかがいます。そのうえで、弁護士名で内容証明郵便により支払いの催告をします。その後、相手方の出方、相手方の資産の把握等諸般の事情を考慮して、法的措置

　　　　を講じるか再度ご相談になるかと思います。
　X　氏：わかりました。この件がすごくストレスになっていて仕事にも身が入りません。お願いすることになるかと思います。この覚書はコピーですので先に差し上げます。今日はどうもありがとうございました。

【書式 2-4-1】　覚書（〈Case ④〉）

覚　　　書

第1条　株式会社A商事の業務に使用する目的で、Xより1500万円を借り入れし、2年後に無利息で同一日時において全額返済することを取り決めたことを確認する。

第2条　株式会社A商事が前条の支払いを怠った場合、株式会社A商事の代表であるY個人が連帯して責任を持って支払う。

平成26年4月1日

　　　　　　　　　　　　　　　　　　東京都中央区〇〇1-2-3
　　　　　　　　　　　　　　　　　　株式会社A商事
　　　　　　　　　　　　　　　　　　代表取締役　Y　代表者印

　　　　　　　　　　　　　　　　　　東京都港区△△7-8-9
　　　　　　　　　　　　　　　　　　　　　X　　　印

Ⅳ　主張および論点の整理

1　甲乙間の打合せ

甲弁護士は〈Case ④〉を事務所に持ち帰り、早速同僚の乙弁護士と打合

せをした。甲弁護士と乙弁護士は、原則として、それぞれ持ち寄った事件について共同受任することとしていた。お互いに議論することで事件処理能力の向上を図ることはもちろん、何よりも、事務所経営上、経験不足を理由に受任の機会を逃さないようにするためでもあった。また、複数弁護士で対応することを1つの売りとしてアピールできるとも考えていた。

甲弁護士と乙弁護士との打合せ内容は以下のとおりである。

甲弁護士：（X氏との相談内容の概略を話し、覚書を見せながら）A社に対する請求は証拠もあり固いと思うけれど、Y氏への請求についてはY個人の署名がないよね。平成16年の改正で保証契約は要式契約とされたけれど、この覚書で要式性が認められるかな。よくみると、「保証」という文言もないし。

乙弁護士：確かにY個人の署名はないけれど、実際にY氏はこの覚書を交わした現場にいて、A社の代表者印を押したのだろう。そうすると、この覚書全体からはY氏の保証意思が読み取れると思うけれど。後は、人証でX氏やY氏に補強させれば大丈夫じゃないか。

甲弁護士：そうか。「書面」はあるのだから、後は保証意思を読み取れるかの点で攻めればいいのか。待てよ、Y氏がA社の債務を負担する意思があることは少なくとも明確に読み取れる。すると、要式が要件とされる保証にこだわる必要はなくて、連帯債務や併存的債務引受けも主張できるのではないだろうか。

乙弁護士：なるほど。そのあたりは、後でもう少し詰めてみよう。それより、さっき甲弁護士はA社への請求は固いと言ったけれど、当初は1500万円の融資で合意があり、覚書も先走ってその合意金額で作成されたようだけれど、結局1000万円の授受しかないんだよな。残り500万円については、X氏がA社に

貸し付ける義務が残らないか。すなわち、本件契約は諾成的消費貸借契約だと主張され、逆に500万円の請求もしくは履行遅滞に基づく損害賠償請求をされたりしないか。

甲弁護士：確かにそのとおりだね。金銭消費貸借は要物契約なので、1500万円を貸し付けたとするこの覚書自体の有効性もあやしくなるな。でも、少なくとも、実際に金銭授受があった1000万円については返還義務が認められるのではないかな。

乙弁護士：突き詰めると、結構問題があるな。論点を整理すると以下のようになるかな。手分けして調査しよう。

2 方針検討──論点の整理
(1) 諾成的消費貸借契約と消費貸借契約
(A) 諾成的消費貸借契約

民法587条では要物性を要求する消費貸借契約が典型契約として規定されている。しかし、当事者の合意のみによって認められる諾成的消費貸借契約も非典型契約として判例上で認められてきた（最判昭和48・3・16金法683号20頁、鳥取地判平成25・2・14金商1417号40頁）。判例では、金融機関（貸主）の金員給付義務・融資義務の有無が争われた事案が多い。

また、民法589条でも要物性を要求しない消費貸借の予約が認められているが、これは後に本契約である消費貸借契約を締結すべき契約であって、具体的に貸主・借主の権利を生じさせる諾成的消費貸借とは異なるとされる（我妻榮ほか『我妻・有泉コンメンタール民法〔第4版〕総則・債権・物権』1115頁）。

なお、上述の金融機関の融資実務においては、特定融資枠契約（コミットメントライン契約）が締結される場合が多い（特定融資枠契約に関する法律）。同法2条によると、特定融資枠契約とは、「一定の期間及び融資の極度額の限度内において、当事者の一方の意思表示により当事者間において当事者の

一方を借主として金銭を目的とする消費貸借を成立させることができる権利を相手方が当事者の一方に付与し、当事者の一方がこれに対して手数料を支払うことを約する契約」とされる。その法的性質は、借主になる一方当事者の消費貸借の予約であり、借主が右予約完結権を行使することにより、貸主（金融機関）が融資義務を負担することになる諾成的消費貸借契約である。

諾成的消費貸借契約の訴訟物は、諾成的消費貸借契約に基づく金銭交付請求であり、要件事実は以下のとおりである（倉田卓次『要件事実の証明責任──契約法(上)』486頁）。

① 貸主が金銭交付を約したこと
② 借主が貸主の交付するのと同額の金銭の返還を約したこと

なお、諾成的消費貸借契約については、近時予定されている債権法改正により、明文化される運びとなった（民法（債権関係）部会第99回会議（平成27年2月10日開催）で決定された「民法（債権関係）の改正に関する要綱案」）。同要綱案の「第32 消費貸借」では、以下のように現行民法587条を残しながら、書面を要件とする諾成的消費貸借が規定されている。

1 消費貸借の成立等（民法第587条関係）
　民法第587条に次の規律を付け加えるものとする。
(1) 民法第587条の規定にかかわらず、書面でする消費貸借は、当事者の一方が金銭その他の物を引き渡すことを約し、相手方がその受け取った物と種類、品質及び数量の同じ物をもって返還をすることを約することによって、その効力を生ずる。
(2) 書面でする消費貸借の借主は、貸主から金銭その他の物を受け取るまで、契約の解除をすることができる。この場合において、貸主は、その契約の解除によって損害を受けたときは、借主に対し、その賠償を請求することができる。
(3) 書面でする消費貸借は、借主が貸主から金銭その他の物を受け取る前に当事者の一方が破産手続開始の決定を受けたときは、その効力を失う。
(4) 消費貸借がその内容を記録した電磁的記録によってされたときは、その消費貸借は、書面によってされたものとみなして、(1)から(3)までの規定を

適用する。
2 消費貸借の予約（民法第589条関係）
民法第589条を削除するものとする。

　民法（債権関係）の改正に関する要綱案では成立の意思・時期を明確にするために要式性が要求されているものの、諾成的消費貸借契約自体は、これまでも判例・実務で認められてきたところであり、実務に与える影響はあまり大きくはないものと考える。

(B) 〈Case ④〉の場合
　〈Case ④〉は、判例上でよく問題となっている金融機関の融資事案ではなく、一個人が一法人に対し事業資金を貸し付けた事案である。当初は、契約日に全額（1500万円）貸し付ける予定であったが、たまたま資金が足りず、契約日に1000万円だけ先に支払い、その後、借主に対する信頼を失い、残額の授受を保留しているうちに支払期限が経過したものである。
　Ｘ氏としては、Ｘ氏が貸付けを業とする者ではないこと、Ａ社にも一個人に対し法的保護に値するほどの融資の期待的利益がないこと、Ｙ氏との契約締結の経緯、覚書の記載などを根拠に、金銭の授受があった範囲内で消費貸借契約が成立したと主張することになろう。
　仮に、諾成的消費貸借契約が認められてしまった場合、Ｘ氏に残額500万円の給付義務違反が問われることになるが、その場合、同義務の履行遅滞の生じる時期や、すでに授受された1000万円について弁済期が到来しているところ、1000万円については請求できるのか、できるとして、諾成的消費貸借契約に基づく500万円の交付請求権と相殺ができるのかなども検討しなければならない。

(2) 多数当事者への法的責任の追及手段の選択
(A) 保証契約の要式性
　【書式2-4-1】の覚書をみるとＡ社が支払いを怠った場合にＹ氏がＡ社に代わって履行する債務を負う旨の意思、すなわち、保証の意思が読み取れ

るが、本件覚書にY個人の署名がない。まずは、Y氏に対する保証債務履行請求を検討すべく、保証契約の要式性について確認しておく。

　保証契約は、平成16年の民法改正で「保証契約は、書面でしなければその効力を生じない」（民法446条2項）として要式契約とされた。その趣旨は、保証約束が保証人によって安易かつ軽率になされることを防ぎ、また、その意思を確認しようとするものと推察される（我妻ほか・前掲書835頁）。

　ただ、この要式性に関しては、もっぱら保証人の保証意思が書面上に示されていれば足りるとの見解と、保証契約書を作成するか、申込み・承諾ともに書面ですることを要するとの見解がある。前者の見解によると要件事実は以下のとおりとなる（司法研修所編『改訂紛争類型別の要件事実』39頁）。

　①　主たる債務の発生原因事実
　②　保証人が債権者との間で①の債務を保証するとの合意をしたこと
　③　保証人の②の意思表示は書面によること

　近時の判例で、民法446条2項の解釈について詳細な判断をしたものがある。少し長いが引用する。

　「同項は、保証契約を成立させる意思表示のうち保証人になろうとする者がする保証契約申込み又は承諾の意思表示を慎重かつ確実にさせることを主眼とするものということができるから、保証人となろうとする者が債権者に対する保証契約申込み又は承諾の意思表示を書面でしなければその効力を生じないとするものであり、保証人となろうとする者が保証契約書の作成に主体的に関与した場合その他その者が保証債務の内容を了知した上で債権者に対して書面で明確に保証意思を表示した場合に限り、その効力を生ずることとするものである。したがって、保証人となろうとする者がする保証契約の申込み又は承諾の意思表示は、口頭で行ってもその効力を生じず、保証債務の内容が明確に記載された保証契約書又はその申込み若しくは承諾の意思表示が記載された書面にその者が署名し若しくは記名して押印し、又はその内容を了知した上で他の者に指示ないし依頼して署名ないし記名押印の代行をさせることにより、書面を作成した場合、その他保証人となろうとする者が

保証債務の内容を了知した上で債権者に対して書面で上記と同視し得る程度に明確に保証意思を表示したと認められる場合に限り、その効力を生ずるもの」（下線は筆者）である（東京高判平成24・1・19金法1969号100頁）。

〈**Case** ④〉についてみるに、Y氏は本件覚書作成時、A社の代表としてその場に居合わせている。Y氏は当然、A社の支払いが滞ったときには、自身が個人としてA社に代わって責任を負う旨を了知しており、かつ、異議も唱えていない。そうだとすると、確かにY氏個人の署名はないものの、本件覚書をもって、Y氏個人がA社に対して、書面により明確に保証意思を表示したと解することは十分可能であると考える。

(B) **保証以外の法的責任の追及手段（併存的債務引受）**

契約一般においては不要式の原則があり、保証契約はいわば例外である。保証と同様に担保の機能を有する他の多数当事者関係（不可分債務や連帯債務等）には要式性は要求されていない。

仮に保証契約が認められない場合に、他の構成でY個人に法的責任を追及することはできないか。本件覚書からは、Y個人がA社の債務を連帯して履行する意思を読み取ることができるので、ここでは、要式を必要としない併存的債務引受を検討してみる。

債務引受は、民法上規定はないが、従来から判例で認められてきた（大判大正15・3・25民集5巻219頁）。特に従来の債務を免脱させずに引受人が同一内容の債務を負担する併存的債務引受は、その実質は、むしろ一種の保証であるといえる（我妻ほか・前掲書886頁）。

併存的債務引受は、債権者・債務者・引受人の三面契約によるほか、債務者と引受人の合意でも可能であり（大判大正6・11・1民録23輯1715頁）、また、債務者の意思に反して債権者と引受人間の契約で行うこともできる（前掲大判大正15・3・25）。併存的債務引受がなされた両債務者の関係は、連帯債務となる（最判昭和41・12・20民集20巻10号2139頁）。

なお、今般の債権法改正により、債務引受についても、判例に即して明文化されることになった（民法（債権関係）の改正に関する要綱案「第21　債務引

受」)。ここでは、併存的債務引受の部分を引用する。

> 1 併存的債務引受
> (1) 併存的債務引受の要件・効果
>   併存的債務引受について、次のような規律を設けるものとする。
>   ア 併存的債務引受の引受人は、債務者と連帯して、債務者が債権者に対して負担する債務と同一の内容の債務を負担する。
>   イ 併存的債務引受は、債権者と引受人となる者との契約によってすることができる。
>   ウ 併存的債務引受は、債務者と引受人となる者との契約によってもすることができる。この場合において、併存的債務引受は、債権者が引受人となる者に対して承諾をした時に、その効力を生ずる。
>   エ ウの規定によってする併存的債務引受は、第三者のためにする契約に関する規定（第29参照）に従う。

〈*Case*④〉についてみるに、本件覚書は、債権者X氏、債務者A社および引受人Y氏の三者が集う中で作成されており、三者間としても、債務者引受人間としても、債務引受けの合意は明らかといえるのではないだろうか。

V 法律相談から受任まで

上記Ⅳ2のような論点整理をしていたところ、最初の相談から2日後にX氏から連絡があった。事件の見通しと弁護士費用を聞きたいので再度相談したいとのことであった。そこで、即時に対応することでお客の心をつかむべく、その日のX氏の退社後の午後8時に事務所まで来訪いただくことにした。相棒の乙弁護士も夕方に戻ってくるのでちょうどいい。

1 再相談

甲・乙弁護士とX氏との再相談のやりとりは以下のとおりであった。

甲弁護士：本日は遅くにもかかわらずご足労いただきありがとうございます。当事務所は事件を迅速かつ適切に解決させるため、弁護士複数体制で事件にあたらせていただいております。乙弁護士も同席してお話をうかがいますがよろしいでしょうか。

Ｘ　氏：もちろんかまいません。乙先生、よろしくお願いします。

甲弁護士：早速ですが、Ａ社に対しては相手方の出方次第ですが、請求は認められる可能性が高いかと思います。ただし、仮に勝訴したとしても、前回もお話したとおり、Ａ社の現状を考えると勝訴判決も絵に描いた餅になってしまいます。

乙弁護士：そこで、何としてでも、Ｙ氏も巻き込み、Ｙ氏に対する請求を認めさせる必要があります。Ａ社は事実上休眠会社になったとしても、Ｙ氏は個人として生活していくので、今後Ｙ氏個人の財産の所在が判明し、強制執行等により債権を回収できる可能性があるからです。強制執行の話は前回甲弁護士からも出たかと思います。特にＹ氏個人の自宅の情報は使えます。所有していれば担保権との関係もありますが、そのまま差押えの対象になりますし、仮に賃貸であれば敷金返還請求の差押えもできます。敷金の差押えについては、たいてい賃貸借契約の解除事由となっておりますので、賃借人はこれを取り下げてもらうために支払ってくる可能性があります。

甲弁護士：もっとも、前回もお話しましたが、本件覚書にはＹ氏個人の署名がありません。ここは法律論の争いにもなり、確実に連帯責任が認められるとまではいえません。

Ｘ　氏：今回のＹ氏の行為には強い憤りを感じております。このまま泣き寝入りするわけにはいきません。可能性があるのであればＹ氏も含めて徹底的にやっていただきたいと思います。

　　　　　　そうはいうものの、回収可能性は必ずしも高くないようです。
　　　　　　そのあたりも含めて弁護士費用をおうかがいしたいのですが。
甲弁護士：弁護士費用は一般的に事件着手時の着手金と事件終了時の報
　　　　　酬金の二度にわたり頂戴することになっていますが、今回の
　　　　　ご相談はＺ弁護士会主催の法律相談なので、Ｚ弁護士会が
　　　　　定める報酬規定に従うことになります。もっとも、この規定
　　　　　から減額する分には問題はないかと思います。そこで、着手
　　　　　金は同規定どおりいただきますが、報酬金については、同規
　　　　　定によると相手に認めさせた金額を基準にその何％と計算し
　　　　　ますが、実際に回収できた金額の〇％といたしましょう。そ
　　　　　れと、強制執行をする場合には別料金となってしまいます。
Ｘ　氏：わかりました。それでお願いします。

2　受任に向けて

　甲弁護士と乙弁護士は、Ｘ氏に対し、事件の見通し、弁護士費用、その後の手続の流れ（委任状、委任契約書、Ｚ弁護士会への報告、今後の方針）について説明をし、幸いにも受任できた。特に、事件の見通しについては、法的な争点がいくつかあること、仮に裁判となって勝ったとしても回収の可能性は高くないことを丁寧に説明した。また、報酬については、事件の難易と手間の程度、および、回収可能性を考慮し、ディスカウントすることとした。

　甲弁護士と乙弁護士は、独立してから、目の前の相談をいかに受任に結びつけるかが弁護士の手腕の一つであることを日々実感していた。

VI 受任以後の事件処理

1 交渉

(1) 準備

　甲弁護士と乙弁護士は、再相談の日に、X氏から、受任範囲を交渉までとする委任状に署名・捺印をもらい、また、同日中に委任契約書を作成してX氏に返信仕様で発送した。

　委任状取得後すぐに着手した。最初に、X氏によると、Y氏個人の電話番号や住所はわからないとのことであったので、A社の情報を登記情報提供サービス（一般財団法人民事法務協会）から取り寄せ、Y氏の自宅をつきとめた。さらに、Y氏の資産情報としてY氏の自宅の登記情報も取り寄せたところ、住宅ローンと思われる抵当権が設定されていたが、持ち家であることが判明した。それでも担保余力に期待し、是が非でもY氏を当事者に含めなくてはならないことを再確認した。

(2) 内容証明郵便発送

　まずは、任意の交渉を試みるべく、A社およびY氏に対し、1000万円の貸付金返還請求および連帯保証履行請求、並びに、期限を到達後10日以内とした内容で、内容証明郵便をそれぞれに発送した（発送前に内容はX氏に確認してもらっている）。しかし、Y宅には2日後に配達されたが、A社のほうは、1週間後に「あて所に尋ねあたりません」として戻ってきた。

　到達後10日が経過したが支払いはもちろん、何の連絡もなかった。甲弁護士はX氏に対し、Y氏には内容が伝わっていると思われるが、連絡手段がY氏個人宅への郵送しかなく、これ以上の任意による交渉は難しい旨を伝えた。すると、X氏が訴訟提起を希望したので、回収可能性の見込みと弁護士費用をもう一度確認したうえで、今度は訴訟委任状と1審終了までを受任範囲とした委任契約書を作成し、署名・捺印をもらった。

2 訴　訟

(1) 訴訟提起

訴状については、当方の法律構成に従ってシンプルに作成した（【書式2-4-2】参照）。

また、A社の送達場所であるが、従前謄本上の住所であて所尋ねなしで戻ってきたので、訴え提起時に、代表者であるY氏の自宅にするよう上申書を提出した（【書式2-4-3】参照）。

すぐに書記官から送達場所について確認の電話があり、上申書記載の場所に送達するとの連絡があった。結果として、送達されたようだ。

【書式2-4-2】　訴状（《Case ④》）

訴　状

平成28年6月27日

東京地方裁判所　御中

　　　　　　　　　　　原告訴訟代理人弁護士　　甲
　　　　　　　　　　　同　　　　　　　　　　　乙

当事者の表示　別紙当事者目録記載のとおり（略）

貸金返還請求事件
　訴訟物の価額　　金1000万円
　貼用印紙額　　　金5万円

第1　請求の趣旨
　1　被告らは、原告に対し、連帯して金1000万円及び平成28年4月2日から支払済みまで年6分の割合による金員を支払え
　2　訴訟費用は、被告らの負担とする
との判決並びに仮執行宣言を求める。

第2　請求の原因
　1　当事者
　被告A社は、平成26年2月1日に、……を主たる目的として設立された株式会社である。被告Yは、被告A社の代表取締役である。
　2　原告の被告らに対する請求
　(1)　原告は、被告A社に対し、以下のとおり事業資金として金1000万円を貸し付けた（以下「本件契約」という）（甲1、甲2）。
　　　貸付日　　平成26年4月1日
　　　利　息　　無利息
　　　弁済期　　平成28年4月1日
　(2)　被告Yは、原告に対し、同日、上記A社の債務について連帯して保証する旨を約した（以下「本件保証契約」という）（甲1）。
　(3)　しかるに、被告らは、現在に至るまで、何らの弁済をしていない。
　(4)　よって、原告は、被告らに対し、本件契約若しくは本件保証契約に基づき、連帯して、金1000万円及び平成28年4月2日から支払済まで商法所定の年6分の割合による遅延損害金の支払いを求める。

以上

証　拠　方　法

　甲第1号証　　「覚書」と題する書面
　甲第2号証　　預金口座振替による振込受付書

附　属　書　類

　1　訴状副本　　　　　　　2通
　2　甲号証（写し）　　　　各3通
　3　証拠説明書　　　　　　3通
　4　資格証明書　　　　　　1通
　5　訴訟委任状　　　　　　1通

【書式2-4-3】 上申書（《Case ④》）

```
事件番号　平成28年(ワ)第123号
原　　告　　　　X
被　　告　　株式会社A商事　外1名

              上　申　書

                                    平成28年6月27日
東京地方裁判所　御中

              原告訴訟代理人弁護士　　　甲
              同　　　　　　　　　　　　乙

　上記当事者間の事件について、被告株式会社A商事に対する書類の送達は、下記住所（被告Yの自宅住所となります）あてに送達されたく上申いたします。

                 記

（送達場所）〒○○○－○○○○
           住　所　東京都○○区○○3-4-5
           氏　名　　　Y
                                              以上
```

(2) 期　日

(A) 第1回期日

　期日前に答弁書が提出されておらず、欠席裁判かと思って第1回口頭弁論に出廷したところ、Y氏が5分遅刻して現れた。Y氏は、その場で裁判所から郵送された答弁書をA社の分だけ提出した（【書式2-4-4】参照）。

　答弁書の認否欄には、「事業資金として1500万円を借り入れ、私が責任を持って返す約束をしたのは覚書のとおりだが、500万円の入金がない」と記載され、言い分の欄には「残りの500万円の入金がないため事業が頓挫してしまった」とだけ記載されていた。

裁判官が答弁書をみながら、Y氏に対し、口頭で1000万円の授受、返還義務の合意および保証の有無を確認したところ、Y氏はこれらを認めた。甲弁護士は、期せずしてY氏が当方に有利な自白をしたことから、裁判官に対し、すかさず、Y氏の回答を調書に記載するよう進言した。裁判官は、書記官に命じ、Y氏の回答を調書に記載させた。

　しかし、Y氏は、残金500万円がなかったので事業を継続することができなかったことを繰り返し主張していた。裁判官は、Y氏に対し、500万円について補充して主張したいことがあるようなので、もう一期日入れるから、次回までに主張書面と証拠を出すよう指揮した。

　他方で、当方にも、本日提出の答弁書をみて何か反論することがあれば書面を提出するよう指揮した。

【書式2-4-4】　答弁書（《Case ④》）

答　弁　書

1	事件番号　平成28年(ワ)第123号（東京地方裁判所民事第○部）
2	平成28年7月25日 （〒○○○-○○○○）　住所　東京都中央区○○1-2-3（勝本上の住所） 　　　　　　　　　　　　　　　　　　　　　電　話 　　　株式会社A商事　　　　　　　　　　携　帯　090-0000-0000 氏　名　代表取締役　　Y　　㊞　　FAX
3	送達場所の届出 　今後、私に対する書類は、 　□　上記2で記載した住所あてに送ってください。 　☑　次の場所あてに送ってください。 　　　この場所は、私の　□勤務先　☑その他（私との関係　自宅　）です。 　住　所（〒○○○-○○○○）　東京都○○区○○3-4-5(自宅の住所) 　　　　　　　　　　　　　　　　　　　　　電　話　090-0000-0000 　名　称　　　　　　Y　　　　　　　　　FAX

4　訴状の「請求の趣旨」に記載されている原告の申立てについて
　①　原告の請求を棄却する。
　②　訴訟費用は原告の負担とする。
　との判決を求める。
5　訴状の「請求の原因」に記載されている事案について
　□　すべて認める。
　☑　間違っている部分がある。
　　（間違っている部分）

> 事業資金として1,500万円を借り入れ、私が責任をもって返す約束をしたのは覚書のとおりだが、500万円の入金がない。

6　上記以外の私の言い分
　（□　話合いによる解決（和解）を希望する。）

> 残り500万円の入金がないため事業が頓挫してしまった。

(B)　期日間

　甲弁護士と乙弁護士は、第1回期日を受けて、懸念事項であったY氏個人の責任を認める自白答弁を得られて少し安堵した。
　しかし、主たる債務のほうは、1000万円の貸付けは認めたものの、残り500万円についてはX氏に貸付義務があったかのような主張をしてくるおそれがある。ただ、ここは、ヤブヘビにならぬよう、当方からの積極的な反論等は控え、相手方の補充書面が出てくるまで様子をみることとした。
　ちなみに、甲弁護士と乙弁護士は、訴訟提起の段階で、被告らに代理人がつくなどして、残金500万円の貸付義務や保証否認を主張してきた場合に備

え、上記Ⅳ2で検討したとおりの内容の準備書面の骨子を作成していた。

(C) 第2回期日

第2回期日も、Y氏本人が代理人を立てずに出廷した。しかし、準備書面や証拠の提出はなかった。

Y氏は、相変わらず、「残り500万円の貸付けがなかったので事業が頓挫してしまった。この500万円がなければ事業ができないので1000万円も返せない」と繰り返し主張するのみであった。

裁判所は、再度、答弁書の内容に間違いがないこと、並びに、1000万円の授受、返還義務の合意および保証の有無といった点を確認した。

裁判所から原告側に意見を求められた。甲弁護士は、被告らが代理人等をつけて主張が変わらないよう、「原告側からは特にございません。被告らから特に新しいご主張もないようなので結審をお願いします」と回答した。

裁判官が、「それでは結審します。判決日は……」と言い始めたところで、甲弁護士は、まだ覚書（原本）の証拠調べをしていないことに気づき、「甲号証の原本提示はよろしいですか」と尋ねた。これに対し、裁判官は「原本を取り調べする必要がありますか」と切り返してきた。甲弁護士はこの意味がよくわからなかったが、早く終わらせたかったので、これ以上は何も言わなかった。

(D) 判　決

判決は、ほぼ原告の主張を認めるものであった（【書式2-4-5】参照）。甲弁護士は、この判決をみて、裁判所は、被告らが請求原因を認めたと判断したため証拠調べを不要としたことに気づいた。

甲弁護士と乙弁護士は、X氏に対し、取り急ぎ、第1審判決の報告をした。その後、控訴はされず判決は確定したので、今後の執行手続の有無等について、打合せをすることとなった。X氏からすれば、費用持ち出し状態で一銭も回収できていない状況である。

【書式2-4-5】 判決書（〈Case ④〉）

平成28年9月12日判決言渡　同日原本領収　裁判所書記官
平成28年(ワ)第123号　貸金返還等請求事件
口頭弁論終結日　平成28年8月29日

判　　　決

（当事者の表示　略）

主　　　文

1　被告らは、原告に対し、連帯して金1000万円及びこれに対する平成28年4月2日から支払済みまで年6分の割合による金員を支払え
2　訴訟費用は被告らの負担とする
3　この判決は、仮に執行することができる。

事 実 及 び 理 由

第1　請求
　　主文同旨
第2　当事者の主張
　1　請求原因（略）
　2　請求原因に対する被告らの認否及び主張
　(1)　請求原因はいずれも認める。
　(2)　被告A社が事業資金として1500万円を借り入れ、被告Yが責任を持って返す約束をしたのは覚書のとおりだが、1000万円しか入金がない。残りの500万円の入金がないため事業が頓挫してしまった。
第3　当裁判所の判断
　1　請求原因は、いずれも当事者間に争いがない。
　2　その上で、被告らは上記のとおり主張するが、これをもって何らかの抗弁を主張するものと解することはできない。
　3　よって、本請求には理由がある。
　　　　　東京地方裁判所民事第〇部
　　　　　　　　　　　　　　裁判官　　　　丙

Ⅶ 最後に

　結局、Y氏らからの任意の返済はなく、X氏の要望により、A社およびY氏個人の預金債権とY氏個人の自宅を差し押さえる予定である。かかる手続が奏功するかは不明だが、あらためて思うのは、個人の債務名義の取得である。個人であれば生きている限り必ず経済活動を行うので、情報のアンテナを張っておけば、どこかで引っかかる可能性は多分にあるからである。

　この点に関し、近年、弁護士会照会（弁護士法23条の2）を利用して、一部の金融機関（三井住友銀行、三菱東京UFJ銀行、みずほ銀行、みずほ信託銀行、ゆうちょ銀行など）から、債務名義を有していること等を前提として、全本支店の口座情報（口座の有無、本支店名、残高等）の回答を得ることが可能となった。もっとも、上記回答は、各弁護士会と各金融機関との個別の協定に基づいてなされるものであり、本照会をするにあたっては、所属弁護士会へ確認をされたい。

　〈*Case* ④〉は、相手側に弁護士がついてとことん争われたら、結構危うい争点がいくつも含まれていた。よくある法人の借入れと経営者保証の事案であったが、契約書の体裁不備と一部未履行部分があるだけで、途端に解釈が分かれ、争点化していく難しさを痛感した。

　本稿は、複数の事例を組み合わせるなどして構成したものであり、実際の事例とは異なる。

第5章 賃貸借契約──賃貸人の義務

I 事案の概要

――〈*Case* ⑤〉――
　Xがマンションの部屋を賃借したところ、①当初説明がなかった騒音がひどく、②部屋には羽虫が多く発生し、③さらに、大家は借り主の不在時に無断で部屋に入っていた。この場合、法的責任を追及できるか。

II 実務上のポイント

〈*Case* ⑤〉における実務上のポイントは、以下の3点である。
① 　重要事項説明義務の範囲
② 　修繕義務の範囲
③ 　無断立ち入りの違法性

III 初回の相談〜重要事項説明義務の範囲〜

　平成29年2月某日、若手弁護士である甲が眠い目をこすりながら朝食を口に運んでいると、テーブルの向かい側で朝ドラの主人公の恋人役の俳優にケチをつけていた妻が突然「そういえば……」と話しかけてきた。

> 妻　　　：そういえば、私の高校の友だちで、Xちゃんっていたじゃない。
> 甲弁護士：知らないよ。
> 妻　　　：いるのよ。それでね、あなたに相談に乗ってほしいと言っているの。何でも、都心に新しいマンションを借りたんだけど、犬の声はうるさいわ、部屋に羽虫がたくさんわくわ、で、大家さんに相談しても何もしてくれないうえに、その大家さん、Xちゃんが家にいないときに勝手に家に入ってたんですって。怖いわよねえ。
> 甲弁護士：Xさんってどんな人だい。
> 妻　　　：う〜ん、可愛い系……でもないわね、強いて言えば……ほらあの女優の……。
> 甲弁護士：顔じゃなくて、性格とか人となりとかだよ。
> 妻　　　：ちょっと神経質でおしゃべりだけど、正直な人よ。せっかくだから相談に乗ってあげてよ。
> 甲弁護士：……わかったよ、面談の予定を入れるから事務所に連絡してって伝えて。

　甲弁護士は事務所への道すがら、深いため息をついた。神経質な人だといろいろ気になったりするのはわかるが、本当に羽虫がわくなどということがあるのだろうか、うるさいお客さんじゃないといいけどなあ……でも、断ったりしたら妻に何と言われるか。

　妻からすぐに連絡があったようで、その日のうちにX女から事務所に電子メールで連絡があり、早速2日後に打合せを入れることにした。

> 甲弁護士：初めまして、甲です。妻がお世話になっています。今回は新しく入居されたマンションのご相談だそうですね。最初から

事情を聞かせてください。

X　女：はい。入居したのは昨年10月です。ちょうど前のマンションの更新時期だったので、不動産会社で探したら、会社にほど近い閑静な住宅街に手頃な物件があったので、その不動産会社を介して借りることにしました。住んでみると、内覧の時には気づかなかったのですが、近くに犬を飼っている家があって、夜中に犬が一斉に鳴き出すんです。本当にうるさくて、鳴き出したら眠れないくらいなんです。

甲弁護士：犬を飼っている家には申入れはしたのですか。

X　女：はい、うちだけではなくて、同じマンションの人たちも以前からうるさいと思っていたと聞いたので、共同で申入れをしました。飼っている家も一応は理解してくれて、防音工事をするみたいです。そちらは他の人が代表でやってくれているので大丈夫なんですが、甲先生には、仲介会社に何か責任が問えないかお聞きしたいのです。だって、最初からわかっていたらこのマンションに住みませんでしたから。

甲弁護士：契約するときに、説明などは受けなかったのですか。

X　女：全く受けませんでした。

甲弁護士：重要事項説明書は今日お持ちですか。

X　女：はい、みてください。何も書いてありません。

甲弁護士：それでは、これを基に検討します。

1　甲弁護士の悩み

X女が帰ってから、甲弁護士はあらためて重要事項説明書をみた。思い起こすと、今まで何度か自分自身が家を借りるときにも重要事項説明書をもらったが、そこは紺屋の白袴、さして詳しくみたことはない。

仲介にあたる宅地建物取引士は賃貸借の仲介の際に重要な事項を説明する

義務があることは知っているが、そこにはたして犬の鳴き声なるものが入るのだろうか。甲弁護士は業法から条文を洗い直すことにした。

2 解 説
(1) 宅地建物取引業法（宅建業法）の概要

宅地建物取引業法（以下、「宅建業法」という）上、「宅地」とは建物の敷地に供せられる土地をいい、都市計画法上の用途地域内のその他の土地で、道路等公共の施設に供せられているもの以外を含む（宅建業法2条1項）。

宅地・建物の売買もしくは交換、宅地・建物の売買、交換、もしくは貸借の代理・媒介をする行為で業として行うものを「宅地建物取引業」（宅建業法2条2項）という。

宅地建物取引業を営もうとする者は所在地の都道府県知事の免許を受けなくてはならず（宅建業法3条1項）、免許を受けて営む者を「宅地建物取引業者」（以下、「宅建業者」という。同法2条3項）といい、事務所ごとにその規模、業務内容等により求められる専任の宅地建物取引士（以下、「宅建士」という）をおかなければならない（同法31条の3第1項）。

(2) 重要事項説明義務の根拠

宅建業者は、自ら売主として宅地建物を売却する場合には買主に対して、宅建業者が売買・賃貸借を媒介する場合には買主・賃借人に対して、宅建士が記名押印した書面を交付して説明しなくてはならない（宅建業法35条）。これを「重要事項説明義務」といい、交付される書面を「重要事項説明書」、通称「重説」という。なお、説明は宅建士が宅建士証を示して行う。

(3) 重要事項説明義務の基本的範囲

宅建業法35条1項は説明事項を列挙している。たとえば、目的不動産に登記されている登記の種類、名義人（同1号）、電気・ガス・水道施設の整備の状況（同4号）、代金、交換差金および借賃以外に授受される金銭の額および当該金銭の授受の目的（同7号）、契約解除に関する事項（同8号）、損害賠償額の予定または違約金に関する事項（同9号）、代金または交換差金

に関する金銭の貸借のあっせんの内容および当該あっせんに係る金銭の貸借が成立しないときの措置（同12号）等である。

(4) 列挙事由以外に重要事項説明義務が争われる場合

宅建業法35条1項の列挙事由はあくまで例示列挙であり、このほかにも購入や賃借にあたって重大な考慮要素となる事項は説明義務の対象となる。

どのような事項を説明義務の対象とすべきかについては、購入者の目的や属性に応じて重大な考慮要素となり得る事項はすべて対象とすべきとも思われる反面、すべての事項について調査・説明義務を課すのは宅建業者に酷であるから、①重大な考慮要素となるか、②事前に宅建業者が重大な考慮要素だと気づき、その業者の能力の範囲で調査・説明が可能であったか、の2つの観点から検討すべきである。

宅建業法35条1項の列挙事由以外に重要事項説明義務が争われるパターンとしては、依頼者の目的と合致しなかった場合、権利制限があった場合、性状に瑕疵があった場合、心理的瑕疵、環境に問題があった場合などがあげられる。

(5) 重要事項説明義務違反の具体例

重要事項説明義務違反が認められる例としては、依頼者の目的との不合致では、工場として使用する目的を知りながら用途地域の賃貸借を媒介した件（東京地判平成20・3・13判例集未登載（平成10年(ワ)10495号・2008WLJPCA03138002）（直接の媒介契約ではない））、権利制限では、賃貸建物の土地の利用権が一時使用の賃借権である事実を十分説明しなかったために土地の一時使用終了により賃借人が立ち退かざるを得なくなった件（東京地判平成13・3・6判タ1129号166頁）、性状の瑕疵では、雨漏り（東京地判平成21・12・25判例集未登載（平成21年(ワ)7442号・2009WLJPCA12258004））、心理的瑕疵では、殺人事件（高松高判平成26・6・19判時2236号101頁）や長年の性風俗特殊営業使用（福岡高判平成23・3・8判時2126号70頁）、環境では、海が見える眺望（福岡地判平成18・2・2判タ1224号255頁）、などがあげられる。

しかし、この事由だと絶対に説明義務が認められる、と断定できるもので

はなく、いずれの裁判例も、買主や借り主の属性からして重要な事項であったか、そして、仲介業者は契約の前にその事項に関して調査の必要性に気づくことができ、実際に調査できたか、を慎重に判断している。

なお、宅建業法47条1項は、同法35条1項で列挙された事項を含め、重大な考慮要素となる点について不実告知を禁じていることから、同項列挙事由は宅建業者にとって比較的調査を尽くさなければならないと評価される事項であろう。

(6) **重要事項説明義務違反の効果**

違反の場合、宅建業法上の業務停止処分（同法65条2項2号）などが課されるほか、詐欺・錯誤による契約解除や、債務不履行・不法行為による損害賠償などが認められる。しかし、説明義務違反があったことで当然に民事責任が認められるわけではない。

3　検 討

〈*Case* ⑤〉では、近隣の犬の鳴き声が問題となっている。そこで、当該騒音は相当程度以前からX女の契約時まで続いているものであって、しかも近隣で問題となっていたのであれば、仲介業者としても調査のきっかけがあるし、また、騒音は高い専門的知識がなくともある程度簡易に測定できるものであるから、実際に調査して説明することができたといえよう。

X女の説明によれば同じマンションの隣近所の住人も以前からうるさいと思っていたというのだから、その点は説明義務を肯定する事情となる。

また、借りるに際して重要な考慮要素となったかどうかについても、X女は閑静な住宅街を選んで住んでいるところ、騒音の有無は重要な考慮要素であったといえる。

この点で、隣家の犬の鳴き声が大きいことを理由に仲介業者に損害賠償を求めた事件で、本件犬の鳴き声による騒音は、犬が一斉に鳴いたときは敷地の境界線上で測定すると東京都の条例の基準を超えるものの、犬が一斉に鳴く時間は限られていること、場所は生活騒音が大きい新宿であること、原告

が入居するまで騒音が問題とされることはほとんどなかったこと、飼い主は原告からの苦情を受けて防音工事を行うなどの対処をし、騒音の測定値も相当に改善したこと等を理由に、受忍限度を超えないとした裁判例が参考となる（東京地判平成23・5・19判例集未登載（平成22年(ワ)33971号・2011WLJPCA05198009））。

　仮に説明義務違反が認められる場合、これのみで契約解除が認められるかは騒音の大きさ等によって結論が異なるが、鳴き声によって心身に不調を来して治療を受けた場合など、鳴き声と因果関係のある損害が生じれば損害賠償請求は認められる可能性がある。

Ⅳ　2回目の相談〜修繕義務の範囲〜

甲弁護士：……というわけで、仲介業者には説明義務違反が認められる可能性がありますね。

　X　女：ありがとうございます。実は、このマンションにはほかにも問題があるので、解約したいと思っているのです。

甲弁護士：ああ、羽虫が出るとか。

　X　女：そうなんです。最初はそれほど気にならなかったのですが、休みの日に1日家にいると、結構小バエのようなものが飛んでいるんですよ。外から入ってくるのかと思って窓やドアを開けるときに気をつけているのですが、殺虫剤を焚いてもすぐにわいてくるのです。気持悪くてあまり家にいたくありません。

甲弁護士：原因は建物なのですか。

　X　女：それがわからないのです。ただ、同じマンションに住んでいる方々に聞いたら皆さん小バエが出ることに気づいているらしいので、建物が原因だと思います。こういうときに、オー

ナーさんに何とかしてもらうことはできないのでしょうか。

1 甲弁護士の悩み

修繕義務として想定されるのは建物設備の不備などが典型的だが、小バエが発生しないようにすることは、修繕義務に含まれるのだろうか。建物に起因するかどうか判断するのは難しいが、そもそも原因が特定できないときに賃貸人は修繕義務を負うのだろうか。

2 解 説

(1) 修繕義務の根拠

賃貸借契約上、賃貸人は賃借人に対して目的物を使用収益させる義務を負い（民法601条）、その一環として目的物を十全に使用収益させるための修繕義務を負う（同法606条1項）。

修繕義務は賃借人に使用収益させるためのものだから、目的物の破損等が賃借人の使用収益に著しく支障がある場合にのみ修繕義務があるとする判例がある（最判昭和38・11・28判時363号23頁）。

賃貸人は特約で修繕義務を排除できるが、そのような特約があっても、大修繕の義務は原則として賃貸人が負う（大判昭和15・3・6法律新聞4551号12頁）。

(2) 修繕義務の範囲

修繕義務の趣旨を考えると、修繕義務の範囲はあくまで建物が原因となっている場合に限られると考えるのが自然であるが、この点で、建物に数度の雨漏りがあり、そのつどコーキングなどの対処をしたが結局原因を特定できなかった事件（東京地判平成25・3・25判例集未登載（平成23年(ワ)31917号・LEX/DB25511883））で裁判所が「被告は建物の修補義務に違反しているというべきであり、その原因がわからないことは、賃貸人の修補義務を免責する根拠になるとはいえない」と判示していることが注目される。

雨漏りの原因は不明であるが、雨漏り自体は明らかに建物に生じている以上、原因のいかんにかかわらず雨漏りが修繕の対象となるとされたと考えられる。

それに対し、害虫の発生は雨漏りと異なり、結果としても建物に発生しているのか、それとも外で発生したものが侵入するのか判然としない。

建物内の店舗でチョウバエの幼虫が大量発生したが完全駆除に至らなかったため、賃借人が賃貸人に対して債務不履行に基づく損害賠償を求めた事件（東京地判平成25・12・25判例集未登載（平成23年(ワ)34097号・LEX/DB25517067））で、裁判所は、賃貸人は賃借人の使用収益に支障がないように、一定の限度で害虫駆除の義務を負い、完全駆除を達成することが望ましいが、当該義務は不可能を強いるものではないとしたうえで、賃貸人は害虫駆除の専門業者に依頼して駆除を行わせ、賃貸人として必要かつ可能な対応を行っており、発生源の特定と除去に至らなかった結果をもって対応が不十分であるということもできないし、そもそも害虫の発生源が本件建物自体の瑕疵であると認めるに足る証拠はないとして、害虫の完全駆除に至らなくても賃貸人の債務不履行と認めることはできないと判示している。

この裁判例のように害虫については賃貸人が駆除の努力をし、その結果として原因不明の場合には完全な駆除義務までは課さないのは妥当な結論だと思われる。

また、建物で一定期間コバエが発生し、主たる原因が建物の汚水槽の機能や構造にあったと認められたため債務不履行による損害賠償および解除を求めた事件（東京地判平成24・6・26判時2171号62頁）について、裁判所は、コバエの発生期間中、従業員が不快感をもち、事務に集中できないなどの支障も生じたほか、コバエ対策のため総務担当の事務員がゴミの処理について従業員に注意を促す広報に従事するなど余分な事務が増えるなど、賃貸借契約の目的に沿った建物利用が一定程度妨げられる事態が生じていたとして、損害賠償請求を認めている。

これは原因が建物にある以上、修繕義務を認めたものである。

このように、害虫など建物に生じたかどうか不明なものについては、賃貸人側でまず調査と駆除を一定程度行い、その結果原因がわかれば修繕義務を負うが、原因不明の場合は一定程度の努力を果たすことでそれ以上の修繕義務は免れると考えるべきである。

(3) **修繕義務違反の効果**

修繕義務は債務であるから、違反した場合には債務不履行に基づく損害賠償が可能である。しかし、解除が認められるためには別途信頼関係が破壊されたと評価できる事情が必要である。前掲東京地判平成25・12・25は、修繕義務の一環としての駆除義務違反を認めたが、信頼関係は破壊されていないとして解除は認めなかった。

3 検 討

〈*Case* ⑤〉では、いまだ羽虫の原因はわかっていないが、マンション住民の多くが認識しているとなると、建物が原因である可能性が高い。そこで、修繕義務の一環として賃貸人に対して駆除および調査を依頼し、原因がわかったときはさらなる駆除を義務として課し、原因がわからない場合は駆除を依頼するにとどめるべきである。

しかし、賃貸人が駆除の努力をした場合には、信頼関係の破壊がないとして契約の解除は認められない可能性が高い。

V
3回目の相談〜無断立ち入りの違法性〜

甲弁護士：……と、いうことで、まずは羽虫発生の原因の調査と駆除を、修繕義務の一環としてオーナーさんにお願いするとよいと思います。

X　女：わかりました。とても参考になります。ただ、オーナーさんにちょっと不信感があるので、頼みづらいのです。

甲弁護士：何かあったのですか。
X　女　：まだこの建物に入居してから間もないときですが、私が部屋を不在にしているときに、修理のためと称してオーナーさんが勝手に業者を私の部屋に入れたことがあるのです。
甲弁護士：え、事前の相談はなかったのですか。
X　女　：はい。何でも雨漏りがあったとかで、勝手にマスターキーで開けて入って修理していたようです。契約書には「建物の管理上特に必要あるときは、予めXの承諾を得て建物内に立ち入ることができる」と書いてあるのですが……。
甲弁護士：う〜ん、それは問題ですね。

1　甲弁護士の悩み

　いくら賃貸人といえども、賃借人が賃借している居室に無断で立ち入ることはできないし、賃貸借契約に基づく債務不履行か、不法行為によって損害賠償請求ができるはずだ。しかし、気になるのは修理のために立ち入ったという点である。何らかのやむを得ない理由があったのならば債務不履行は構成しないかもしれない。

2　解　説

　賃貸人が賃借人に無断で賃貸目的物となっている建物に立ち入った場合でも住居侵入罪も成立しうるし（東京高判昭和29・2・27判タ39号59頁）、このような行為は不法行為ないし債務不履行に該当しうる（大阪高判昭和62・10・22判タ667号161頁、東京地判平成18・5・30判時1954号80頁等）。
　賃貸人がクーラー修理のため、女性である賃借人の居室に無断で立ち入ったため、賃借人が契約解除と損害賠償を求めた事件で、裁判所は「修理のために賃貸人が入室することに対して、賃借人は、指定した日付については承諾したが、その前日については承諾していないこと、プライバシー権の重要

性が一般に認知されていること、賃借人が女性であること、賃貸人は携帯電話等によって賃借人に連絡を取ることが可能な状況にあったこと等に鑑みると、賃貸人が前日に賃借人に連絡を取ることなく立ち入ったことは、賃貸借契約条項に反する債務不履行に当たり、また、過失による不法行為にも該当する」と判示し、損害賠償は認めている（大阪地判平成19・3・30判タ1273号221頁）。

前掲大阪高判昭和62・10・22にしても大阪地判平成19・3・30にしても、居室内のプライバシーに一定程度の配慮をみせていることから、債務不履行を構成するか否かは、当該居室内のプライバシーの程度と修理の必要性、事前連絡の可否などを総合考慮して検討すべきであろう。

3　賃貸人からの事情聴取

甲弁護士はＸ女の委任を受けて、賃貸人Ｙ氏から話を聞くことにした。

甲弁護士：今日はお時間をいただきありがとうございます。
　Ｙ　氏：いえいえ、先生にお越しいただいて恐縮です。今回はＸさんのご要望ということですが、どのようなことでしょうか。
甲弁護士：実は、Ｘさんがこの建物に入居したばかりの頃に、修理業者がＸさんに無断でＸさんの居室に入ったというお話を聞きまして、どのようなご事情があったか確認したかったのです。Ｙさんも女性の一人暮らしですし、かなり不安に思われたようで……。
　Ｙ　氏：なるほど、それは確かにそうですね。その節は失礼なことをしました。実は、あれは雨漏りを修理するために仕方なく入ったのです。
甲弁護士：それはＸさんからうかがっています。ただ、立ち入られるにしても、事前にＸさんの同意は得ておくべきだったと思うのですが。

Y　　氏：普段だったら、もちろん事前にお知らせしてから入るようにしています。ですが、あの日は緊急の修理だったもので、それができなかったのです。

甲弁護士：どのような事情があったのですか。

Y　　氏：はい。あの日の前夜はひどい嵐でした。この建物も古いものですから、次の朝私が建物を見てまわっていますと、Xさんの隣に住んでいるAさんが私をみつけて、「Yさん、昨日の雨のせいか、うちの天井が雨漏りしている」と言うのです。そこで、Aさんの居室に入ってみてみると、確かに天井の一部がひどく雨漏りしていました。Aさんの居室は最上階ですから、屋上にあがってAさんの部屋があるあたりをみたところ、今までみつかっていなかったはく離とひび割れがあったのです。しかも、ひび割れはAさんの部屋の上だけでなく、その隣のXさんの部屋の上まで延びていました。Aさんの部屋の雨漏りの程度を考えると、Xさんの部屋も同じように雨漏りしていてもおかしくありません。そこで慌てて修理業者と一緒にXさんの居室に入りましたら、Aさんの居室と同じような雨漏りがあったので、すぐに修理にかかってもらったのです。

甲弁護士：ご事情はわかるのですが、Xさんに連絡をとることはできなかったのですか。

Y　　氏：もちろん、賃貸借契約書にはXさんの連絡先が書いてあったと思うのですが、契約書自体を仲介業者に預けたままで、しかも当日は水曜日で業者が休みでしたから、すぐに確認できませんでした。

甲弁護士：しかし、Xさんは女性です。プライバシーの問題もあるでしょう。

Y　　氏：それは重々承知しています。ただ、当時まだXさんは入居

　　　　　　されていなかったので……。
甲弁護士：どういうことでしょうか。
　Ｙ　氏：もちろん契約は、私たちがＸさんの部屋に立ち入った約３週間前に結んでいたのですが、前の家の後始末をするとかで、立ち入りの日の１週間後くらいに引っ越して来られると聞いていました。ですので、確か契約日から１カ月分の家賃はいただいていないと思います。
甲弁護士：そうだったのですか……。

4　検　討

　〈*Case*⑤〉のＹ氏は、Ｘ女の居室に雨漏りが強く疑われ、早急な対処が必要な状態で、Ｘ女に連絡もとれない状態であったことから、緊急立入りの必要性がなかった反面、Ｘ女自身がいまだ居室に入居していない段階であって私物などは置いておらず、居室内のプライバシーの程度は低いから、Ｙ氏の立ち入りは債務不履行責任を構成しないとするのが妥当である。

　なお、無断立ち入りに関しては近時、家賃を滞納した賃借人の部屋に賃貸人や管理会社が無断で立ち入り、居室内の荷物を捨てて鍵を交換してしまうという強硬手段をとったことが問題となる事案が多い（東京地判平成24・9・7判時2172号72頁など）。

　賃貸人とはいえ強硬な自力救済は認められない。

VI　その後の展開

　すべてを甲弁護士からＸ女に報告したところ、Ｘ女も納得したが、結局犬の鳴き声も羽虫も（賃貸人の努力はあったものの）あまり軽減されなかったため、Ｘ女は転居した。その際、見舞金の名目で賃貸人からいくらか支払われたようである。

VII 後始末

　紛争としては決して珍しくない賃貸借のトラブルであったが、やはり衣食住のトリをとるだけあって、良くも悪くも人間関係が濃密になりやすい。賃貸人の努力にも限界があるので、自分も次に引っ越すときはしっかり確認しようと考え、甲弁護士は家路についた。

　本稿は、複数の事例を組み合わせるなどして構成したものであり、実際の事例とは異なる。

第6章 契約書がない賃貸借契約の成否

I 事案の概要

〈Case ⑥〉

　Xは65歳の男性であり、東京都内にあるマンション「MKアルカディア」の131号室を所有している。

　Xは、同室を息子であるYに賃貸しているが、Yは、3カ月分の賃料を滞納している。このような状態が2年以上も続いたため、Xは、Yとの契約を解除し、新たに賃借人を探そうと考えるに至った。そこで、Xは、弁護士に相談することとし、友人を通じ、若手弁護士の甲を紹介してもらった。

II 実務上のポイント

　〈Case ⑥〉における実務上のポイントは、契約書がない場合の賃貸借契約の成否である。

III 初回相談

甲弁護士：初めまして。弁護士の甲と申します。よろしくお願いいたします。

Ｘ　氏：初めまして、Ｘです。こちらこそよろしくお願いいたします。

甲弁護士：早速ですが、Ｘさんがおもちのマンションにお住まいの方が賃料を支払わないので、出て行ってもらいたいという内容ですよね。

Ｘ　氏：そうなんです。

甲弁護士：賃料はどのくらいの期間支払われていないのですか。

Ｘ　氏：平成26年の２月分から４月分までの３カ月間、賃料が支払われていないんです。

甲弁護士：賃料の支払時期については、どのような取決めになっていますか。

Ｘ　氏：毎月末日に、翌月分を支払うこととなっています。

甲弁護士：ということは、平成26年１月末日から３月末日までに支払われる分が未払いになっているのですね。

Ｘ　氏：そのとおりです。

甲弁護士：賃貸借契約書はお持ちですか。

Ｘ　氏：いやあ、それがみつからなくてね。確か、契約書を２通つくって、私とＹが署名し、印鑑を押して、１通ずつ保管するようにしたはずなんですけどね。昔からの癖で、書類をとっておくのが苦手なもので、すぐにどこかにやってしまうのですよ。はっはっは。

甲弁護士：（契約書がないのか。とりあえず、賃貸借契約の内容くらいは確

認しないといけないな）Xさん、Yさんとの賃貸借契約では、Yさんは月額いくらの賃料を支払うこととなっていたのですか。

X　氏：毎月10万円です。

甲弁護士：10万円ですか。都内のいい場所ですし、相場からするとかなりお安いのではありませんか。

X　氏：相場からすると、月額20万円程度の賃料はとれるでしょうね。

甲弁護士：賃料を月額10万円にされたのは、何か理由があるのですか。

X　氏：実は、Yは私の実の子なんですよ。もともと、マンションを購入したのは、いわゆる不労所得として賃料収入がほしかったからなんです。ところが、私がマンションを購入した頃、息子のYが体調を崩してしまい、仕事を辞めることになったんです。それで、最初はマンションをYに無償で使わせていたのですが、おかげさまでYの体調が回復し、働けるようになったので、きちんと賃料を支払ってもらうよう契約を結んだのです。

甲弁護士：Yさんがマンションに住み始めたのはいつ頃ですか。

X　氏：平成25年4月1日です。エイプリルフールの日でしたので、印象に残っています。

甲弁護士：YさんがXさんに賃料10万円を支払うという約束をされたのはいつ頃ですか。

X　氏：Yがマンションに住み始めてちょうど半年後でしたので、同じ年の10月1日です。月が変わって10月に入ってから契約したので、本来、9月末に支払ってもらう10月分の賃料は免除し、10月末から毎月翌月分の賃料を支払うということでお互い納得して契約書にサインしました。

甲弁護士：Yさんは、賃料をどのような方法で支払っていたのですか。

> X　氏：どのような方法と言いますと。
> 甲弁護士：たとえば、現金手渡しですとか、口座に振り込んでいたとか。
> X　氏：そういうことであれば、私の名義の口座に振り込まれていました。
> 甲弁護士：では、賃料が振り込まれている口座の通帳などはお持ちでしょうか。
> X　氏：はい、あります。
> 甲弁護士：ちょっとみせていただけますか。

　甲弁護士がX氏から差し出された通帳を確認すると、確かに、平成25年10月から12月までの間と、同26年4月以降現在に至るまでの間、月末にY氏からX氏に10万円が振り込まれている。甲弁護士がX氏の通帳を見ていると、口座の開設時期が平成25年9月4日となっており、X氏のいう賃貸借契約成立の時期と一致している。甲弁護士は、Y氏からの賃料の振込先口座として新規に開設した口座ではないかと思い、X氏に確認してみた。しかし、X氏の回答は、この頃、友人と沖縄に行く約束をして、旅行の資金を積み立てる口座として開設したものの、友人とけんかをして旅行の話がなくなってしまったので、賃料の支払先として流用したものであるとのことであった。

　甲弁護士は、口座の開設が賃貸借契約の成立を推認させる事実ではなかったことを残念に思いながらも、契約書がないとはいえ、契約に従って毎月金員を支払っているのだから、Y氏も賃貸借契約が成立したこと自体は争ってこないだろうと考えた。

> 甲弁護士：ありがとうございます。それでは、今回のマンションの明渡しの件について、私がXさんの代理人に就任したこととあわせ、賃貸借契約を解除し、明渡しを求める旨、私からYさんに対し、内容証明でお伝えします。交渉で解決に至らな

かった場合には、訴訟提起しましょう。
　X　氏：ありがとうございます。よろしくお願いいたします。

Ⅳ　事前交渉

　甲弁護士は、Y氏に対し、賃料不払いを理由としてXY間の賃貸借契約を解除し、マンションの明渡しを求めるべく、まずは内容証明を送付することとした。
　X氏は、Y氏がマンションから出て行ってくれるのであれば、未払賃料については請求するつもりはないと言っていたが、甲弁護士は、事前交渉や和解条件を詰めるにあたり、交渉の材料に使えると判断し、未払賃料の支払いについても内容証明に記載した。
　翌日、甲弁護士がX氏に対し、作成した内容証明の文案を電子メールで送信したところ、X氏より、この内容でかまわないので、交渉を進めてほしいとの回答があった。
　そこで、甲弁護士はY氏に対し、内容証明で通知書（【書式2-6-1】）を送付することとした。

【書式2-6-1】　通知書（《Case ⑥》）

通　知　書

　当職は、貴殿に対し、通知人X氏（以下「通知人」といいます。）の代理人として、以下のとおりご通知申し上げます。
1　通知人は、貴殿に対し、目的物を東京都□□区○○1-1-1所在の建物MKアルカディア131号室（以下「本件建物」といいます。）とし、賃料を月額10万円とする賃貸借契約（以下「本件賃貸借契約」といいます。）に基づいて本件建物を貸し渡しています。

　　　　貴殿は、平成26年２月分ないし４月分賃料総額30万円を滞納しており、かかる賃料の未払いは、すでに２年以上もの長期に渡り継続しています。
　　　　貴殿の長期に及ぶ賃料不払いにより、通知人と貴殿との間の信頼関係は破壊されていますので、通知人は、貴殿に対し、本通知書をもって本件賃貸借契約を解除するとともに、本通知書到達後30日以内に本件建物を明け渡していただきますよう通知いたします。
　　　　なお、今後、貴殿が通知人に対して支払う金銭については、本日以後、明渡しまでの賃料相当損害金として受領いたしますことも、あわせて通知いたします。

２　また、本通知書到達後７日以内に、上記第１項記載の未払賃料額30万円全額を下記口座にお振込みください。

　　　　　　　　　　　　　　記

　　　　　　金融機関　　〇〇銀行　××支店
　　　　　　口座番号　　普通　×××××××
　　　　　　口座名義　　預り金口弁護士甲

　　　万が一、期限内に本件建物の明渡し及び未払賃料全額の支払いに応じていただけない場合、やむを得ず法的措置を採らせていただきますので、予めご承知おきください。

３　本件に関するご連絡等につきましては、全て当職ら宛てに頂きますようお願いいたします。

　　　　　　　　　　　　　　　　　　　　　　　　　　　　　　以上

　　　　　　　　　　　　　　　　　　　　　　　　　　　平成28年９月２日

〒〇〇〇-〇〇〇〇
　東京都××区〇〇1-2-3　××ビル２階
　　　甲法律事務所
電　話　03-××××-〇〇〇〇
ＦＡＸ　03-××××-□□□□

```
        通知人代理人弁護士       甲

〒○○○-○○○○
東京都□□区○○1-1-1　MK アルカディア131号室
        被通知人            Y      殿
```

　甲弁護士の送付した内容証明郵便は、平成28年9月5日に到達し、数日後、内容証明を受け取ったY氏から甲弁護士の事務所に電話で連絡があった。

```
甲弁護士：弁護士の甲と申します。
 Y  氏：甲さんですか。あんたから内容証明っていうのをもらって、
       住んでるところを出て行けって書いてあったから電話したん
       だけど、何で出て行かないといけないの。
甲弁護士：お送りした書面にも記載いたしましたが、3カ月分の賃料が
       未払いとなっていて、その状態が長期間にわたって続いてい
       ますので。
 Y  氏：あのさ、あんた俺とXの関係がどういう関係かわかってい
       るのかい。
甲弁護士：YさんとXさんとの関係がどうであれ、YさんがXさんに
       月額10万円の賃料を支払わないといけないことには変わりあ
       りませんので。
 Y  氏：ふーん、まあいいや。俺、出て行くつもりないから。
```

　そう言うと、Y氏は、一方的に電話を切ってしまった。

　甲弁護士は、X氏に架電し、Y氏から電話で連絡があったこと、Y氏には建物を明け渡す意思がないこと、本件を解決するには裁判手続によらざるを得ないことを説明した。甲弁護士は、X氏が実の息子を相手に訴訟提起することに躊躇するのではないかと思ったが、X氏の回答は、Y氏は、中学生の頃からたびたび問題を起こすなどしてきて、昔から迷惑をかけられて

きた、今回のY氏の態度にも腹が立っており、がまんの限界を超えているので、徹底的に戦って懲らしめてやってほしいというものであった。

V 訴訟提起

甲弁護士は、XY間の契約につき、賃貸借契約書が存在しない点が気になっていた。もっとも、Y氏と電話で話した際、Y氏から賃貸借契約の成立そのものについて争うような発言がなかったため、甲弁護士は、X氏も電話では出て行くつもりはないなどと言っていたものの、いざ訴訟になれば明渡しまでに猶予がほしいと泣きついてくるだろうと楽観視していた。

甲弁護士の作成した訴状案が【書式2-6-2】である（なお、建物明渡請求の事件処理の詳細については、『事例に学ぶ建物明渡事件入門』を参照されたい）。

【書式2-6-2】 訴状（《Case ⑥》）

訴　状

平成28年10月□日

東京地方裁判所　民事部　御中

　　　　　　　　　　　原告訴訟代理人弁護士　　甲　㊞

〒○○○-○○○○　東京都□□区○3-2-1
　　　　　　　　　　原　　告　　　　X

〒×××-××××　東京都××区○1-2-3
　　　　　　　　　××ビル2階
　　　　　　　　　甲法律事務所（送達場所）
　　　　　　　　　電　話　03-××××-○○○○
　　　　　　　　　FAX　03-××××-□□□□

　　　　　　　　　　上記訴訟代理人弁護士　　　甲

〒○○○-○○○○　東京都□□区○○1-1-1
　　　　　　　　MKアルカディア131号室
　　　　　　　　　　被　　　　告　　　　Y

建物明渡等請求事件
　　訴訟物の価額　　○○○万○○○○円
　　貼用印紙の額　　△万△△△△円

第1　請求の趣旨
　1　被告は、原告に対し、別紙物件目録（略）記載の建物を明け渡し、かつ、平成28年9月6日から明渡し済みまで1か月10万円の割合による金員を支払え
　2　被告は、原告に対し、30万円及び内金10万円に対する平成26年2月1日から、内金10万円に対する同年3月1日から、内金10万円に対する同年4月1日から、それぞれ支払済みまで年5分の割合による金員を支払え
　3　訴訟費用は、被告の負担とする
　との判決並びに仮執行宣言を求める。

第2　請求の原因
　1　本件建物の明渡し（請求の趣旨第1項）
　　(1) 賃貸借契約の締結
　　　　原告は、別紙物件目録記載の建物（以下「本件建物」という。）の所有者である（甲1）。
　　　　平成25年10月1日、原告と被告は、目的物を本件建物、賃料月額10万円を翌月分毎月末日限り支払うものとする、期間の定めのない賃貸借契約（以下「本件賃貸借契約」という。）を締結した。
　　　　被告は、従前、本件建物を無償使用してきたものであるが、本件賃貸借契約の締結と同時に、原告は、被告に対し、本件賃貸借契約に基づいて、本件建物を引き渡した（簡易の引渡し）。

(2) 本件賃貸借契約の終了
    ア　平成28年9月2日当時、被告は、原告に対し、平成26年2月分から同年4月分までの3か月分賃料合計額30万円の支払いを怠っていた。
      このように、被告は、2年以上の長期に渡り、賃料月額3か月分もの金額につき、賃料未払いの状態を継続させている。
    イ　被告による長期間に及ぶ賃料不払いにより、原告と被告との間の信頼関係が著しく破壊されていることは明らかである。
      そこで、原告は、被告に対し、平成28年9月2日、書面にて本件賃貸借契約を解除する意思表示をし、同月5日、被告に到達した（甲2の1及び2）。
  (3) 小括
    このように、被告は、原告に対し、本件建物の明渡義務及び本件賃貸借契約終了の日の翌日である平成28年9月6日から明渡し済みまで1か月10万円の割合による賃料相当損害金の支払義務を負う。

2　未払分賃料（請求の趣旨第2項）
  (1) 上記第1項記載のとおり、被告は、原告に対し、平成26年2月分ないし同年4月分までの賃料合計額30万円を支払っていない。
  (2) 平成28年9月2日、原告は、被告に対し、甲第2号証の1の書面にて、上記30万円を支払うよう請求し、同書面は、同月5日に到達したが（甲2の2）、本日現在、被告は、上記30万円を支払っていない。
  (3) このように、原告は、被告に対し、30万円及びこれに対する約定の支払日の翌日から支払済みまでの遅延損害金の支払義務を負う。

3　本訴訟に至る経緯
  原告は、甲第2号証の1の書面により、上記第1項及び2項記載の請求を行ったものであるが、被告は、原告代理人に対し、明渡しには応じない旨告げたのみであった。
  このような不誠実な対応から、原告としては、被告には本件建物の明渡しにも金銭の支払いにも応じるつもりはなく、話合いによる解決は不可能であると判断せざるを得ず、やむなく本訴訟提起に至ったものである。

4　結語

よって、原告は、被告に対し、本件賃貸借契約の終了に基づき、本件建物の明渡し及び本件賃貸借契約終了の日の翌日から明渡し済みまで1か月10万円の割合による賃料相当損害金の支払いを求めるとともに、未払賃料30万円及びこれに対する約定の支払日の翌日から支払済みまで民法所定の割合による遅延損害金の支払いを求める。

証　拠　方　法

甲第1号証	全部事項証明書（建物）
甲第2号証の1	通知書
甲第2号証の2	郵便物等配達証明書

附　属　書　類

1	訴状副本	1通
2	甲第1ないし第2号証写し	各1通
3	訴訟委任状	1通
4	固定資産税評価額証明書	1通

　甲弁護士が訴状案をX氏に送付し、内容の確認を求めたところ、X氏から電話があり、内容に異存はないので、このまま手続を進めていただきたいとのことだった。

　なお、甲弁護士は、X氏から印紙代についての質問を受けたので、建物の評価額の2分の1相当額を訴訟物の価額として算出すること、未払賃料や賃料相当損害金の請求は、附帯請求という扱いとなるので、訴訟物の価額の算出にあたっては考慮しないことも説明した。

　甲弁護士は、上記内容にて訴状および証拠類一式を裁判所に提出し、訴訟提起した。

VI 第1回口頭弁論期日

1　Y氏の反論

　第1回口頭弁論期日の1週間前、甲弁護士の下に答弁書が届いた。

　答弁書をみると、Y氏本人の名前が記載されているのみで、代理人に関する記載はなかった。

　答弁書の内容をみる限り、Y氏は、原告の請求棄却判決を求めるのみで、和解など希望していないようであった。

　答弁書記載の請求の原因に対する認否、反論をみると、Y氏は、従前、Y氏がX氏に対して支払ってきた金員は、マンションを無償で使用させてもらっていることに対する心づけであり、賃料ではないなどと主張していた。

2　第1回口頭弁論期日

　当日、法廷にて甲弁護士が出頭カードを確認すると、印字されたY氏本人の名前が丸で囲まれていた。どうやら、Y氏には代理人を立てる意思がないようだ。

　書記官から、「XさんとYさんの件で、Xさん代理人の甲先生、Yさん、お入りください」と声をかけられたので、甲弁護士は、原告側の席に腰をかけた。甲弁護士の目の前の被告側席には、40歳前後と思しき男性が着席しており、その風貌は、X氏をそのまま20年ほど若返らせたかのようであった。

　裁判官より開廷を告げられ、X氏側は訴状を、Y氏は答弁書を、それぞれ陳述した。

　その後、甲弁護士が事前に予想したとおり、裁判官より、甲弁護士に対し、Y氏が賃貸借契約の成立を争っているので、同契約が成立したことについて証拠を補充するようにとの指示があった。

　また、裁判官は、Y氏に対し、本件を弁護士に依頼する予定はないかと質問したが、Y氏の回答は、その予定はないというものであった。

次回期日までに、原告から反論の準備書面を提出するとともに、賃貸借契約の成立につき証拠を補充することの確認をし、第1回口頭弁論期日は終了となった。

VII 第2回口頭弁論期日

1 期日に向けた準備

期日後、甲弁護士は、第1回期日の経過報告書を作成し、X氏に郵送した。

数日後、経過報告書の内容を確認したX氏から甲弁護士に電話があり、X氏は、Y氏のことだから、一筋縄ではいかないとは思っていたものの、まさか賃料ではなく心づけだと言ってくるなんて、と笑いながら話した。

甲弁護士は、X氏に対し、今後の流れによっては、明渡しを認めさせることを重視し、XY間の契約が使用貸借であることを前提とした主張を追加するほうがよいかもしれないと述べた。

しかし、X氏は、甲弁護士に対し、実際に締結されたのは賃貸借契約であるのに、真実と異なる主張をすることはできない、明渡しに応じないなどというのであればY氏には未払分の賃料についても耳を揃えて支払ってもらいたいなどと述べ、賃貸借契約の主張のみで戦ってほしいと要求した。

X氏の要望を受け、甲弁護士は、X氏に対し、審理が進み、裁判所の心証が明らかになった時点であらためて相談させていただきたいと述べ、当面は従前の主張のみで戦うこととした。

いずれにせよ、XY間の契約が賃貸借契約であることにつき、さらに主張・立証を行う必要があるので、甲弁護士は、X氏から聴取りを行う必要がある。そこで、甲弁護士は、契約当時の周辺事情についてX氏に質問することとした。

X氏は契約書に署名、押印したと言っているのだから、当然、契約書のひな型が存在したはずである。契約書のひな型はいったい誰がどのようにして作成したのか。立会人等、X氏とY氏が契約を締結する様子を確認して

いた人物がいるのではないか。甲弁護士は、X氏に対し、疑問点をぶつけてみることにした。

甲弁護士：Xさん、Yさんと賃貸借契約を締結した際、契約書に署名、押印されたとのことですが、契約書はどのようにしてご準備されたのですか。

X　氏：知り合いにAさんという不動産業者がいるので、その人にお願いしてつくってもらいました。

甲弁護士：そうすると、Xさん、YさんだけでなくAさんも契約書の控えを持っているのではありませんか。

X　氏：うーん、仲介をお願いしたわけではないですし、Aさんは持っていないんじゃないですかね。

甲弁護士：契約書に署名、押印した際、XさんとYさん以外にどなたか立ち会われた方はいらっしゃいませんか。

X　氏：おりません。私とYも、同じ時間、同じ場所で名前を書いたり印鑑を押したりしたわけではなく、先に私が署名、押印したものをYに渡し、その後、Yから1通を受け取りました。

甲弁護士：契約書をつくってもらったことに対し、XさんからAさんに対して、書面作成料のようなものをお支払いされていませんか。

X　氏：謝礼という形でいくらかお渡ししたかもしれません。

甲弁護士：Aさんから領収書をもらったりしませんでしたか。

X　氏：もらったような、もらっていないような。もらっていたとしても、もう家にはないでしょうね。私、そういった書類をすぐに捨ててしまうのですよ。はっはっは。

甲弁護士：……（笑いごとじゃないんだけどな）。

どうやら、A氏なる人物が鍵を握っていそうだ。甲弁護士は、X氏からA氏の連絡先を聞き、事前にX氏からA氏に対し、甲弁護士から連絡する旨を伝えてもらったうえで、A氏に電話をすることにした。

数日後、甲弁護士は、X氏から、A氏が快く応じてくれたとの報告を受けた。甲弁護士は、早速、A氏に電話をかけた。

甲弁護士：初めまして。弁護士の甲と申します。
　A　氏：初めまして、お話はXさんからうかがっていますよ。XさんがYくんともめているみたいだね。
甲弁護士：そうなんです。こちらとしては、Yさんがきちんと賃料を支払わないので、賃貸借契約を解除して出て行ってほしいという主張をしているのですが、Yさんは賃料の支払いなんて約束していないと言っていまして。
　A　氏：Yくんはそんなことを言っているのかい。そりゃけしからんね。僕はXさんとは長いつき合いで、Yくんのこともよく知っているけれど、親子でそこまでもめるなんてねえ。
甲弁護士：ええ、私としても、親子間の問題ですし、早期解決ができればと思っています。早速ですが、いくつか質問をさせてください。まず、XさんとYさんの賃貸借契約書ですが、Aさんはお持ちではないでしょうか。
　A　氏：仲介業者としてかかわったわけではないし、うちでは保管していないな。XさんもYくんも1通ずつ持っているんじゃないの。
甲弁護士：Xさんはどこにやったかわからないとおっしゃっていまして……。
　A　氏：えっ、そんな大事な書類をどこかにやってしまったのかい。Xさんらしいといえばxさんらしいな。Yくんも持っていないの。

甲弁護士：訴訟の中で、賃貸借契約を締結した事実そのものを否定しているので、Yさんに聞いてもそんなものはないと言うでしょうし、Yさんが賃貸借契約書を証拠として提出してくることはないでしょうね。

A　氏：なるほどねえ。

甲弁護士：ところで、Xさんから、Aさんが賃貸借契約書のひな型を作成されたとうかがっておりますが、ひな型のデータは残っていませんか。

A　氏：職場のパソコンの中には残っているかもしれないな。後で従業員に聞いてみるよ。

甲弁護士：ありがとうございます。もし、ひな型が残っていたら、訴訟の中で証拠として提出させていただいてもよろしいですか。

A　氏：もちろん、かまわないよ。

甲弁護士：ありがとうございます。Xさんから、Aさんに契約書作成の謝礼金を支払ったとうかがいましたが、領収書の控えなどはお持ちではないですか。

A　氏：いや、謝礼金は受け取らなかったんだよ。私の気持としては、仕事ではなく、Xさんとの個人的な関係でのサービスだったから。

甲弁護士：そうでしたか。たとえば、今回の賃貸借契約に関して、AさんからXさんやYさんに対して渡された書類などありませんか。どんなものでもいいのですが。

A　氏：そういえば、Xさんから賃料の件で相談を受けて、一度、YくんにFAXを送ったよ。

甲弁護士：どんな内容ですか。

A　氏：親子とはいえ、毎月賃料10万円を支払うと約束したのだから、約束は守らないとだめだよという内容だったかな。後で探してみるよ。

甲弁護士：ありがとうございます、助かります。

2 準備書面の作成

後日、甲弁護士は、A氏から賃貸借契約書のひな型を受領したが、残念ながら、Y氏に送信したというFAXはみつからなかったとのことだった。

賃貸借契約書のひな型の内容を確認したところ、確かに、X氏およびY氏の名前と、本件建物の情報が記載されている（【書式2-6-3】）。

【書式2-6-3】 建物賃貸借契約書（抜粋）（〈*Case*⑥〉）

建物賃貸借契約書（新規）

物件の表示
名　　　称　　MKアルカディア131号室
所　在　地　　東京都□□区○○1-1-1（住居表示）

契約者
賃貸人（甲）　　　X
賃借人（乙）　　　Y

契約期間
開　始　日　　平成25年10月1日
満　了　日

賃貸条件
賃　　　料　　月額100,000円（ただし、10月分の支払いは免除する。）
敷　　　金　　0円
礼　　　金　　0円
管　理　費　　0円
更　新　料　　0円

```
賃料支払先
金融機関    B銀行
店　　名    □□支店
口座番号    普通○○○○○○○
口座名義            X
```

居住用建物賃貸借契約約款（新規）

第1条（使用目的・賃借人の義務）
　（略）
第2条（契約期間等）
　（略）
第3条（賃料の支払方法）
　1　賃料は上記記載のとおりとし、乙は、毎月月末までに翌月分を甲の指定する口座に振り込む方法により支払うものとする。ただし、振込手数料は、乙の負担とする。
　2　1か月に満たない期間の賃料は、日割計算した額とする。
〈以下省略〉

　契約書のひな型をみていて、甲弁護士は、賃料の振込先口座の開設時期が、賃貸借契約の成立時期と近接していたことを思い出した。

　そして、甲弁護士は、なぜY氏が賃貸借契約成立日に近接した時期に開設されたX氏名義の口座の情報を知っていたのだろうと疑問に思った。また、X氏とY氏は、同じ区内に居住しており、互いの家を行き来できる距離に住んでいるのだから、心づけであれば、わざわざ振込手数料をかけてまで振込送金するのは不自然ではないかと考えた。

　Y氏が賃貸借契約書のひな型と全く同じ内容の書面を保有しているからこそ、X氏名義の口座の情報を知っており、毎月月末頃、同口座に振込送金する方法で10万円を支払うという、賃貸借契約書のひな型に記載された方法で賃料の支払いを続けてきたのだ。Y氏が賃貸借契約書のひな型と全く

同じ内容の書面を保有しているのは、X氏の主張するとおり、X氏とY氏が署名、押印した賃貸借契約書が存在し、X氏、Y氏が各自1通保管することとなったからだ。

そう確信した甲弁護士は、以上の内容をまとめた準備書面を作成し（【書式2-6-4】）、X氏の了承を得たうえで、賃貸借契約書のひな型（甲3）およびX名義の通帳（甲4）とあわせて裁判所および相手方に提出することとした。

【書式2-6-4】 準備書面（《Case ⑥》）

平成28年(ワ)第×××××号　建物明渡等請求事件
原　告　　　X
被　告　　　Y

準　備　書　面　1

平成29年1月○日

東京地方裁判所　民事第○部　御中

　　　　　　　　　　原告訴訟代理人弁護士　　　甲　　㊞

賃貸借契約の締結について

1　被告は、本件建物を目的とする原被告間の契約は使用貸借契約であり、被告が原告に対して支払ってきた金銭は心づけであるなどと主張する。
　しかしながら、以下に述べるとおり、原被告間の契約は賃貸借契約であり、被告が原告に対して支払った金銭は賃料である。
2　甲第3号証の賃貸借契約書ひな型によると、被告は、原告に対し、B銀行□□支店の原告名義の普通預金口座（口座番号○○○○○○○）に振込み送金する方法により、賃料月額10万円を支払うこととなっている（第3条第1項）。
　本件賃貸借契約の開始日は平成25年10月1日からと定められており（同表記「契約期間」）、被告は、平成25年10月分以降、賃料を支払うこととなって

いた。

　なお、同号証表記「賃貸条件」により、同月分賃料の支払いは免除されている。

　上記振込先口座の通帳によると、被告は、平成26年1月ないし3月までの間、賃料の振込送金を行っていないものの、同年4月末日からは賃料の振込送金を再開し、以降、2年以上もの長期に渡り振込送金を継続している（甲4）。

　このように、被告は、原告に対し、甲第3号証記載の方法に従い、同号証に記載された賃料額と同額の金銭を長期にわたって支払い続けてきたものであり（甲4）、原被告間において、本件建物を目的とする賃貸借契約が甲第3号証に記載された内容で締結されたことは明らかである。

　特に、原告指定の振込先口座は、平成25年9月4日に新規開設されたものであるところ（甲4）、遅くとも翌月末日までに被告が原告の上記口座情報を知り、同口座に振込送金することができたのは、少なくとも平成25年10月当時、被告が上記口座情報の記載された賃貸借契約書を保管していたからに他ならない。

　このように、被告が原告指定の振込先口座に毎月10万円の振込送金を行ってきたことこそ、被告が賃貸借契約書に署名、押印し、保管していたことの証左である。

3　以上により、原被告間において、甲第3号証記載内容の賃貸借契約が成立したことは明らかである。

以上

3　Y氏の反論

　数日後、Y氏から反論の書面が届き、甲弁護士が内容を確認すると、①賃貸借契約書のひな型にはX氏の名前もY氏の名前も記載されておらず、賃貸借契約が成立した証拠になどならない、②口座の情報についても、別の機会に偶然知ったにすぎないなどと記載されていた。

4　第2回口頭弁論期日

期日において、裁判所より、甲氏およびY氏に対し、本件は親子間の紛争であるから、和解による解決について話合いができないかとの打診があった。

甲弁護士は、裁判所の主導ということであれば、話合いの席につくこと自体はかまわない旨述べた。これに対し、Y氏は、当初、何があろうとも和解はしないなどと述べていたが、裁判所の説得により、話合いを行うことには同意した。

これにより、次回期日からは弁論準備手続とし、和解についての話し合いを行うこととなった。

VIII　第1回弁論準備期日

1　X氏との打合せ

甲弁護士は、裁判所から提示される和解案の内容につき、Y氏に建物の明渡義務を認めさせる代わりに、X氏には、Y氏の明渡までに一定の猶予期間を与えること、未払分賃料の支払義務を免除することを認めさせるものであろうと予想していた。

甲弁護士がX氏に架電し、裁判所から提示されると予想される和解案について説明したところ、X氏は、Y氏からの賃料がなければ生活できないわけではないし、やはり実の子であるので、Y氏がきちんと建物を明け渡してくれるのであれば、未払分賃料については支払いを免除してもいいとのことだった。

2　第1回弁論準備期日

裁判所より、まずは個別で意向を聞きたいとの要望があり、甲弁護士が先に話をすることとなり、Y氏は退出した。

甲弁護士は、X氏から未払賃料については免除してもよいとは言われて

いるが、明渡しまでの期間を短縮するための交渉材料に使えるのではないかと考え、明渡しについても、未払賃料についても、X氏を譲歩させるのは難しい旨を述べた。

　裁判官は、甲弁護士に対し、X氏の主張する賃料の支払状況等に加え、本訴訟手続に至るまでの間、Y氏が賃貸借契約の成立につき積極的に争った痕跡が認められないことなどを踏まえると、判決になれば、おおむね当方の請求が認められる内容になるだろうと話した。そのうえで、Y氏のキャラクターからして、認容判決が出ればほぼ間違いなく控訴するだろうし、かえって紛争が長期化すると予想されるので、何とかX氏を説得できないかと話をもちかけてきた。

　そこで、甲弁護士は、Y氏に建物の明渡義務および未払賃料の支払義務を認めさせたうえで、Y氏が、和解成立後、1、2カ月程度の短期間で建物を明け渡した場合には、未払賃料の支払義務を免除する旨の内容であれば、持ち帰ってX氏に検討してもらうことは可能である旨伝えた。

　甲弁護士の提案を受け、裁判官は、上記内容をY氏に伝えると述べ、甲弁護士にY氏と交代するよう告げた。

　甲弁護士が書記官室を退出し、裁判所の廊下に設置された椅子に座って20分ほど経過した頃、Y氏が甲弁護士に声をかけ、同席するよう求めた。

　甲弁護士とY氏が書記官室に入室し、2人とも着席したところで、裁判官は、甲弁護士に対し、Y氏は、甲弁護士の提案した内容であれば和解に応じる意向であること、明渡し時期は和解成立後1カ月以内とすること、次回期日までにX氏において上記内容の和解案について検討し、次回期日の1週間前をめどに結果を報告してほしいことを伝えた。

3　X氏との打合せ

　事務所に戻るや否や、甲弁護士は、X氏に架電し、第1回弁論準備期日の内容を告げた。X氏は、甲弁護士から和解案の内容を聞き、X氏が思っていた以上に早くY氏から明渡しを受けられそうであることに喜び、甲弁

護士に対して何度もお礼の言葉を述べた。

IX エピローグ

　甲弁護士は、すぐさま裁判所に和解に応じる旨を伝え、期日間において、甲弁護士と裁判所との間で和解条項を詰め、無事に和解が成立した。

　その後、Y氏は、和解条項により定められた期間内に明渡しを完了し、〈Case ⑥〉は完全に終結した……と思っていた数カ月後、X氏から甲弁護士に電話がかかってきた。またY氏とトラブルになっているのではないかという不安を抱きつつ、甲弁護士は、おそるおそる電話に出てみた。

　「いやあ、先生、腕時計がみつからなくて家の中の引き出しを開けてみたら、例の件の賃貸借契約書が奥のほうから出てきたよ。これがもっと早くみつかっていれば、先生にもあんなに苦労かけなくて済んだのにねえ」。

　本稿は、複数の事例を組み合わせるなどして構成したものであり、実際の事例とは異なる。

第7章 贈与契約──成立と財産の帰属

I 事案の概要

―〈Case ⑦〉――

　甲弁護士は、Xから亡くなった母親が遺言を残していたことについて、遺留分減殺請求の相談を受けた。被相続人は母親であり、相続人は、父親のZ、XおよびYである。

　Xの家では、家督相続の考え方が残っており、以前は、父親のZからXが財産を受け継ぐものとされていた。その前提で相続税対策のため、Xは不動産の生前贈与を受けるとともに、ZはX名義で預金口座をつくっていた。

　ところが、その後、父親ZとXは仲たがいした。そこで、Zと母は、Xではなく、Yに相続させたいと考えるようになった。母の遺言は、全財産をYに相続させるというものであった。

　甲弁護士は、Xが遺留分減殺請求をすると、Zの出捐によるX名義の財産（不動産・預貯金）についても争いが生じることが予想されたが、そのままにしておくわけにはいかないので、手続をすることとした。

[関係図]

〈*Case*⑦〉における実務上のポイントは、以下の3点である。
① 土地の帰属
② 建物の帰属
③ 贈与契約の成立
④ 預金債権の帰属

Ⅲ 相談対応

1 相談内容

弁護士甲は、X氏から、先頃亡くなった母親が遺言を残していたことから、その扱いについて相談を受けた。

X　氏	：半年ほど前、母が亡くなりました。私は長男で東京に出てきているのですが弟のYは大阪に住んで、父Zと母と同居していました。遺言書については何も聞いていなかったのですが、遺産分割について何も言ってこないと思って母名義だった不動産登記を調べてみたら、遺産はすでにYのものになっていました。
甲弁護士	：そうですか。家庭裁判所から検認の通知なども受けていませんか。

X　氏：はい、家庭裁判所から何も連絡を受けていません。

甲弁護士：公正証書遺言があるかどうかを調べてみる必要がありますね。

X　氏：調べられますか。

甲弁護士：公証役場で調べることができます。ただし利害関係人でないと開示に応じませんから、戸籍などから遺言者が亡くなっており、開示を求めている人が遺言者の相続人であるとの証明が必要です。お母様の死亡の事実が記載されている住民票の除票か戸籍と、Xさんとお母様の関係が記載された戸籍謄本、身分証明書を持参して、近くの公証役場で発行してもらってください。

X　氏：わかりました。母は大阪の自宅近くの公証役場で遺言書をつくったのではないかと思うのですが、どこの公証役場でも調べられるのですか。

甲弁護士：はい。大丈夫です。

X　氏：それから、父Zが出捐した私名義の預金が複数あるようです。金融機関から何か書類が届いているのを見ましたし、そのように聞いていました。もし遺留分減殺請求をしたら、これについても父に返せと言われるかもしれません。

甲弁護士：わかりました。Xさんが名義人であるとして反論しましょう。

X　氏：はい、お願いします。それから、実は父Zが資金を捻出して私名義で購入した不動産があります。土地は売主から直接私名義にしました。建物は新築して、私名義で保存登記がされています。これらについては、私名義にすると父Zから連絡があったのですが、今になって父の財産だと言われるのでしょうか。

甲弁護士：その可能性はありますね。登記記録や契約書等を確認してからでないと一概には言えませんので、資料が揃ったら再度打

合せをしましょう。

2 遺言書の発見と交渉の開始

相談のやりとりの中で出てきた「公正証書遺言の有無の調査」であるが、日本公証人役場ホームページ〈http://www.koshonin.gr.jp〉に、「亡くなった人について、遺言書が作成されているかどうかを調べることができますか」というQに対して、以下のAが掲載されている。

「平成元年以降に作成された公正証書遺言であれば、日本公証人連合会において、全国的に、公正証書遺言を作成した公証役場名、公証人名、遺言者名、作成年月日等をコンピューターで管理していますから、すぐに調べることができます。なお、秘密保持のため、相続人等利害関係人のみが公証役場の公証人を通じて照会を依頼することができることになっていますので、亡くなった方が死亡したという事実の記載があり、かつ、亡くなった方との利害関係を証明できる記載のある戸籍謄本と、ご自身の身分を証明するもの（運転免許証等顔写真入りの公的機関の発行したもの）を持参し、お近くの公証役場にご相談下さい」。

公証役場に問い合わせた結果、X氏の亡母の遺言書が発見された。それによれば、相続財産は、すべて弟のY氏に譲るものとされていた。

甲弁護士は、早速Y氏に対して受任の通知と遺留分減殺請求権を行使する旨の通知書を送付した（【書式2-7-1】）。

そうしたところ、Y氏の代理人から、遺留分についての回答書（【書式2-7-2】）が届くとともに、Y氏が父Z氏を代理して、X氏名義の土地および建物、預貯金はいずれも父Z氏に帰属するとする通知が届いた。

これに対して、甲弁護士はX氏名義の不動産および、預貯金いずれもX氏に属するものであるとの主張を行うこととした。

【書式2-7-1】 通知書（《Case ⑦》）

通 知 書

　当職は通知人Ｘ（以下「通知人」といいます）を代理し、貴殿に対し、次のとおり通知します。

　通知人と貴殿は、亡母（平成28年○月○日死亡、以下「被相続人」といいます。）の相続人であり、通知人は被相続人の財産について8分の1の遺留分を有しているところ、貴殿は被相続人作成にかかる平成○年○月○日付け公正証書遺言に基づき、被相続人が所有していた全ての不動産を相続するとともに、被相続人が所有していた金融資産を含む一切の財産を相続しています。また被相続人名義の各預金口座の取引履歴をみれば明らかなとおり、貴殿は上記以外にも、被相続人からその生前に複数の贈与を受けており、以上の相続及び贈与の結果、通知人の遺留分が侵害されていることが明らかです。
　よって、通知人は貴殿に対し、本書面をもって遺留分減殺の請求をするとともに、同請求にかかる協議に応じるよう要請します。
　仮に、本書面到達後1週間以内に、何らの対応もない場合には、通知人としては、法的手続をとることを検討せざるを得ませんので、その旨予めご承知おき下さい。
　なお、本件については当職らが通知人より委任を受けていますので、今後、本件に関するご連絡は当職ら宛にするよう併せて申し添えます。
　平成29年2月1日

東京都千代田区○○1-1-1
Ａビル7階　甲法律事務所
通知人Ｘ代理人
弁護士　　　　　甲

被通知人　　Ｙ　殿

【書式 2-7-2】 回答書（《Case ⑦》）

回　答　書

　当職は、YおよびZから委任を受けた代理人として、X代理人である貴職に対し、平成29年2月1日付け通知書に関し、次の通り回答いたします。

　Yは、平成21年○月○日付け公正証書遺言に基づき、被相続人が所有していた全ての不動産および金融資産その他一切の財産を相続しました。その詳細は、次ページに記載の遺産目録一覧（略）のとおりであり、各相続財産の価格に関しても、記載しております。Yは、代償金での支払いを希望しておりますので、上記遺産目録の8分の1に相当する金500万円を支払う準備があります。

　ただし、現在X名義となっている不動産およびX名義の預金については、Zが出資したものであって、単に名義をX名義にしたものに過ぎません。したがって、代償金の支払の提案とともに、X名義の財産をZ名義に変更していただく必要があります。

　これらについて承諾していただける場合には、三者で合意書を作成し、合意書作成後速やかに500万円を支払います。本書到着より2週間以内に合意書作成の可否についてご連絡ください。

　上記については全て当職が委任を受けておりますので、ご連絡は当職までお願いいたします。

　平成29年2月10日

　　　　　　　　　　　　　　通　知　人　　YおよびZ
　　　　　　　　　　　　　　上記代理人　弁護士　　　　乙

X代理人弁護士　　　　甲　　殿

Ⅳ　土地の帰属

1　土地の所有権についての法律構成

　Y氏の代理人である乙弁護士からの回答を踏まえて、甲弁護士は、X氏と再度打合せを行った。そのやりとりは以下のとおりである。

甲弁護士：土地代金を出捐したのは、お父さまのＺ氏ですか。

Ｘ　氏：はい。おそらくそうだと思います。契約がどうやって締結されたのかは知りません。

甲弁護士：売買代金についてローン等は組んでいるのでしょうか。契約書や領収書の控えはありますか。

Ｘ　氏：いや、分割払いにはなっていますが、ローンは組んでいないと思います。契約書や領収書は私の手元にはありません。ただ、いずれも私の名義になっています。

甲弁護士：登記の申請は誰名義でしているのですか。

Ｘ　氏：私です。印鑑証明書を送るようにいわれました。

甲弁護士：土地の贈与契約書なども締結していないですよね。

Ｘ　氏：はい。でも私名義にすると父から手紙も来ましたし、その中で、相続税対策として私の名義にする、と明確に記載されています。また、購入後の固定資産税は私がすべて支払いました。

甲弁護士：領収証の宛て名は誰になっていますか。

Ｘ　氏：私です。

甲弁護士：あなたは契約の場には立ち会われたのですか。

Ｘ　氏：はい、立ち会いました。

甲弁護士：土地の上に建物は建っているのですか

Ｘ　氏：はい、建っています。私の名義になっています。それについては、私の父が財産管理のための会社を設立していて、そこで管理をしていることになっています。実際にはその会社としては何も業務をしていないのですが、形式的に管理費をそこに支払っています。

2 土地の買主は誰か

(1) 契約の成否

多くの契約は、申込みと承諾という2つの意思表示の合致により成立する。

契約の成立にあたっては、即時に契約が成立することもあるが、トラブルが生じやすい複雑なケースなどでは、契約成立前に、契約締結のための当事者間の交渉がなされることも多い。

したがって、契約の成否の認定にあたっては、契約成立に至るプロセス、契約時の状況、契約成立後の状況等の事実を検討して主張する必要がある。

表にまとめると〈図表2-7-1〉のとおりである。

〈図表2-7-1〉 契約の成否の認定にあたっての考慮要素

	考慮段階	具体的要素
①	契約締結前に存在した事実	・当事者の客観的な資産状態 ・経歴・社会的経験等に関する事実 ・契約締結の必要性 ・契約締結に向けた準備作業として何があったか 　　　　　　　　　　　　　　　　　　　　など
②	契約締結時の事実	・契約書、領収書の有無 ・契約締結の場における第三者の立会いの有無 ・契約締結時の当事者の具体的な会話の内容 ・契約内容の合理性および自然性を基礎づける事実 　　　　　　　　　　　　　　　　　　　　など
③	契約締結後の事実	・契約の成立(または不成立)に合致する客観的な事実 ・契約の成否に関する当事者の言動 ・当事者の供述の一貫性 　　　　　　　　　　　　　　　　　　　　など

(2) 〈Case ⑦〉における事実の整理

〈Case ⑦〉において、甲弁護士は、X氏から聞き取った内容から〈図表2-7-2〉のとおり間接事実を整理した。

(3) 判　例

上記に関して参考となる判例としては、(A)〜(D)がある。

〈図表 2-7-2〉　土地の帰属に関する間接事実の整理（〈Case ⑦〉）

	考慮段階	X氏に有利な事情	X氏に不利な事情
①	契約締結前に存在した事実	・相続税対策としてX氏名義にする必要があった ・事前に父Z氏からX氏名義にするとの通知があった	・契約締結までの具体的な交渉はいずれもX氏自ら行っていない
②	契約締結時の事実	・X氏を買主とする契約書が存在する ・領収書の宛名がX氏になっている ・X氏が契約締結の場に立ち会っている ・売買契約書の名義および領収書の宛先はX氏である	・決済代金をX氏自ら出捐していない
③	契約締結後の事実	・登記名義をX氏に移転している ・移転登記の際にX氏が必要な印鑑証明書等を交付した ・租税を負担した ・その後の固定資産税を負担している	・土地上の建物の管理者は父Z氏である

(A)　最判昭和46・11・19裁判集民104号401頁

(a)　事案の概要

被告は、ある不動産の所有者として登記されているものであるが、原告から、その不動産は原告から委託を受けた被告が被告名義で買い付けただけであり、真実の所有者は原告であるとして、被告に対し、本件不動産の所有権移転登記を求めた事案である。

被告は、出資の原資64万円について原告から借り受けたものであって、自らが本件山林を買い受けたと主張した。

(b)　事実認定

裁判所の事実認定は以下のとおりである。

① 本件不動産の売買代金は、原告が被告に交付した金銭の中から支払われた。
② 領収書には、売買代金が手付を含めて63万円、仲介手数料として1万円と記載されている。
③ 本件不動産の売買直後に所有権移転登記に必要な書類の作成を司法書士に依頼した。
④ 原告は購入当初より本件不動産の所有権を取得する意思を有していた。
⑤ 売買契約書の日付は被告が所有権移転登記をした翌日付となっている。
⑥ 本件不動産は山林であるが、原告の先代はその所有する山林について被告に伐採を依頼してきた間柄である。これに対して被告は山林伐採業を営み、自ら有する山林はなくそれまで山林を購入したことはなかった。
⑦ 本件売買の後、原告から被告に対して5万円の礼金を出す話もあった。

(c)　裁判所の判断

原告が購入資金を被告に貸与したと推認することは困難であり、むしろ原告と被告の間に、本件売買前に、本件不動産の所有名義を遅滞なく被告から原告に移転する合意があり、購入原資はこの合意を前提として交付されたものと推認するのが経験則に合致する。

(B)　東京地判昭和50・2・18判時796号67頁

(a) 事案の概要

契約書の名義は原告である。原告である夫は被告である妻名義となっている本件不動産について真実は原告が買い受けたものとして、被告に対し所有権移転登記を求めた。これに対して、被告は自らが買い受けたものであると主張した。

(b) 認定された事実

裁判所の事実認定は以下のとおりである。

① 本件土地の買受代金は原告が支払った。
② 本件土地の売買契約についてはもっぱら被告が売主側と折衝してこれを締結し、自らを買主として売買契約書を作成して登記を経た。
③ 被告は売主に対して直接代金を支払った。

(c) 裁判所の判断

原告が買主であるとは認められない。

夫婦、特に長年連れ添った夫婦の一方が不動産を購入するにあたり他方がその購入資金の一部または全部を提供することは格別異例なことではないから、本件不動産の買受代金の出所が原告であったというただ一事から直ちに、被告は名義人にすぎず、実質上の買主が原告であったと認定することは相当でない。

(C) 東京高判平成4・3・25判タ805号203頁

(a) 事案の概要

原告は売主から本件土地の底地権を買い受けたと主張し、本件土地に所有権移転仮登記を経由した被告に対し、同登記の抹消手続等を求めた。これに対し被告は被告自身が売主から買い受けたものであると主張した。原告と被告は姉弟であって、親族間の紛争である。

(b) 認定された事実

裁判所の事実認定は以下のとおりである。

① 登記名義は原告である。
② 売買契約上原告が売主とされている。

③ 本件土地の売買契約当時に原告は直接関与しておらず、売買契約の締結、代金の用意、売主に対する支払いおよび不動産取得税の支払いはすべて被告が行った。
④ 被告が支払った代金を原告が負担した事実はない。
⑤ 被告は売買契約当時、旧建物を取り壊して建物を建築する計画を立てていたところ、東京都に居住している被告より千葉県に居住している原告名義であったほうが水道を引く許可をとるうえで有利であり、また上記建物の建築については銀行から融資を受ける予定としていたが、銀行が地元に居住している原告名義で取得することを希望した。銀行はその後、原告を債務者、被告を連帯保証人として融資し、本件土地等に抵当権を設定した。

(c) 裁判所の判断

本件土地の買主は、被告である。

一方、本件土地は、原告名義で売買契約が締結されているが、被告が売買契約の締結、代金の支払い、不動産取得税を支払った。売買契約の代金は誰が調達したものかは明らかではないが、売主に対する支払いを行ったのは被告であり、原告はこれに全く関与していない。一方で、原告名義で売買契約を締結したのは、（銀行の意向に従ったことや、水道の許可のことなど）理由も一応説明できる。

(D) **最判昭和44・9・11裁判集民96号497頁**

(a) 事案の概要

参加会社は、被告が参加会社の代表者として同会社のために売主から本件不動産を買い受けたとして、被告に対し本件不動産の所有権確認および移転登記の抹消手続を求めた。

これに対して被告は本件不動産は被告個人が売主から買い受けたものであって被告の所有であると主張した。

(b) 認定された事実

裁判所の事実認定は以下のとおりである。

① 被告はいわゆる個人会社の実態を有する参加株式会社の代表取締役で経営の実権を握っていた。
② 参加会社の経理と被告個人の経理とは相当混淆されており、買受代金も参加会社から支出した疑いが濃い。
③ 本件建物は参加会社の従業員の修行道場として用いられたことがある。
④ 本件建物の動力、ポンプ修繕の各費用、諸費用の維持費用は、参加会社から支出されていた。
⑤ 売主は、買主の決定をするには、参加会社を経営する者として被告がいることに強い印象を受けていた。

(c) 裁判所の判断

たとえ払下げの手続が被告個人の名義で行われたとしても被告が本件不動産を買い受けたのは、個人のためのみであったとは断定しがたく、売主の関係者も被告を個人としてよりも、参加会社の代表者として認識しており、同会社に対してこれを払い下げる意思の下に本件売買契約を締結したものと推断するに難くない。

3 〈Case ⑦〉の場合

〈Case ⑦〉では確かに原資はX氏の父であるZ氏が出しているが、契約書の名義、登記についてもX氏名義となっていた点、特に相続税対策としてX氏名義にする必要があった点を甲弁護士は主張した。

V 建物の帰属

1 建物は誰に帰属するか

次にX氏名義で保存登記された新築建物の所有権の帰属が問題となる。甲弁護士とX氏とのやりとりは以下のとおりである。

甲弁護士：建物の代金は誰が出したのですか。

X　氏：建物の建築代金は、賃借している（訴外）A会社が協力金として支払っています。

甲弁護士：賃借している会社とはこれまでも面識があるのですか。

X　氏：あります。以前は父Zが名義人として賃借人に対して建物を貸していました。

甲弁護士：協力金として支払ってもらったことはわかりましたが、これはお父さまが借り受けた可能性はありますか。

X　氏：あるかもしれません。細かい点ははっきりとはわかりません。

甲弁護士：建物についてXさんへの贈与契約書はありますか。

X　氏：ありません。

甲弁護士：不動産に関して何か参考になる手紙だとか、見聞きしたことはありますか。

X　氏：父Zから私に対して相続税対策のために贈与すると書いてある手紙はあります。それから、建物の賃貸借契約書の写しならあります。

甲弁護士：賃貸借契約書に、賃貸人として記載されているのはXさんですか。

X　氏：そうです。賃借人の（訴外）A会社からは私宛てに、空調設備を修理するよう依頼が来たことがあります。ですから、私を貸主であると認識しているものと思います。また実際には何かをしてもらっているわけではありませんが、管理会社に対して毎月管理費を支払っています。ですから今更父の財産と言われるのもおかしいと思うのです。

2　〈Case ⑦〉における事実の整理

〈Case ⑦〉において、甲弁護士は、X氏から聞き取った内容から〈図表2-7-3〉のとおり間接事実を整理した。

〈図表 2-7-3〉 建物の帰属に関する間接事実の整理（《Case ⑦》）

	考慮段階	X氏に有利な事情	X氏に不利な事情
①	契約締結前に存在した事実	・X氏に対して本件不動産購入前に父Z氏から書面が送付され、そこにX氏名義にする旨が記載されていた	・従前から賃借人と父Z氏とは面識があった ・賃借人が協力金を支払ったのも父Z氏との面識があったため ・建築会社との交渉は父Z氏が行った
②	契約締結時の事実	・建築契約書および賃貸借契約書の名義はX氏である ・領収書の宛名もX氏である ・建物建築費用を出捐したのは賃借人である ・建物建築費用は賃料から分割で返済されている	・契約の場にX氏が立ち会っていない
③	契約締結後の事実	・建物完成後、X氏名義で登記を行った ・賃料はX氏名義の口座に送金されている ・固定資産税はX氏が負担している ・建物の管理に関して、父Z氏が経営する会社に管理費用を支払っている	・建物の管理は父Z氏が行っている ・X氏名義の口座は父Z氏が管理している

3 〈Case ⑦〉の場合

建物について、完成後、直ちに X 氏名義で保存登記がされていること、固定資産税を X 氏が支払っていること、建物の管理費用を X 氏が支払っていることを踏まえると、X 氏が建物所有者であることを甲弁護士は主張した。

VI 贈与契約の成立

もっとも、建物に関しては当然に X 氏の名義と認められるか否かが心配な点もあったため、贈与契約の成立も主張することとした。

1 贈与契約とは

甲弁護士は所有者が X 氏であると認められなかった場合に備えて、土地および建物の双方について贈与契約の主張も行うこととした。

贈与契約とは、一方が他方に対して特定の物を贈与する意思を表示し、相手方がこれを受贈する意思を表示したときに成立する（民法549条）。

しかし、契約書がない場合には、上記の認定と同様、間接事実から贈与契約の成否を証明していくことになる。

2 〈Case ⑦〉における事実

所有権の帰属を争う場合と重なる部分もあるが、贈与契約の成否に関する事実としては、〈図表 2-7-4〉のとおり分類できる。

3 間接事実の証明度

〈Case ⑦〉において贈与契約の成立について、直接証拠はない。

したがって、間接事実から認定するほかはない。そこで、〔図表 2-7-4〕のとおり、間接事実を整理した。しかし、翻って考えてみるに、間接事実についてはどの程度の証明が必要かについては、どのように考えるべきか。

〈図表 2-7-4〉 贈与契約の成立に関する間接事実の整理（《Case ⑦》）

	考慮段階	X 氏に有利な事情	X 氏に不利な事情
①	契約締結前に存在した事実	・X 氏に対して本件不動産購入前に父 Z 氏から書面が送付され、そこに X 氏名義にする旨が記載されていた ・父 Z 氏には相続税対策という贈与の動機がある	特にない
②	契約締結時の事実	・賃貸借契約書の名義は X 氏である	・贈与契約書がない
③	契約締結後の事実	・建物完成後、X 氏名義で登記を行った ・賃料は X 氏名義の口座に送金されている ・固定資産税は X 氏が負担している ・建物の管理に関して、父 Z 氏が経営する会社に管理費用を支払っている ・賃借人は、X 氏を賃貸人と認識している	・建物の管理は父 Z 氏が経営する会社が行っている ・X 氏名義の口座は父 Z 氏が管理している

　この点、いくつかの考え方があるが、通常は、主要事実と同様に心証の程度が証明の域に達しなければその間接事実を主要事実の認定の根拠として用いることはできないとする考え方が一般的に用いられている。確信に達していない事実を事実認定の基礎とすることはできないとの印象である。

したがって、間接事実も証明の程度に達していなければ間接事実を事実認定に用いることができない。

4 贈与の主張
(1) 訴訟戦略

〈*Case* ⑦〉においては、甲弁護士は、上記のとおり、所有権の帰属について主張したが、さらに予備的主張として贈与の主張も行った。

〈*Case* ⑦〉は特に贈与契約書がなかったので、書面によらない贈与の事案として、主張することとした。

民法550条によれば書面によらない贈与は各当事者が撤回することができる。ただし、履行の終わった部分については、この限りでないとされている。

相手方からは贈与していないという主張のほかに、予備的なものとして、書面によらない贈与であるから撤回するとの抗弁がなされることが考えられた。

そこで、甲弁護士は、まず贈与契約が成立したとの主張をするとともに、同抗弁に対抗するものとして、書面によらない贈与について、すでに履行が終わったものであるから撤回ができないと反論することを想定した。

(2) 判 例

書面によらない贈与契約に関する参考判例として、東京地判昭和57・9・16判タ486号95頁を紹介する。

(A) 事案の概要

原告が訴外Aより不動産を贈与されたが、贈与後に訴外Aが死亡して、贈与に関して所有権移転登記を経なかったために履行が終わったと認められなかった事案である。

(B) 認定された事実

裁判所の事実認定は以下のとおりである。

① 原告と訴外Aとが交際を開始し、結婚することを前提に双方の親族に紹介した。

② 訴外Aは原告と同居を開始した。
③ 訴外Aは、本件土地を原告と共有とし、将来2人名義の家を建てて住もうと提案した。
④ 原告は喜んで訴外Aの提案に同意した。

(C) **裁判所の判断**

上記の事実からすると、上記(B)③の時点で贈与契約が成立したと認められる。

そのうえで、裁判所は、「履行が終わった」といえる場合とは、当該不動産の登記が完了したか、所有者から権利証、委任状、印鑑証明書等登記に必要な書類が交付されたか、あるいは当該不動産が相手方に対して現実に引き渡され、またはこれと同視しうる程度に至ることを必要とする、と判断している。

5　〈Case ⑦〉の場合

〈Case ⑦〉では、前掲東京地判昭和57・9・16のように明確な贈与の合意はないが、登記名義がX氏に移転されていること、賃借人は賃貸人としてX氏を認識していたこと、その状態を作出したのがほかならぬX氏の父であるZ氏であること、20年近くX氏が登記名義人であることについて争いが生じなかったことから、贈与契約が成立したと認められる。

そのうえで、登記がすでに移転していることから、その取消しについて、父Z氏からの抗弁は成り立たないと甲弁護士は主張した。

VII　預金債権の帰属

1　預金に関する事実関係

〈Case ⑦〉では、X氏名義の預金債権があるが、それについて出捐したのは父親のZ氏であることから、まず預金債権の帰属が問題となり、次に預金債権の贈与が問題となる。

X氏から聞き取った内容は以下のとおりである。

> 甲弁護士：預金口座を開設していたのは知っていますか。
> X　氏：はい、そう聞いていました。
> 甲弁護士：いつ頃開設されたものか知っていますか。
> X　氏：全くわかりません。
> 甲弁護士：では、どうして預金口座があるとわかったのですか。
> X　氏：B銀行から定期預金債権が満期になったとの通知が来ました。その際に、近所のB銀行の支店に行って相談したところ、引き出しに応じてもらいました。先ほども言ったとおり、父Zは、わが家の財産管理をすべて行っていて、預金も会社で管理していると思います。

2　預金債権の帰属に係る学説

預金債権の帰属については以下のような見解がある。
① 客観説
　　預入行為者が、出捐者の金員を横領して自己の預金とするなどの特段の事情がない限り自らの出捐により自己の預金とする意思で、自らまたは使者、代理人を通じて預金契約を行った者を預金者とする見解
② 主観説
　　預入行為者が他人の預金であることを表示しないか、または銀行が実質上の権利者を知らない限り預入行為者をもって預金者とする見解
③ 折衷説
　　原則として客観説によるが、預入行為者が自己を預金者であると明示または黙示に表示した場合は預入行為者をもって預金者とする見解

これまで、これら3つの見解を対比させる形で議論が整理されてきた。この点に関し、平成15年に言い渡された2つの最高裁判例がきっかけとなり、

議論が再び活発になっている。

3 普通預金に関する2つの最高裁判例
(1) 最判平成15・2・21民集57巻2号95頁
(A) 事案の概要

A保険会社の代理店であるB社は、契約者から収受したA保険会社の保険に関する保険料を入金する目的で、いわばA保険会社専用の普通預金口座をC信用組合に開設した。口座の名義は「A保険会社代理店B社某」である。

C信用組合は、B社に対する貸金債権と同口座内の預金債権とを相殺したところ、A保険会社がC信用組合に対して、本件預金債権の払戻しを求めるに至ったものである。

(B) 第1審、第2審の判断

第1審および第2審は、預金債権の帰属主体となるのは預金原資の出捐者であるとしたうえで、保険契約者が支払った保険料の出捐者は、保険会社であると認定し、預金者は保険会社であると判断した。

(C) 最高裁判所の判断

これに対して、最高裁判所は、①本件預金口座を開設したのがB社であること、②A保険会社代理店B社某という名義は預金者としてA保険会社を明示しているものとは認められず、③A保険会社がB社に対してC信用組合との間での普通預金契約の代理権を授与していた事情はうかがわれないこと、④B社が本件預金口座の通帳および届出印を保管し、入金および払戻事務をもっぱら行っていたこと、⑤金銭の所有権は占有者である受任者に帰属することから本件預金の原資を出捐したのはB社であることを指摘し、本件預金債権はB社に帰属すると判断した。

(2) 最判平成15・6・12民集57巻6号563頁
(A) 事案の概要

A_1社は、弁護士A_2との間でA_1社の債務整理に関する事務処理を委任す

る旨の契約を締結した。弁護士 A_2 は、委任事務処理のため A_2 名義の普通預金口座を B 銀行に開設し、A_1 社から預かった500万円を入金した。

その後 C 税務署長は、A_1 社の滞納に係る消費税等の徴収のために本件預金債権の差押えをしたため、A_1 社および弁護士 A_2 が差押えの取消しを求めて本件預金口座の帰属を争った。

(B) 第1審、第2審の判断

第1審は預金契約締結の経緯、出捐状況および本件預金口座の利用状況を総合して出捐者を A_1 社と認め、第2審も理由づけを追加したうえで A_1 社の預金と認めた。

(C) 最高裁判所の判断

最高裁判所は、①弁護士 A_2 が預かった500万円は A_2 に帰属すること、②本件預金口座の名義は A_2 であること、③弁護士 A_2 が本件預金口座を開設したこと、④弁護士 A_2 が預金通帳および届出印を管理して預金の出入れを行っていたことを指摘し、本件預金債権は弁護士 A_2 に帰属すると判断した。

(3) 小 括

これらを踏まえて、それまでの判断枠組みが変更されたとの議論もあるが、預金債権の帰属に関する最高裁判例は、平成15年判例も含めて、①預金原資の出捐関係、②預金口座開設者、③出捐者の預金口座開設者に対する委任内容、④預金口座名義、⑤預金通帳および届出印の保管状況等の諸要素を総合的に勘案したうえで、誰が自己の預金とする意思を有していたかとの観点から預金者を判断するという点において共通している。すなわち、預金債権の帰属は誰が預金契約の当事者であるかという、あくまでも事実認定の問題であるとされる。したがって、出捐者、預金行為者または預金口座名義人が契約当事者であるとの認定が本質にそぐわないのであって、出捐者が預入行為者に預入金を交付した事情、当該預入行為者が預金口座開設に至った事情、預金口座開設にあたって当該預金口座名義が用いられた諸事情を間接事実として預金者認定をするべきであるとの議論がなされている。

4 〈Case ⑦〉の場合

〈Case ⑦〉では、下記事情から、出捐という点を重視すれば、本件預金の出捐者はX氏と認められるべきであると考えられ、甲弁護士はこの点を主張することとした。

① 預金原資は父Z氏が出捐している
② 預金口座の開設は父Z氏であるが名義はX氏である
③ 預金口座を開設するにあたって、X氏の印鑑証明書を父Z氏に渡すなどしており、管理を委託したと評価できなくもない
④ 通帳は父Z氏が持っていた。
⑤ 父Z氏が預金をした趣旨は、相続税対策のためのものである。

〈参考文献〉

司法研修所編『民事訴訟における事実認定』(法曹会)

村田渉「推認による事実認定例と問題点」判タ1213号42頁

福井章代「預金債権の帰属について」判タ1213号25頁

本稿は、複数の事例を組み合わせるなどして構成したものであり、実際の事例とは異なる。

第8章 寄託契約——受寄者が負う注意義務の範囲

I 事案の概要

― 〈Case ⑧〉 ―
　XがY社に荷物を預けたところ、荷物がXの部下を名乗る第三者に窃取された。XはY社に対してどのような請求ができるか。

II 実務上のポイント

〈Case ⑧〉における実務上のポイントは、以下の3点である。
① 受寄者が負う注意義務の範囲
② 商事寄託、民事寄託、事務管理の区分
③ 注意義務の具体的内容

III 電話での相談〜受寄者が負う注意義務の範囲〜

　某日、若手弁護士である甲弁護士の下に、以前相談を受けた会社の担当者から紹介を受けたというX氏から相談の電話が入った。

　X　氏：甲先生初めまして。紹介を受けましたXです。会社の経営

　　　　　　　者をやっております。どうぞよろしくお願いします。
甲弁護士：こちらこそよろしくお願いします。今回はどういったご相談でしょうか。
Ｘ　氏：はい。私は以前、Ｙ社に荷物を預けたのですが、その荷物がなくなったということがわかったのです。そこで、Ｙ社に対して何か責任追及ができないかお聞きしたいのです。
甲弁護士：それは大変でしたね。預けたのであれば、寄託契約という契約が成立していますので、その荷物がなくなったのであれば、損害賠償責任を追及できると思います。荷物の預かり証などはお持ちですか。
Ｘ　氏：預かり証なんてもらっていたかな……ちょっと預けた経緯が複雑で、しかも無料で預かってもらっていたものですから……。
甲弁護士：複雑……ですか。わかりました。それでは一度近いうちに打合せをしましょう。そのときに預けた経緯などもおうかがいします。それまでに預かり証などＹ社からもらった資料などがないか確認しておいてください。
Ｘ　氏：わかりました。

1　甲弁護士の悩み

　電話を切ってから、甲弁護士は現時点での法的枠組みについて思いをめぐらせた。
　Ｙ社のウェブサイトをみたところ、Ｙ社は倉庫業者のようである。すると、基本は商事寄託であるから、民事寄託と異なり、無償寄託であっても善管注意義務を負うはずだ。しかし、倉庫業者であれば倉庫業法とかいう法律がなかったか。
　ともあれ、自分には寄託に関して司法試験の短答式試験程度の知識しかな

いと考えた甲弁護士は、一度、寄託に関し受寄者にどの程度の注意義務が求められるか、打合せの前に整理しておくことにした。

2 解説

(1) 寄託契約の種類

寄託契約とは、受寄者が、寄託者のために物を保管することを約束し、物を受け取ることによって成立する契約である。大きく分けて民法上の民事寄託（民法657条）と、その特則として商人がその営業の範囲内において寄託を受けた場合の商事寄託（商法593条以下）がある。

また、商事寄託に属するものでも、倉庫営業は、商法のほか倉庫業法でも規制され、場屋営業に伴う寄託は、商事寄託の中でも特別な規制がなされている。

なお、寄託契約そのものではないが、類似する法形式に事務管理がある。

(2) 民事寄託の注意義務の範囲

民事寄託では、有償の場合受寄者は善管注意義務を負う（民法400条）が、無償の場合、自己の財産に対するのと同一の注意をする義務しか負わない（同法659条）。

(3) 商事寄託の注意義務の範囲

商事寄託では、受寄者は、有償の場合に善管注意義務を負うのはもちろん、無償の場合であっても善管注意義務を負う（商法593条）。

また、商法上の倉庫営業者（商法597条以下）は、自己または使用人が受寄物の保管に関し注意を怠らなかったことを証明しなければ滅失・毀損について損害賠償責任を免れない（同法617条）が、後述の標準倉庫寄託約款で軽減されることが多い。

場屋営業（客の来集を目的とする場屋での取引を営業とするもの。旅館、飲食店、浴場、ゴルフ場など）について、場屋の主人が営業に際して客から物品の寄託を受けるのも商事寄託の一種である。

これについては、寄託物の滅失または毀損について、それが不可抗力によ

って生じたものであることを証明しない限り、損害賠償責任を免れることができない（商法594条1項。レセプツム責任）など、場屋の主人の責任は加重されている。

　なお、場屋の施設に物を保管したとしても、そのまま「商事寄託」が成立するわけではない。

　ゴルフ場の貴重品ボックスに利用客が入れた財布等が窃取された事件において、裁判例は、寄託契約は、物の保管という役務の提供と、保管の事務処理という委任の性質を帯びた契約であるとしたうえで、ロッカーの設備はゴルフ場の利用契約の一部としてゴルフ場から提供されているものだが、使用するかどうかはゴルフ場の利用客の判断に任されており、使用する場合の操作は利用客が行い、使用した場合にも別料金が徴収されるわけではないうえ、ゴルフ場側も個々の利用客のロッカー使用の有無や、使用された場合の各ボックスの内容物は把握していないこと等を理由に、商事寄託の成立を否定している（東京高判平成16・12・22金法1736号67頁）。

　また、銀行の貸金庫を利用する場合、銀行は金庫の開閉への協力と貸金庫という設備の保安責任を負うものの、その内容物については管理責任を負わない。

　よって、その法的性質は、貸金庫の内容物を銀行が預かるという寄託契約ではなく、銀行の付随業務である保護預り（銀行法10条2項10号）の一形態であって、銀行が、貸金庫室内に備え付けられた貸金庫ないし貸金庫内の空間を利用者に貸与し、有価証券、貴金属等の物品を格納するために利用させるという賃貸借契約である（最判平成11・11・29判タ1017号293頁）。

　なお、コインロッカーについても設置者は内容物に責任を負わないことから、賃貸借契約と考えられている。

　　(4)　標準倉庫寄託約款の注意義務の範囲

　倉庫業者が倉庫営業を行う場合、国土交通大臣の登録を得なくてはならず（倉庫業法3条）、また、倉庫寄託約款を定めて国土交通大臣に届け出なくてはならないが（同法8条1項）、国土交通大臣が標準倉庫寄託約款を定めて公

示した場合に、倉庫業者が、標準倉庫寄託約款と同一の倉庫寄託約款を定めたときは、倉庫寄託約款の届出をしたものとみなされる（同条3項）。

　このような規定から、倉庫業者においては寄託契約を締結するに際して国土交通大臣公示の標準倉庫寄託約款を使用する場合が多い（国土交通省ホームページ「倉庫業法」〈http://www.mlit.go.jp/seisakutokatsu/freight/butsuryu05100.html〉参照）。なお、特約で排除は可能である。

　標準倉庫寄託約款には、発券倉庫業者（国土交通大臣の許可を受け倉庫証券を発行する者）向けの甲約款と非発券倉庫業者向けの乙約款があるが、いずれも以下のとおり商法の規定に比べて倉庫業者の損害賠償責任を軽減し、立証責任を寄託者側に転換している。

○標準倉庫寄託約款（甲約款）38条／（乙約款）35条
1　寄託者又は証券所持人に対して当会社が賠償の責任を負う損害は、当会社又はその使用人の故意又は重大な過失によって生じた場合に限る。
2　前項の場合に当会社に対して損害賠償を請求しようとする者は、その損害が当会社又はその使用人の故意又は重大な過失によって生じたものであることを証明しなければならない。

　なお、トランクルーム営業についても倉庫業の一種として国土交通大臣の登録が必要であるが、倉庫業法8条3項の適用を受ける約款は標準倉庫寄託約款ではなく、標準トランクルームサービス約款（国土交通省ホームページ・前掲参照）であり、同約款では受寄物の滅失毀損についての責任は（注意義務の対象に荷役も入っている以外は）商法の規定より軽減されておらず、また、立証責任は商法の規定と同様に受託者側にある。

○標準トランクルームサービス約款30条
　当社は、当社又はその使用人が寄託物の保管又は荷役に関し注意を怠らなかつたことを証明しない限り、寄託物の滅失又はき損により生じた損害について賠償の責任を負います。

(5) 事務管理の注意義務の範囲

通常の事務管理における管理者の注意義務は、緊急事務管理における注意義務の特則（民法698条）の反対解釈から、原則として善管注意義務を負うとされている。

3 まとめ

上記をまとめたものが〈図表2-8-1〉である。

〈図表2-8-1〉 商事寄託、民事寄託、事務管理等の注意義務の範囲

	民事寄託	商事寄託	倉庫営業	場屋営業	標準倉庫寄託約款	事務管理
有償	善管注意義務	善管注意義務	自己または使用人が受寄物の保管に関し注意を怠らなかったことを証明しなければ滅失・毀損について損害賠償責任を免れない。	滅失または毀損が不可抗力によって生じたものであることを営業主側で証明しない限り損害賠償責任を免れない	故意または重過失によって生じた場合にのみ損害賠償責任を負う。（証明責任は寄託者）	善管注意義務（緊急事務管理の場合は故意または重過失によって生じた場合にのみ損害賠償責任を負う）
無償	自己の物と同一の注意義務	善管注意義務				

IV
1回目の相談～商事寄託、民事寄託、事務管理の区分～

甲弁護士は、〈図表2-8-1〉の整理を基に、X氏との1回目の相談にのぞんだ。

甲弁護士：さて、早速ですが、今回XさんがY社に物を預けた経緯に

ついて教えてください。

X　氏：はい。もともとY社と私とのつき合いは、私の弟がY社の取引先の担当役員をやっていて、たまたま紹介されたことがきっかけです。私の家はY社から離れたところにあるのですが、Y社の近くに私がよく行くゴルフ場があるため、帰りに寄って社長さんに挨拶したりしていました。そのご縁で、以前、私がそのゴルフ場で、2週連続で取引先のコンペがあったときに、Y社でその間だけゴルフバッグを預かってもらえないかと頼んだのです。ちなみに、ゴルフバッグも中のクラブも海外メーカー限定生産の高級品で、全部で200万円くらいはするものと思います。ドライバーに至っては以前首相が某国の大統領に進呈したものと同じです。

甲弁護士：なるほど。それでは、Y社の倉庫で保管してもらったのですか。

X　氏：そうですね。Y社は倉庫会社ですし、倉庫の隅にでも置いておいてもらえればと思いました。

甲弁護士：預かってもらうことは今まで何度かあったのですか。

X　氏：はい。何回かありました。

甲弁護士：それで、1週間経って取りに行ったら、なくなっていたのですね。

X　氏：そうなんです。ゴルフの当日の朝にY社に取りに行ったら、「Xさんが来る1時間ほど前に、Xさんの部下を名乗る男が来て持って行った」と言うのです。ひどいですよね。私はそんな指示を出していないし、もちろんそんな男は知りません。確実にY社の確認ミスとしかいえないのです。ところが、Y社は損害賠償に応じないというのです。

甲弁護士：荷物の預かり証のようなものはもらいましたか。

X　氏：いえ、もらっていません。

> 甲弁護士：預けるためにお金は払いましたか。
> 　Ｘ　氏：前にも言ったとおり、無料で預かってもらいました。
> 甲弁護士：（標準倉庫寄託約款を取り出し）預ける際にこのような約款などはみせてもらいましたか。
> 　Ｘ　氏：いえ、みせてもらっていません。大体「預かってくれ」と言って置いてきただけなので、契約書とかそんなものはなかったですよ。
> 甲弁護士：書類ももらっていないのですね。わかりました。

1　甲弁護士の悩み

　Ｘ氏の話を聞くと、無償寄託であることは間違いなく、標準倉庫寄託約款をみせられていないということは、約款が問題となるような場合ではなさそうである。しかし、民事寄託であるのか、商事寄託であるのかがわからない。

　さらに気になるのは、Ｘ氏が何の預かり証ももらっていないうえに、「預かってくれ」と言って置いてきただけだ、と言ったことだ。もしかしたら、〈*Case*⑧〉は寄託契約どころか、契約自体成立していないのではないか。

　甲弁護士は、相手方の認識を確認しなければ契約の確定ができないと考え、ひとまずは、（無償寄託でも善管注意義務を負う）商事寄託がＸ氏とＹ社との間で成立したという、Ｘ氏に有利な法律構成を前提に、Ｙ社に対して、善管注意義務違反に基づく損害賠償請求の通知書を内容証明郵便で送付した。

2　Ｙ社側の回答

　通知書がＹ社に到達してから１週間ほどして、Ｙ社の代理人である乙弁護士から甲弁護士宛てに回答書が届いた。回答書のうち、法律構成についての骨子は以下のとおりであった。

- そもそもゴルフバッグは、XがY社従業員の承諾をとらずに勝手に置いていったものだから、XYの間に寄託契約は成立していない。
- 以前Xが当社取引先の担当部長であるXの弟と当社に来たとき、Y社社長のサービスで2人のゴルフバッグを預かったことがあるが、あくまでその時だけのサービスで、事務所の片隅に置いていただけだった。
- その後、Xが1人で来てゴルフバッグを置いていこうとしたことがあり、X自身は当社と関係がないし、頻繁に置いていかれると当社の業務に差し支えるうえ、宿直の事務員が1人しかいない時間帯もあるので、責任も負えないことを理由に、今後は預かるのは難しいとXに言ったうえで、そのときだけは預かった。
- しかし、Xは味をしめたようで、今回も、事務員が1人だけの時間帯に、ゴルフバッグを預かってくれと言って事務所に来て、事務員が承諾しないうちにバッグを置いて去ってしまった。
- 仮に預かったと評価できるとしても、「其営業ノ範囲内ニ於テ寄託ヲ受ケタ」とはいえないから、本件は民事寄託である。
- Y社は普通倉庫業であるが、法人向けの大規模貨物しか扱わず、消費者から小規模貨物を預かることは全くない。
- 本件は社長が一度のみサービスで行っただけである。

甲弁護士はこの回答書をX氏にみせながら、再度の打合せをした。

甲弁護士：Y社から預かりを断られたことはあるのですか。
　X　氏：ええ、確かに、前回預かってもらったときに、Y社の事務員から今後は預かるのが難しいと言われたことがあります。しかし、弟は取引先の担当部長ですし、Y社と弟の関係を考えれば社長がそんなことを言えるはずがないので「そんな

> ことはないはずだ、社長に確認しておけ」と答えました。
>
> 甲弁護士：今回預けたときは、Y社従業員の承諾を得ましたか。
>
> X　氏：今回預けたときは……確かにゴルフが終わった後、夕方遅い時間に行ったからか、事務員が1人しかいなかったのでその事務員に声をかけたのです。しかし事務員は若手らしく、まごまごしていたので、私から「上司にXだと言ってもらえばわかるから」と伝えて、ゴルフバッグを置いてきました。
>
> 甲弁護士：ちなみに、ゴルフバッグはどこに保管してもらおうと思っていたのですか。
>
> X　氏：それはもちろん倉庫です。Y社が業界でも有名な信用のある倉庫会社で、しっかりした倉庫と保管体制があると思ったからこそ、高価なゴルフバッグを預けても安心だと思ったのですから。それがまさかこんなことになるとは夢にも思いませんでした。裏切られた気分です。弟を通しても抗議したいと考えているくらいです。
>
> 甲弁護士：う〜ん、そうですか……。

3　検　討

(1)　寄託契約の成立

〈Case ⑧〉では、まず、XY間で寄託契約が成立しているかどうかが問題になる。

申込みについて、X氏は今回、Y社が倉庫業者であるからこそ信頼してゴルフバッグを預けたというのだから、商事寄託の申込みをしていると考えられる。

それに対して承諾はあったかについて、Y社は、X氏に対して以前から今後預かることはできない旨を伝えており、X氏もその言葉は聞いていたこと、当日X氏はY社の事務員の承諾を待たずにゴルフバッグを置いてい

ったことから、寄託の承諾はなかったと考えられる。

　すると、両者の意思の合致がないのであるから、〈Case⑧〉では寄託契約が成立すると考えるのは難しい。

　なお、〈Case⑧〉の参考となる事件として、暴力団員がガソリンスタンドの店長に「置いといてくれ」と声をかけて車を放置し、従業員が鍵を預かっていた際に、引き取りに来た当該暴力団員の部下を名乗る人物に窃取されたというものがある（東京地判平成12・9・26判タ1054号217頁）。

　この事件では、ガソリンスタンドはスペースの問題から一般的に他のサービスを伴わない車を預かることはしないし、他のサービスで預かる際には必ず預かり証などを出す運用となっていたこと、本件ガソリンスタンドでは以前から不当駐車を断るチラシなどを配っていたこと、等の事情から、暴力団員が放置した車両について、ガソリンスタンド側が保管する意思の下にその管理をしたとは認めることができないとして、寄託契約の成立を否定した。

　〈Case⑧〉でも、Y社は以前からX氏に対して今後は預かることはできない旨を伝えており、X氏もそれを認識していたこと、法人の大規模荷物のみ扱う業務用倉庫会社でゴルフバッグを預かることは一般的ではないこと、さらに預かり証などの書面がY社から交付されていないことから、寄託契約の成立は認められないと考えるのが適当ではないかと考える。

(2) **民事寄託と商事寄託**

　民事寄託と商事寄託の切り分けは「営業ノ範囲」として物を受け入れているかどうかである。商事寄託について注意義務が加重されているのは、商人が営業行為として継続して業として受寄されている場合、商人の信用を高めるためにその責任を厳格にする趣旨であるから（近藤光男『商法総則・商行為法（有斐閣法律学叢書）』238頁）、当該商人の本来的な業務として行われているかどうかが基準となると考えられる。

　〈Case⑧〉で仮に寄託契約が成立していると判断された場合、Y社の本来的業務は倉庫業であるものの、法人向けの大規模貨物に特化した倉庫業であって、個人の小口の荷物は受け入れていないというのだから、X氏から

の受寄は「営業ノ範囲」に入らない可能性が高い。

(3) **商事寄託の中での区分**

商事寄託の中での区分については、まず、倉庫業のように寄託が中心なのか、場屋営業のように場屋の利用が中心であり、寄託行為は付属的な業務にすぎないのかで分けられる。

また、寄託が中心であったとすると、受寄者がどのような形態で営業を行っており（倉庫なのかトランクルームなのか）、約款を含め、どのような内容の契約を締結しているかが基準となろう。

なお、商事寄託の場合は寄託者に倉庫証券などの法定の書面が交付されるから、その有無や種類も判断材料になり得る。

V 注意義務の具体的内容

1 甲弁護士の悩み

検討の結果、甲弁護士の中ではひとまず、〈*Case* ⑧〉では寄託契約が成立せず、事務管理が成立しているとの結論に落ち着いた。

仮に寄託契約が成立しているとしても、Y社の「営業ノ範囲」の寄託だと言いづらく民事寄託と判断されるであろう事案であり、その場合には無償寄託のため注意義務が軽減されてしまう。事務管理とするほうがX氏にとっては比較的有利な構成といえる。

次に甲弁護士は、Y社に注意義務違反があったかどうかを検討することにした。〈*Case* ⑧〉は緊急事務管理ではなさそうだから、事務管理であってもY社は善管注意義務を負うはずである。

甲弁護士は、乙弁護士からの注意義務についての回答を確認した。

2 Y社の回答

乙弁護士の回答のうち、注意義務についての主張の骨子は以下のとおりであった。

- Xの部下と名乗る男は、Xが来た日の午前7時にY社に来て、1人だけいた宿直の事務員に「X社長から言われてゴルフバッグを取りに来た。これからゴルフ場で合流してX社長に渡さないといけない」と言った。
- 男もゴルフウェアを着ており、怪しいところもなかったが、当時対応した宿直の事務員が念のため「Xさんに確認はとれますか」と聞いたところ「ああ、できますよ」と言って携帯電話で連絡をし「ああ、X社長ですか。Y社の方が社長に確認をとりたいと言って……ええ、お願いします」と話した後、Y社事務員に電話を替わった。
- 事務員が替わったところ、Xの声と思われる中年男性の声で「ああ、Xですが、お世話になっています。実は今渋滞に巻き込まれていて、バッグを取りにうかがえないのですよ。ですので、私の部下に取りにやらせました」と言った。
- また、事務員は男に「急ぎますか」と言ったが、男は「これから2時間後にスタートだから、早く持っていかないとX社長がゴルフをできない」と回答した。
- 事務員はそれを信じて、男にゴルフバッグを渡した。
- なお、Y社社長はXの弟からXを紹介されたが、社長も含め、Xの連絡先などは知らされていなかった。
- ゴルフバッグを渡した事務員は、XとY社で2度ほど会ったことがあり、声は知っていた。
- 仮に事務管理の善管注意義務を負うとしても、Xが勝手に置いていった物だから、求められる注意義務の程度は軽減されるべきであるし、そうでなくてもY社は注意義務を果たしている。

甲弁護士は、この回答書をX氏にみせながら、再度の打合せをした。

甲弁護士：どうも本件ではXさんとY社の間に寄託契約が成立しているとは言いにくい状況です。ですが、事務管理といって、他人の物を支配下において管理した者には善管注意義務が求められますから、そちらの方向で攻めることも考えたいと思います。

X　氏：そうですか……。私はY社が倉庫業者として信頼できるので預けたので、契約が成立していないというのはしっくりこないのですけどねえ。まあ、先生がおっしゃるならそちらの方法も考えましょう。

甲弁護士：まずお聞きしたいことは、Y社側が、Xさんの連絡先を知らなかったと言っていることですが……。

X　氏：いえいえ、前に預けたときに、ちゃんと名刺をY社の事務員に渡しましたよ。名刺には携帯電話の番号が書いてありますし、私に連絡ができたはずです。

甲弁護士：その事務員というのは、盗られたときに対応した事務員ですか。

X　氏：いや、そこまではわかりませんが、どうせまた預けに来るのですから、事務所内で連絡先を共有しておくべきでしょう。何にせよ、盗られたゴルフバッグは高級なものですから、ここで泣き寝入りはできません。相手が払わないというなら訴訟をしましょう。

3　検　討

(1)　善管注意義務の軽減が認められるか

〈*Case* ⑧〉のように、X氏が事務員の承諾を待たずにY社にゴルフバッグを置いていったという点で、Y社の主張のとおり注意義務が軽減される

か。

　事務管理者が善管注意義務を負うことについては争いがなく、善管注意義務は、行為者の具体的な注意能力に関係なく、一般に、行為者の属する職業や社会的地位に応じて通常期待されている程度の抽象的・一般的な注意義務を指すのだから、いったん事務管理が開始された以上、注意義務は軽減されないとすべきである。

　前記ガソリンスタンドの事件で裁判例（前掲東京地判平成12・9・26）は、ガソリンスタンド側が「原告以外の者が本件車両を引き渡すよう求めた場合には、正当な権限を有するか否かを調査・確認し、確認できないときは引渡しを拒否すべき注意義務を負う」としている。

　(2)　〈*Case*⑧〉で善管注意義務違反が認められるか

　Y社は倉庫業を営む会社であり、寄託に関して入出庫の管理を行っていることを重視すると、X氏のゴルフバッグに関しては引渡しの管理が徹底できたはずであり、義務違反があると認定する方向になる。

　しかし、Y社の事務員が漫然と渡したのではなく、いったんは男に確認をとり、X氏（と名乗る男）と電話で話したこと、男の格好やゴルフのスタート前という状況や、時間帯として事務員が1人しかいなかったことを考えると、仮にY社がX氏の連絡先を知らなかった場合には、注意義務違反は認められない方向になる。

　前掲のガソリンスタンドの事件で裁判例は、従業員がいったんは取りに来た男たちに確認し、原告を名乗る男と電話で話したことや、従業員は当時1人で対応していたこと、ガソリンスタンド側が原告の連絡先を知らなかったこと等を理由に、善管注意義務を否定している。

　〈*Case*⑧〉では、Y社側がその時間帯、人的体制においてX氏に事前に確認をとることが可能であったかどうかが1つのポイントになろう。

VI その後の展開

　結局、甲弁護士と乙弁護士間で任意交渉を試みたものの合意には至らず、商事寄託に基づく寄託物返還請求および損害賠償請求、予備的に事務管理に基づく損害賠償請求訴訟を提起した。

　訴訟では法的構成について平行線をたどったため、主にY社が注意義務を果たしたかどうかが争点となり、特にX氏からY社側に連絡先が渡されていたかなどが争われた。

　しかし、訴額が慰謝料を入れても200万円に届かず、実質的なゴルフバッグ全体の評価額が80万円であったことから、証人尋問前に裁判所から和解がすすめられ、Y社がX氏に40万円を支払う形で和解がまとまった。

VII 後始末

　慣れない分野の事件が無事に終わり、甲弁護士は心底ほっとしていた。

　今回の騒動は（依頼人には言えないが）マナーを守らなかったX氏にも非があると思っていただけに、裁判官が直接X氏と相手方を説得して和解をすすめてくれたのはよかったとしか言いようがない。なお、怒りにまかせて訴訟提起に踏みきったX氏が和解に応じたのは、弟がY社との関係悪化を懸念して強くすすめたからだと聞いている。

　それにしても、寄託は典型契約であるにもかかわらず、ほとんど知識がなかった自分に唖然としたし、事件を通して、約款の存在や、貸金庫等の法的位置づけや、コインロッカーなどは賃貸借である等、周辺の知識も学べたことはとても大きい。

　これからは食わず嫌いをせず、わからない分野の事件を積極的に受けていこうと甲弁護士は決意し、気分転換に階下の喫煙所に一服しに出た。

本稿は、複数の事例を組み合わせるなどして構成したものであり、実際の事例とは異なる。

第3編 契約関係事件の現場
―― 非典型契約をモデルケースとして

第1章 コンサート出演契約——出演料の連帯保証契約の有効性

I 事案の概要

〈Case ⑨〉

X社（代表取締役：A社長）は、ロックバンド「Zジャパン」を擁するプロダクション（いわゆる所属事務所）である。

Y社（代表取締役：B社長）はコンサートの制作を行う業者（プロモーター）であり、X社との間で「Zジャパン」の出演について契約を締結し、「Zジャパン」のライブコンサートを開催したが、Y社はX社に対して出演料を支払っていない。

A社長は、Y社に対して出演料の支払いを催促するため、B社長と面談の約束を取り付けたが、面談でどのような話をするのがよいか、顧問弁護士である甲弁護士に相談することとした。

II 実務上のポイント

〈Case ⑨〉における実務上のポイントは、以下の3点である。
① 業態の理解
② 支払遅延の際の交渉方法
③ 連帯保証契約の効力

Ⅲ　X社からの相談

1　甲弁護士とA社長のやりとり

甲弁護士の下に、顧問先であるX社のA社長が訪れ、以下のとおりの相談を受けた。

> 甲弁護士：社長、お久しぶりです。今回はどのようなご相談ですか。
> A　社　長：いつもすみません、先生。うちがロックバンド「Zジャパン」の面倒をみていることはご存じですよね。
> 甲弁護士：もちろん。この間アニメの主題歌にもなっていましたよね。
> A　社　長：そうそう。その「Zジャパン」が先日福岡でコンサートを開催したのですが、プロモーターが出演料を払わないので困っているんです。
> 甲弁護士：契約書はお持ちですよね。
> A　社　長：はい。

A社長から示された契約書は、【書式 3-1-1】のとおりであった。

【書式 3-1-1】　契約書（抜粋）（《Case ⑨》）

> 　　　　　　　　　　　　　　　　　　　　　　平成27年12月16日
>
> 　　　　　　　　　　契　約　書
>
> 　X社とY社は、X社に所属するロックバンド「Zジャパン」の公演に関して、以下のとおり契約を締結する。
> 　　公演名　　Zジャパン・ライブツアー2016〜絶望と希望〜
> 　　日時　　　平成28年1月23日　開場18時　開演18時30分
> 　　場所　　　福岡ドーム

出演料	5000万円（税別）
諸経費	X社が負担するもの：音楽著作権使用料
	Y社が負担するもの：会場費、広告宣伝費、交通費、宿泊費、食事代、ヘアメイク代、ステージ衣装代、ゲストミュージシャン出演料
支払方法	平成28年2月26日までにX社名義の預金口座（○○○○）に振込む方法によって支払う（振込手数料はY社の負担とする）。

第1条　諸経費のうち、Y社が負担するものについては、X社はY社に対して別途請求するか、Y社が独自に手配するものとする。

第2条　X社又はY社の責めに帰すべき事由により、本契約の目的を達することができないことになった場合は、相手方は直ちに本契約を解約し、損害賠償を請求することができる。賠償額については双方の協議の上決するものとする。

第3条　X社及びY社の責めに帰することのできない事由により本契約の目的を達することができないことになった場合は、X社はY社に対して出演料を返還し、それまでに要した諸経費について双方協議の上清算するものとする。

〈以下略〉

甲弁護士がA社長から聞き取った内容は、以下のとおりであった。

・Y社との間で出演契約を締結したが、期限を過ぎてもY社が出演料を支払わない。

・Y社との取引は以前から継続的に行っていた。契約は口頭で行うこともあったが、今回は簡単な契約書を作成していた。

・「Zジャパン」のコンサート自体は満員で、赤字だったとは考えられない。Y社は他のイベントで赤字になってしまったために支払いが滞っているのではないか。

・支払遅滞のうわさが業界内で広まると、信用されなくなり事実上廃業に追い込まれることになると思われる。そのため、Y社としては、支払

う意思はあるのだろうが、Y社の資力には不安がある。
・B社長は羽振りもいいし、資力はあると思う。

2 検 討
(1) 業態の把握

〈*Case* ⑨〉は、コンサートの出演契約が問題となる事例である。いわゆるライブパフォーマンス業界（コンサートや演劇、お笑い等のライブを観衆に提供する業界）の契約関係であり、前提知識として業態を把握しておくことが有益である。

ライブパフォーマンス業界における登場人物を整理すると、
　・アーティスト／所属事務所
　・プロモーター
　・劇場／会場
　・チケット販売業者
　・広告代理店
等があげられる。

「プロモーター」というのは耳慣れない言葉かもしれないが、ライブパフォーマンスの舞台を製作するプロデューサーのことである。そのほかにも、レコード会社や放送局等が独特の役割を果たすこともある（詳細について、内藤篤『エンタテイメント契約法〔第3版〕』377頁以下参照）。

〈*Case* ⑨〉の契約を整理すると〈図表3-1-1〉のようになる。

〈*Case* ⑨〉はシンプルな事例であるが、実際には、出演料が売上げに比例する形で定められていたり、グッズの売上収入や放送収入、協賛金の分配等が規定されていたり、流通業者（公演の制作権を仕入れ、パッケージとして別のプロモーターに販売する業者）が関与していたりして、契約関係を読み解くのが難しいケースがある。この種の業界では契約書を作成せずに口頭で契約を行うこともあるからか、契約書があまり洗練されていなかったり、当事者の説明が要領を得ないこともあるだろう。

〈図表 3-1-1〉 契約関係（《Case ⑨》）

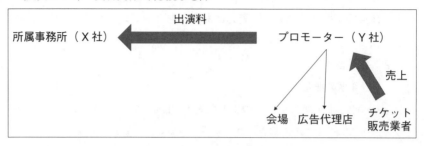

〈図表 3-1-2〉 別の契約関係例（手打ち公演）

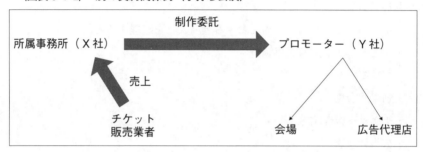

　このような契約書を読み解く際には、「誰が金銭的なリスクを負っているのか」（コンサートが満員であれば儲かり、その逆であれば損をするのは誰か）という視点をもって分析すると理解しやすいと思われる。いうまでもなく、〈Case ⑨〉でいえば、金銭的なリスクを負っているのはY社である。

　逆に、〈Case ⑨〉とは異なり、〈図表 3-1-2〉のように、アーティスト／所属事務所が金銭的なリスクを負うこともある。

　「手打ち公演」などとよばれ、邦楽アーティストのコンサートではしばしばみられる形態のようだが、この場合、所属事務所はプロモーターにコンサートの制作を外注し、プロモーターは決められた制作委託料（固定ないし歩合）を受け取るのである。

(2) 〈Case ⑨〉の処理方針
(A) 訴訟か、訴訟以外の方針か

　紛争解決の手段としてはいうまでもなく、訴訟（民事保全を含む）と、訴訟以外の紛争解決手段（当事者同士での交渉、弁護士による交渉、調停、訴え提起前の和解等）とがある。方針を検討する際には、訴訟となった場合の勝訴の見込み、交渉による解決の見込み、早期解決の必要性の有無等を考慮することになるが、依頼者と相手方との関係性も考慮したい。すなわち、依頼者と相手方とが親密である場合や、依頼者が相手方に対して恩義のある場合等には、いきなり訴えを提起すると相手方の感情を逆なですることになり、かえって解決を困難にする場合がありうるのである（訴えを提起する方針になったとしても、依頼者から当事者に対して「やむを得ず訴訟を起こすことになった」と電話でひとこと伝えておくだけでも、相手方が受ける印象は異なる）。

　〈Case ⑨〉については、Y社は業界内で信用を失えば業務を行えなくなるため、支払意思はあるだろうということなので、交渉による解決の見込みは高いし、依頼者と相手方は同じ業界内で共通の知り合いも多いと思われ、継続的に仕事をしてきた関係であるから、まずは交渉による解決をめざすべきと考えられる。

(B) 当事者による交渉か、弁護士による交渉か

　当事者による交渉を行うか、弁護士による交渉を行うかは、依頼者のキャパシティ（たとえば、依頼者に交渉能力・交渉時間がなければ当事者同士での交渉は難しい）、依頼者と相手方との関係性（たとえば、上下関係があって依頼者の交渉力が低い場合には、弁護士による交渉になじむ）、相手方のキャラクター（たとえば、弁護士が間に入ることでかえって硬直的になってしまいそうであれば当事者による交渉になじむ）等を考慮して決することになる。

　〈Case ⑨〉については、A社長は交渉能力を備えていたし、契約上の力関係としてはプロダクションであるX社のほうがY社よりも上であり優位に交渉を進められると考えられること、A社長はすでにB社長と面談の約束をしており、弁護士の介入はヤブヘビになるおそれがあることから、当事

者同士での交渉が適当であると考えられる。

　なお、依頼者から、「弁護士名義の内容証明を送れば相手方も驚いて応じると思うので、とりあえず弁護士名義の催告書を送ってください」などと言われ、弁護士による交渉を行うよう求められることがある。この点について、筆者は、弁護士名で催告書を送る以上は訴訟になった場合にも勝訴できる見込みをもつべきで、(時効が迫っているような場合は別として)安請け合いはすべきでないと考えている。複雑な訴訟手続となることが予想される場合、任意交渉で片がつかないなら代理人を降りたい、という気持になるかもしれないが、そのような態度では、説得力・迫力をもった交渉を行うことができず、依頼者の利益に反するし、いい加減な仕事をする弁護士だというレッテルを貼られかねない。

　任意交渉の進め方はさまざまであり、一般化は困難であるが、抵当権等の約定担保を有しているのであれば担保権の実行をベースとした交渉を、約定担保を有していないのであれば、(先取特権等の法定担保の行使も頭の片隅におきつつ)現有資産の仮差押え等を念頭において、少しでも多く回収できるように交渉していくことになろう。

　〈*Case* ⑨〉については、業界内での信用維持のためにY社側に支払意思はあると思われること、B社長自身の資力は十分であることから、B社長個人の資産から回収していくことが考えられる。たとえば、B社長個人に支払いを求める、B社長に連帯保証人になってもらう、B社長の財産に担保権を設定するといった方法が考えられる。

甲弁護士：……なるほど。とりあえず今回はA社長とB社長で話をしてきてもらうのがいいでしょう。B社長は分割払いの提案等をするかもしれませんが、その場合でもB社長に連帯保証人になってもらうよう交渉してみてはどうですか。

A 社 長：その方向で進めてみます。

甲弁護士：いずれにしても、合意内容については書面を交わすようにし

てください。ちなみに、連帯保証契約の締結については、民法上も書面によることが要件になっていますから（民法446条2項）、書面は必須です。
A 社 長：合意書の案文をつくってもらえますか。
甲弁護士：わかりました。その程度であれば顧問料の範囲で対応します。

甲弁護士は、翌日には合意書の案文を作成し、A社長に送付しておいた。

【書式3-1-2】 合意書（案）（《Case ⑨》）

平成28年3月○日

合意書（案）

　債権者X社、債務者Y社及び連帯保証人B社長は、平成27年12月16日付「契約書」に基づくY社のX社に対する出演料支払債務の弁済について、以下のとおり合意した。

第1条（債務の承認）
　X社、Y社及びB社長は、Y社がX社に対し、平成28年3月○日現在、平成27年12月16日付「契約書」に基づき、5400万円（税込）の出演料支払債務を負担していることを相互に確認する。

第2条（支払期限）
　Y社は、X社に対し、前条の金員を平成28年3月末日限り支払う。

第3条（連帯保証）
　B社長は、Y社代表者として平成27年12月16日付け「契約書」に基づいて責任をもって履行すべき立場にあることに鑑み(注)、X社に対し、第1条の債務について、Y社と連帯してその債務を支払う。

　上記合意の成立を証するため、本合意書3通を作成し、各当事者が各1通所持するものとする。

（注）　B社長との間の連帯保証契約は、B社長が一方的に不利益を被ることになるものであるから、なぜB社長がそのような不利益を甘受することになったのか、その動機や経緯を記載することが有益である。契約書の柱書や目的規定に記載してもよい。

IV　B社長との面談日

　A社長とB社長との面談日当日、A社長から甲弁護士に電話連絡があった。

A　社　長：先生、今B社長と面談しているのですが、B社長に連帯保証人になってもらえることになりました。ただ、支払期限を5月まで延ばしてほしいとのことでしたので、先生からいただいた合意書案を適宜書き換えて使わせてもらいます。

甲弁護士：わかりました。

A　社　長：B社長はこういう書面を交わすとは思ってもいなかったようで、自分の印鑑を持ってきていなかったんです。持って帰ってもらって、押印してもらうのがいいですかね。

甲弁護士：押印がなくても合意は成立しますから、B社長の気が変わらないうちに署名だけでももらっておきましょう。署名をもらったものはコピーをとっておいて、原本はB社長に持ち帰ってもらい、押印したものを後日返送してもらうことにしてはどうですか。

A　社　長：なるほど、そうします。先生に相談しておいてよかったです。

甲弁護士：正式な書面が来たら、念のため写しを私にもください。

A　社　長：わかりました。

　その後、甲弁護士は、B社長による押印済みの正式な合意書の写しを入手

した。正式な合意書の内容は【書式3-1-3】のとおりであった（下線は原案からの修正箇所）。

【書式3-1-3】 合意書（《Case ⑨》）

平成28年3月24日

合意書

　債権者X社、債務者Y社及び連帯保証人B社長は、平成27年12月16日付「契約書」に基づくY社のX社に対する出演料支払債務の弁済について、以下のとおり合意した。

第1条（債務の承認）
　X社、Y社及びB社長は、Y社がX社に対し、平成28年3月24日現在、平成27年12月16日付「契約書」に基づき、5400万円（税込）の出演料支払債務を負担していることを相互に確認する。

第2条（支払期限）
　Y社は、X社に対し、前条の金員を平成28年5月末日限り支払う。

第3条（連帯保証）
　B社長は、Y社代表者として平成27年12月16日付「契約書」に基づいて責任をもって履行すべき立場にあることに鑑み、X社に対し、第1条の債務について、Y社と連帯してその債務を支払う。

第4条（今後の協力）
　<u>X社は、今後も、X社所属アーティストのライブイベントを実施する際には、Y社に制作を依頼する。</u>

　上記合意の成立を証するため、本合意書3通を作成し、各当事者が各1通所持するものとする。

X社代表取締役　　A　　㊞
Y社代表取締役　　B　　㊞
B　　㊞

甲弁護士は、自分が作成した原案と比較し、第4条が加えられていることに気づいた。B社長がこれだけの不義理をしておきながら従前どおりの関係性を維持できるものだろうかと、何となく不安な気持になった。

そして案の定、支払期限であった平成28年5月31日以降も、Y社からの支払いはなく、A社長はB社長にも支払いを求めたがやはり支払いはなかった。B社長はA社長からの電話も無視するようになり、甲弁護士は、X社代理人として、Y社およびB社長個人に対して内容証明郵便で催告書を送付したが、やはり何の連絡もなかった。並行して、民事保全を念頭においてB社長名義の財産の調査を行ったが、みるべきものはなく、速やかに訴訟を提起することになった。

V 訴訟の経過

1 訴状の提出

甲弁護士は、早速訴状を起案し、A社長の承諾を得て、東京地方裁判所に提出した。

【書式3-1-4】 訴状（《Case ⑨》）

平成28年6月30日

訴　　状

東京地方裁判所　御中

　　　　　　　　　　　原告訴訟代理人弁護士　　　甲　㊞

（略）

第1　請求の趣旨
1　被告らは、原告に対し、連帯して5400万円及び平成28年6月1日から支払済みまで、年6分の割合による金員を支払え
2　訴訟費用は被告らの負担とする
との判決並びに仮執行宣言を求める。

第2　請求の原因
　1　当事者
（略）
　2　本件出演契約
　　原告は、被告Y社との間で、原告所属アーティスト「Zジャパン」のコンサート出演について、次のとおり出演契約を締結した（甲1。以下「本件出演契約」という。）。
　　　　公演名　　Zジャパン・ライブツアー2016～絶望と希望～
　　　　日時　　　平成28年1月23日　開場18時　開演18時30分
　　　　場所　　　福岡ドーム
　　　　出演料　　5400万円（税込）
　　　　支払期限　平成28年2月26日
　　そして、本件出演契約に基づき、被告Y社は、平成28年1月23日に上記公演を開催し、満員で大きな盛り上がりを見せたことはニュースでも取り上げられるほどであり、チケット売上は2億円を下らないと考えられた。
　3　合意書の作成
　　しかし、被告Y社は、支払期限である平成28年2月26日を経過しても出演料を支払わなかった。
　　そこで、平成28年3月24日、原告は、被告Y社の代表者であるB社長と面談を行い、出演料を支払うよう求めた。B社長は、支払期限を平成28年5月末日まで猶予するよう懇願したため、原告はこれを了承した。また、その際、原告は、B社長に対してY社の債務を連帯保証することを求めたところ、B社長はこれを了承し、同日付で合意書を作成した（甲2）。
　4　支払期限の経過
　　しかし、Y社は本件合意に基づく支払期限である平成28年5月31日を経過しても出演料を支払わず、原告はY社及びB社長に対して内容証明郵便により催告するも、未だに支払われていない。
　5　よって、原告は、Y社に対し、本件出演契約に基づき、B社長に対し、連帯保証契約に基づき、連帯して、5400万円及びこれに対する支払期限の翌日である平成28年6月1日から支払済みまで、商事法定利率年6分の割

合による遅延損害金の支払いを求める。

　訴状の作成にあたっては、要件事実を漏れなく記載することが当然求められるが、裁判官は訴状を読んで一応の心証を決めるともいわれるところであり、一読しててん末を理解できるような内容とすることが必要であり、予想される反論も意識した、充実した内容になるよう努めるべきである。

　〈*Case*⑨〉については、平成28年3月24日付けの合意の成立が肝であり、合意書を証拠として提出することは必須であるが（民法446条2項のとおり、書面性は要件事実でもある）、合意に至った経緯、すなわち、出演契約を締結してコンサートを開催したこと、出演料が支払われなかったために面談を行うことになったこと、面談において支払期限を延長する代わりにB社長に連帯保証人になってもらったこと等、をわかりやすく記載する必要がある。

2　Y社・B社長の反論

　本件訴訟の第1回口頭弁論期日は、平成28年8月25日に指定され、直前に被告側からの答弁書が提出された。

【書式3-1-5】　答弁書（〈*Case*⑨〉）

平成28年8月24日

答　弁　書

被告ら訴訟代理人　　乙　　㊞

1　訴状に対する認否
　（略）
2　請求の原因に対する反論
　(1)　強迫取消し
　平成28年3月24日に同日付合意書（甲2。以下「本件合意書」という。）を作成しているが、同日は、X社会議室内で、X社代表取締役のA社長と、X社従業員のC氏、B社長の3人で面談を行ったものであった。A社長とC氏

は、B社長に対し、「この合意書にサインしないと今後Y社はこの業界では生きていけなくする」等と大きな声で怒鳴り、執拗に合意書への署名を迫った。
（略）

以上のように、B社長は、A社長らから激しく恫喝され、自身が経営するY社の経営を妨害して潰すかのような害悪の告知も受けたため、畏怖して、原告から示された合意書に署名したのであった。

したがって、B社長による連帯保証の意思表示は強迫によるものであるので、本準備書面の陳述をもってこれを取り消す。

(2) 債務不履行

また、本件合意書第4条にも記載されているとおり、「X社は、今後も、X社所属アーティストのライブイベントを実施する際には、Y社に制作を依頼する。」とされており、X社がY社に対してライブイベントの制作依頼を行うべきことが明確に定められている。

しかし、同日以降、Y社はX社からライブイベントの制作依頼を一度も受けておらず、制作依頼を行うようX社に要請したが、やはり依頼は一度もなかった。

したがって、X社による債務不履行に基づき、連帯保証契約を解除する。

3　第1回口頭弁論期日

平成28年8月25日に、第1回口頭弁論期日が開催された。

> 裁判長：双方の主張を拝見しました。確認なのですが、被告は、甲2の本件合意書について、成立の真正は争わないということでしょうか。
> 乙弁護士：はい。
> 裁判長：では、そのとおり調書におとりしておきます。原告・被告間で和解交渉等はなかったようですね。現時点での印象でかまわないのですが、話合いによる解決は考えていますか。
> 甲弁護士：条件次第です。

> 乙弁護士：同じく、条件次第です。
> 裁 判 長：わかりました。被告側から反論がありましたので、次回、原告側で反論をお願いします。
> 甲弁護士：了解しました。
> 裁 判 長：次回は弁論準備手続期日とします。

　数日後、甲弁護士は、別の訴訟の期日で東京地方裁判所へ行く機会があったため、14階の閲覧謄写室で、本件訴訟の口頭弁論調書等を謄写した。前回の期日で、書証の認否を調書に記載することになっており、その確認のためである（書証の成立に関する認否は、「書証目録」に記載されている）。

　せっかくの機会なので記録をパラパラとめくっていると、後ろのほうに「民事事件記録等閲覧・謄写票」があり、D氏が本件訴訟の記録を閲覧していることがわかった。甲弁護士は、何かの参考になるかもしれないと、同文書も謄写しておいた。

　訴訟当事者である以上、準備書面や証拠書類は手元にあるので、裁判記録を閲覧することに何の意味があるのか疑問に思うかもしれないが、裁判所が作成する期日調書には、口頭での主張や書証の認否等の重要な記載がされることもあるし、準備書面や証拠に鉛筆で下線が引かれていたり付箋が貼られていたりと、裁判官の記録の読み方を垣間見ることができることもある。また、上記のように、訴訟記録の第三分類（送達報告書などの雑書類が編綴されている）に思わぬ文書が綴られていることもある（筆者の経験では、相手方当事者が代理人を介さずに裁判長に宛てて書いた手紙が綴られていたことがあった）。係属中の事件であれば、事件当事者による閲覧は手数料もかからないので、何かとっかかりがほしい事件や思い入れの強い事件については、折をみて訴訟記録を閲覧してみるとよいだろう。

4　X社側の反論

(1)　A社長との打合せ

1週間後、X社側の反論を検討するため、A社長との打合せを行った。

A 社 長：何ですか、あのB社長の反論は！　私が強迫したって⁉

甲弁護士：まあまあ。実際、面談の様子はどうだったのですか。

A 社 長：私とCくんとB社長の3人だったのはそのとおりですが、圧迫的な状況なんかじゃないですよ。大体、強迫して押し通すつもりだったらわざわざ先生に相談なんかしませんよ。

甲弁護士：それは一理ありますね。私が文案を作成しましたが、当日わざわざ私に連絡を入れて、期限を猶予するために文案を修正しましたよね。そういえば、私は第4条を追加したというのは知らなかったのですが、どのような経緯で追加することになったのですか。

A 社 長：B社長が、こういう一文を入れてくれと言うので従ったんです。ちゃんと今回の出演料を払ってくれるのであれば今後もY社とつき合いを続けてもいいと思って了承したのですが、今回の分すら払わないのにY社と取引できるわけがないですよ。それを債務不履行だなんて……。

甲弁護士：今回の反論ではそのあたりの経緯を主張していくことになりますね。

A 社 長：ところで、この間CくんがB社長をみかけて今回の訴訟の件の話になったそうなんですが、B社長は合意書を作成した面談の日、スマートフォンでこっそり録音していたそうです。本当かどうかわかりませんけれど。

甲弁護士：(こちらも録音するように指示しておけばよかったなぁ……)　社長がおっしゃるように、やりとりに何の問題もなかったのであれば気にしないでいいですよ。強迫の証拠になるようなも

のがあるなら、反訳してすぐに証拠として提出しているでしょうしね。とりあえず、思い出せる範囲でいいので当日どういうやりとりがあったのか教えてください……。

ここまでやりとりしたところで、甲弁護士は、先日、訴訟記録を閲覧した際に気になったことを確認してみることにした。

甲弁護士：ところで、先日、今回の件の訴訟記録を閲覧したのですが、Dさんという方が閲覧していました。
A　社　長：Dさんは私たちの同業者です。Y社とも取引があると聞いたことがありますから、Dさんとの関係でもY社が未払いの債権があるのかもしれません。
甲弁護士：他の債権者が騒ぎ出す前に、早めに解決できればいいのですが……。

(2)　検　討

〈Case ⑨〉においては、いわゆる処分書証として平成28年3月24日付け合意書が存在する。この場合にまず考えなければならないのは文書の形式的証拠力（書面が作成者とされる者によって真正に作成されたか）であるが、今回、被告B社長は合意書の成立の真正は争っていない。したがって、二段の推定（第1編第4章Ⅰ、第2編第3章Ⅵ3(2)参照）や民事訴訟法228条4項（第2編第3章Ⅵ3(1)参照）の推定の問題は生じない。また、形式的証拠力に問題がない場合（書面が作成者とされる者によって作成したと認められる場合）、「保証する」という文言は読んだが内容を理解していないので保証意思がない等と主張されることもあるが、〈Case ⑨〉は保証意思を争うものでもない。

処分書証が存在することは、強力な証拠であることには違いないが、〈Case ⑨〉のように、処分書証の成立に争いがなく、強迫や債務不履行という、いわば書証の枠外にある事実関係に基づく抗弁が主張される場合、処

分書証があるからといって油断してはならず（真正に成立した契約書があるからといって、強迫行為がない、債務不履行がない、という推定が働くものではない）、重要な間接事実を積み上げて反論する必要がある。

(A) **強迫取消しに対する反論の検討**

甲弁護士は、X社側の反論を基礎づける間接事実を整理することとし、漏れなく間接事実を拾えるように、①面談前の事情、②面談当日の事情、③面談後の事情、に分けて考えることにした。

まず、①面談前の事情についてであるが、B社長が連帯保証人になった動機を考えてみる（強迫されたからではなく自らの意思で連帯保証人となったとすれば、何らかの動機が必ずあるはずである）。動機としては、B社長がY社の経営者として責任を負うべき立場にあったこと、Y社の不払いが表沙汰になれば業界内で信用を失って廃業することになりかねず、話合いで解決することがY社の利益にもなることであったと考えられた。これは、B社長の意思表示が強迫によるものではなかったことを推認させる間接事実であるから、準備書面で指摘することにした。

次に、②面談当日の事情についてであるが、当然、面談当日のやりとりを主張・立証し、強迫行為に該当するような言動がなかったことを立証することが考えられる。しかし、〈**Case**⑨〉においては、こちらは録音データがない一方で、被告が録音データを保持している可能性があり、A社長やC氏の記憶のみを根拠にして詳細なやりとりに関する主張を行うと、被告側から録音の反訳が提出され、「そのようなやりとりはない」と反論を受ける可能性がある。当日の会話内容に関する主張が何もないということではあまりに不自然であるので準備書面で言及しないわけにはいかないが、当時のやりとりの内容にはあまり踏み込まず、具体的な会話の内容を主張することは避けることにした。

また、〈**Case**⑨〉においては、A社長があらかじめ合意書の案文を甲弁護士に作成させ、当日、B社長の要求を飲む形で案文の内容を修正したのであった。A社長がB社長を強迫したのであれば、修正することなく当初の

案文の内容のまま署名させればよかったはずであり、強迫行為がなかったことを推認させる重要な事実である。しかも、甲弁護士が作成した文案はデータとして残っており、客観的な裏付けもあるのだから、裁判官を説得するうえで重要なポイントになると考えられ、この点を重点的に主張することにした。

最後に、③面談後の事情についてであるが、〈*Case* ⑨〉では、当日はB社長は印鑑を忘れていたため署名のみを行い、後日押印して返送してもらったのであった。仮に面談で強迫されたために署名を行ったのであれば、開放された段階で思い直して撤回することもできたはずであり、後で押印して文書を返送したという事実もまた、B社長の意思表示が強迫によるものでなかったことを推認させる間接事実であるから、準備書面で指摘することにした。

(B) 債務不履行に対する反論の検討

債務不履行に対する反論としては、①そもそもそのような債務はない（約束していない）という反論、②仮に債務があったとして債務不履行はない（履行している）という反論が考えられる。

まず①については、〈*Case* ⑨〉の平成28年3月24日付け合意書（【書式3-1-3】）第4条は「今後の協力」という標題であり、今後も同じ業界内で仲良くしていきましょうという程度の意味合いのものでしかなく、具体的な法的義務を定めたものではないと主張することが考えられる。

また、②については、今のところは「Zジャパン」のコンサートを開催する予定がないためにY社への依頼を行っていなかっただけであって債務不履行はない、Y社が出演料を全く支払わないから依頼することができないのであって帰責性がない（解除の要件事実であるところの「反対債務の履行」がないと位置づけることもできるかもしれない）、との反論をすることが考えられる。

甲弁護士は、反論の骨子がまとまったところで早速起案にとりかかり、原告第1準備書面（【書式3-1-6】）を作成した。

【書式3-1-6】　原告第1準備書面（《Case ⑨》）

平成28年10月3日

原告第1準備書面

東京地方裁判所　御中

原告代理人弁護士　　甲　　㊞

答弁書について、以下のとおり認否・反論する。

第1　被告の主張に対する認否
（略）
第2　被告の主張に対する反論
　1　「強迫取消し」に対する反論
　（1）平成28年3月24日に面談を行うことになった経緯
　原告は、被告が本件出演契約に基づく出演料を支払わないため、支払方法について相談すべく、B社長と日程を調整し、平成28年3月24日に面談を行うこととなった。
　原告は、面談に先立ち、面談でどのような話合いを行うべきか原告代理人と検討し、Y社の債務を書面で確認するとともに、可能であればB社長に連帯保証人になってもらおうということになり、原告代理人が合意書のドラフトを作成した（甲3）。
　（2）平成28年3月24日の面談の内容
　平成28年3月24日の面談当日は、X社会議室において、A社長、X社従業員C氏、B社長とで話合いを行った。怒鳴るような発言もなく終始和やかに話合いが行われ、A社長は、B社長に対し、「このままではY社は業界内での信頼を失って立ち行かなくなるのではないか。」、「ちゃんと払ってもらえればこれまでどおり一緒に仕事をできるようにするから、B社長も責任を負ってほしい。」という趣旨の発言をした。これに対して、B社長は、連帯保証人となることを承諾するとともに、支払期限を平成28年5月末まで延期するとともに、「今後の協力」と題する第4条を設けて欲しいと要求し、A社長はこれを承諾した。
　そして、A社長は、甲弁護士に電話連絡をして訂正の趣旨を説明した上で、

甲弁護士が作成したドラフトを修正して甲2を作成した。

A社長が甲2を印刷してB社長に署名・押印を求めると、B社長は印鑑を持ち合わせていなかったので、とりあえずB社長からの署名のみ取得し、その場で写しを作成し（甲4）、原本をB社長に交付して、後日押印してX社まで返送するよう依頼し、解散となった。

その後、B社長は甲2に押印し、X社に返送した。

(3) 原告の反論

経緯は以上のとおりであり、A社長は、合意書のドラフト（甲3）を用意していたが、B社長から加筆・修正の要求があったことを受けて、その場で内容を修正していた。これは、A社長とB社長が対等な立場で話し合っていたことを示すものであって、B社長による保証の意思表示が強迫によるものでなかったことは明らかである。

また、面談後、数日してからB社長は甲2に押印して原本をX社に返送しているが、返送するまでの間に考えを整理する時間は十分にあったはずであり、B社長が自らの自由な意思で連帯保証人となったことはこの点からも明らかといえる。

加えて、B社長は、Y社の経営者として責任を負うべき立場にあり、また、B社長が連帯保証人となる形で責任をとればY社はこれまでどおり営業を継続することができ、連帯保証人となることがB社長にとっても利益になる面があったのであり、B社長は連帯保証契約を締結するだけの動機も十分に備えていた。

以上のとおりであるから、B社長による連帯保証の意思表示が強迫によるものでなかったことは明白である。

2 「債務不履行」に対する反論

被告は、本件合意書第4条を根拠に、X社がY社に業務を依頼する義務があったと主張するようであるが、同条は「今後の協力」という標題であり、面談当日の上記やりとりに照らしても、今後も一緒に仕事をしましょうという、本件合意書の内容であるY社の債務承認と支払約束（第1条、第2条）やB社長の連帯保証（第3条）の動機を示す程度の意味合いであり、具体的な法的義務を定めたものではない。

また、仮にX社がY社に対して業務を依頼する義務があったと解したとし

> ても、X社において、当面は「Zジャパン」のコンサートを開催する予定がないためY社へ依頼すべき業務自体が存在しないし、Y社からの出演料が全く支払われていない現状で、Y社に業務を依頼することなどできるはずもなく、X社において債務不履行について帰責性がないことは明らかである。

5 被告の反論

　平成28年10月11日、第1回弁論準備手続期日が開催された。次回までに被告側で反論を行うことになり、また、次回和解の話合いをするかもしれないという話が裁判長からあった。

　甲弁護士としては、面談当日の録音が提出されることを危惧していたが、録音データや反訳文が提出されることはなく、被告の反論は、答弁書の内容を繰り返すだけの説得力のないものであった。

　甲弁護士は、次回和解の話合いを行うかもしれないということだったので、A社長に対して、第2回弁論準備手続期日に出席するよう要請した。

6 第2回弁論準備手続期日

　平成28年11月14日、第2回弁論準備手続期日が開催された。

> 裁判長：双方の主張がひととおり揃ったように思いますので、和解について双方の意見を聞きたいと思います。まずは原告から聞きます。

被告側が退室し、甲弁護士とA社長が部屋に残った。

> 裁判長：和解条件について希望はありますか。
> 甲弁護士：基本的には全額弁済していただきたいと考えていますが、A社長も早期解決を望んでいますので、ある程度の頭金を払ってもらえるようであれば多少の減額は受け入れられます。

> 裁判長：わかりました。交代してください。

甲弁護士とA社長は退席し、被告側と交替した。しばらくして、再び、甲弁護士とA社長が呼ばれた。

> 裁判長：裁判所からも、基本的には全額弁済すべきだろうということをお伝えしましたが、全額の弁済をするのは困難なようです。来週早々に2000万円の入金があるので、それを頭金として支払うことはできるそうです。ただ、それ以上の返済を行ってしまうとY社の業務は回らなくなってしまうようで、B社長個人の返済分と合わせて月50万円ずつ3年間返済し、総額3800万円としてもらえないかとのことでした。
>
> A 社 長：ほかにも未払いの債権があるようですし、近い将来Y社は破産してしまうのではないかと考えています。頭金としてある程度まとまった金額を出してもらえるようですし、今日和解で終えられるのであればその内容でかまいません。
>
> 裁 判 長：わかりました。

その後、双方同席の下で、和解条件を確認し、和解成立となった。

VI 訴訟を終えて

> 甲弁護士：A社長、お疲れ様でした。精いっぱいやったのですが、全額の回収というのはなかなか難しかったです。
>
> A 社 長：いえいえ、先生にご尽力いただいて2000万円は回収できそうですから、十分な成果です。
>
> 甲弁護士：和解調書ができあがりましたら、写しをお送りしますね。

A 社 長：わかりました。2000万円の着金があったら打上げでもやりましょう。
甲弁護士：いいですね。そういえばA社長、合意書の第4条を社長が追加した件ですが、電話をいただいたときに相談してもらえれば、「できる限り」とかいう文言にしたりして、法的な義務でないことをもっと明確にするような提案ができたと思うのです。
A 社 長：先生が忙しそうだったのでこちらの判断で追加してしまいました。すみません。
甲弁護士：些細なことでもご相談いただければ有益なアドバイスができるということです（笑）。これからもよろしくお願いします。

　甲弁護士は、A社長に対してもっと些細なことでも相談するように、と要求したが、本件訴訟においては、A社長がB社長との面談前に甲弁護士に相談し、書面作成等を通して甲弁護士が関与したことがプラスに働いた。甲弁護士は、ボスの教えもあって、日頃から、依頼者が相談しやすいような関係性を築くことに意識を注いできた。
　甲弁護士は、依頼者との信頼関係があったからこそ裁判を良い方向に導けたことで、自分が取り組んできたことが正しかったのだと、大きな充実感を得た。

【書式 3-1-7】　和解条項（《*Case* ⑨》）

和解条項

1　被告らは、原告に対し、本件解決金として、連帯して、3800万円の支払義務があることを認める。
2　被告らは、原告に対し、連帯して、前項の金員を次のとおり分割して、○○銀行○○支店の原告名義の普通預金口座（口座番号○○○○）に振り込む

方法で支払う。ただし、振込手数料は被告らの負担とする。
(1)　平成28年11月末日限り　2000万円
(2)　平成28年12月から平成30年11月まで毎月末日限り50万円ずつ
3　被告らが前項(1)の支払を怠ったとき又は同項(2)の分割金の支払を2回以上怠り、その額が100万円に達したときは、被告らは当然に前項の期限の利益を失い、被告らは、原告に対し、連帯して、第1項の金員から既払金を控除した残金を直ちに支払う。
4　原告は、その余の請求を放棄する。
5　原告及び被告らは、原告と被告らとの間には、本和解条項に定めるもののほかに何らの債権債務がないことを相互に確認する。
6　訴訟費用は各自の負担とする。

　本稿は、複数の事例を組み合わせるなどして構成したものであり、実際の事例とは異なる。

第2章 業務委託契約書──競業避止義務条項の有効性

I 事案の概要

―〈Case ⑩〉―

　Y株式会社（以下、「Y社」という）は、Xが、平成7年に創業した婦人衣料品メーカーである。Xは、一人株主・代表取締役・筆頭デザイナーであったが、平成21年、不況の煽りを受け経営難となり、その際、同業のAから多額の出資（新株の引受け）を受けた。以降、Aが筆頭株主（66.7％の議決権割合）となり、Xはいわゆる「雇われ社長」かつ33.3％の議決権割合を有する株主となる。

　しかし、Aの出資以降も経営は上向かず、平成22年4月1日付けで、AはY社のコストカット目的で、役員報酬1カ月あたり150万円のXを代表取締役からはずし、Xとの間で、婦人衣料品のデザイン1カ月あたり10件、業務委託料1カ月あたり100万円、契約期間中・契約終了後のY社の事業の部類に属する取引の競業避止等の内容で業務委託契約（以下、「本件原契約」という）を締結し、以降、XはY社の専属デザイナーとなった。

　本件原契約の締結後、Y社において、経営がなかなか上向かず、また、X以外のデザイナーが育ってきたとのことで、平成24年4月1日付けで、本件原契約を、婦人衣料品のデザイン1カ月あたり5件、業務委託料1カ月あたり50万円、婦人衣料品の製造・販売に関する取引以外

は可（競業避止の一部解除）等の内容で、本件原契約の変更契約（以下、「本件変更契約」という）を締結した（なお以下、本件原契約および本件変更契約を総称して「本件契約」という）。

　その後もY社においては一向に経営がよくならず、デザインの一新を目的として、デザイナーも一新することとなり、その一環で、Y社からXに対し、平成26年3月末日をもって本件契約を終了（不更新）する旨の通知が届いた。

　Xは、各プロセスの中で、甲弁護士に相談をしている。

II 実務上のポイント

　〈*Case* ⑩〉における実務上のポイントは、競業避止義務条項の有効性である。

III 本件原契約の締結

1　受任まで

　甲弁護士は、数年前、X氏が代表取締役だった時に、Y社の各種契約書のひな型作成等をした際に知り合いとなり、以降、X氏とは、折に触れて連絡等をとり合う仲であったところ、2010年3月、X氏から、「Y社の代表取締役を退いて、外部の専属デザイナーとなることとなった。ついては、Y社から送られてきた業務委託契約書をみてほしい」との依頼があり、甲弁護士は、これを受任することとした。

2　打合せ要旨──競業避止義務条項の存在

　甲弁護士は、X氏から事前に本件原契約の内容となる「業務委託契約書」を電子メールで送付してもらったうえで、X氏と打合せを行うこととなっ

た。以下が、X氏と甲弁護士の打合せの要旨である。

X　氏：先日ご連絡したとおり、今般、Y社の代表取締役を退いて、外部の専属デザイナーとなることとなり、先日、Y社からこの「業務委託契約書」が送られてきました。

甲弁護士：（業務委託契約書を見ながら）ひととおり拝見したところ、基本的にはよくある業務委託契約の内容ではあるのですが、1点、第○条に、「Xは、本契約期間中及び契約終了後、Y社の事業の部類に属する取引をしてはならない」とあるのが気になりました。Xさんとしては、このあたりはY社と何か話をしたのですか。

X　氏：私のほうでもその条項が気になっています。Y社からは、「専属デザイナー」なので、このような条項をつけた、と言われたのですが、あまりイメージができず……。

甲弁護士：これは、いわゆる「競業避止義務条項」というものの一種です。本条項は、おそらく会社法355条1項1号の言い回しを参考にしたものと思われ、法律的に言うと、Y社の事業と市場において競合する取引はしてはならない、大まかに言えば、Y社が今行っている事業、将来行うかもしれない事業の取引はしてはいけませんよ、という意味です。現在のY社の事業の中心が婦人衣料品、若干とのことですが紳士衣料品の製造・販売のようなので、少なくともこれらに関する取引はできないことになります。後は、これら以外でもY社が現在検討している新規ビジネスなども、その対象となり得ますね。

X　氏：なかなか広いですね。代表取締役を降りたこともあって、Y社以外にもいろいろみてみたいなということで、副業的に衣料品関係のコンサルタントでも始めようと思っていたのです

が、これも対象になりそうですね。ちなみに、このような条項がつくのは、通常のことなのですか。

甲弁護士：なかなか境界が難しいのですが、たとえば、コンサルタント先を通じてＹ社と競合になる可能性を踏まえると、白寄りか黒寄りかでいえば、黒寄りな感じはしますね。後、競業避止義務条項自体については、今回、Ｘさんは「専属デザイナー」とのことですし、また、業務委託料も１カ月あたり100万円という決して低廉ではない水準なので、契約期間中は仕方がないかもしれません。もちろん、この条件が嫌であれば、契約自体をしないこともできます。ただ、契約終了後は、判例上、対象・年数・場所等につき一定の限定を加えないと公序良俗違反で無効とされる傾向にあり、実務上も、これを踏まえてかかる限定を加えることが一般的です。なので、契約終了後の部分については、この条項自体をはずしてもらうか、あるいは、対象・年数・場所等につき一定の限定をつけてもらったほうがよいと思います。

Ｘ　氏：わかりました。現状、特にまとまった仕事もないので、今回の「専属デザイナー」の話には応じざるを得ないところですが、競業避止義務条項については、Ｙ社からは、事前に「専属デザイナー」とかなり念押しされていることもあるので、ちょっと難しいかもしれませんね。まあダメもとで一度相談してみます。

甲弁護士：わかりました。ご連絡をお待ちしています。

3　Ｘ氏からの連絡──契約終了後の競業避止義務条項の不削除

２週間後、Ｘ氏から、甲弁護士に電話があり、Ｙ社としては、競業避止義務条項について、契約期間中は当然のこと、契約終了後も一切の変更は受

け付けない、これが受け入れられないのであれば、業務委託契約自体が白紙だ、等と言われたとのことであった。とにかく駄目の一点張りであり、とりつく島もなかったようである。本件原契約においては、契約終了後も含めて、Y社から提示されたとおりの競業避止義務条項が盛り込まれることとなった。

Ⅳ 本件変更契約の締結

1 打合せ要旨——契約期間中の競業避止義務の一部解除

　本件原契約の締結から約2年後、X氏から、甲弁護士に対し、本件原契約を一部変更することとなったため、あらためて相談にのってほしい、との連絡があった。

　甲弁護士は、X氏から事前に本件変更契約の内容となる「覚書」を電子メールで送付してもらったうえで、X氏と打合せを行うこととなった。以下が、X氏と甲弁護士の打合せの要旨である。

> 甲弁護士：覚書をみました。大きなところでは、第〇条が、「Xは、本契約期間中及び契約終了後、Y社の事業の部類に属する取引をしてはならない」から、「Xは、本契約期間中及び契約終了後、Y社の事業の部類に属する取引（婦人衣料品の製造・販売に関する取引をいう。）をしてはならない」に変更されていますね。ただ、これの代わりとは思いますが、業務委託料が1カ月あたり100万円から50万円の半額にされていますね。Y社との間で、どのようなやりとりがあったのですか。
>
> X　氏：本件原契約の締結後、Y社において、経営がなかなか上向かず、また、私以外のデザイナーが育ってきたとのことで、業務委託料を減額したいと言われました。私としても、Y

社の代表取締役から降りた後、旧知の者からいろいろと引き合いもあり、そろそろY社以外の仕事もやってみたいという思いもありましたので、さすがに一気に半額はきついなと思いつつも、競業避止義務条項をはずしてくれるならば減額もやむを得ない、という回答をしました。すると、Y社から、全部をはずすことはできないが、Y社の中心事業である婦人衣料品の製造・販売以外であればはずすことはできる、との話があって、今回の覚書の内容となりました。

甲弁護士：Xさんも納得しているならば、条件自体は問題なさそうですね。ただ、「婦人衣料品の製造・販売に関する取引」に限定されたとはいえ、「関する」という文言がついている点で、範囲の明確性が気になりますが、このあたりは、双方で共通の認識はありますか。

X　氏：Y社からは、基本的には製造・販売のみで、コンサルや物流はかまわないとは言われています。

甲弁護士：覚書の文言には、きちんと盛り込めそうですか。

X　氏：うーん、基本的に話が通じないので、ちょっと難しいかもしれません。

甲弁護士：そうですか。「婦人衣料品の製造・販売に関する取引」となると、解釈上は、物流やコンサルも含まれる可能性があるので、少なくとも電子メールのやりとりくらいは残しておいてくださいね。後、契約終了後については、結局、何の限定もないようですが、Y社とは話をしましたか。今の文言のままだと、形式的には、永久に「婦人衣料品の製造・販売に関する取引」ができないこととなっているようです。

X　氏：一応、契約終了後はこの条項ははずしてほしい、それが無理でも1～2年くらいにできないか、との話はしましたが、木で鼻をくくる、という状態だったので、諦めました。1カ月

あたり50万円の報酬は、今の私にとっては大きいですしね。
甲弁護士：そうですか、それなら仕方がないですかね。ただ、以前にも申し上げましたが、契約終了後の競業避止義務は、判例上、対象・年数・場所等につき一定の限定を加えないと公序良俗違反で無効とされる傾向にあり、これを踏まえると、逆に下手に限定を加えないほうが、後々公序良俗違反で無効だと言いやすいかもしれないので、それはそれでありかもしれません。もちろん、可能であれば、Xさんも納得のうえで適正な限定を付しておくに越したことはないのですが。
Ｘ　氏：わかりました。何となくですが、Y社と私の契約もせいぜい数年ではないかと思っています。もし契約が終了した場合には、完全に自由の身でいろいろとチャレンジしてみたいので、先生の無効だとの言葉を信じます。
甲弁護士：無効と主張しやすくなる、ということです。くれぐれも過度の期待はしないでくださいね。
Ｘ　氏：大丈夫です、わかっています。

2　X氏からの連絡

数日後、X氏から、甲弁護士に電話があり、競業避止義務条項の一部解除について、当初の覚書どおり、「Xは、本契約期間中及び契約終了後、Y社の事業の部類に属する取引（婦人衣料品の製造・販売に関する取引をいう。）をしてはならない」との内容で本件変更契約を締結した、とのことであった。

V　本件契約の終了（不更新）

1　本件契約の終了（不更新）の予兆

平成26年2月上旬、X氏から、甲弁護士に電話があり、Y社から、一向

に経営がよくならないと過度に強調されている、4月から新しいデザイナーを採用する、等の話があったので、おそらく、この3月いっぱいで本件契約を終了（不更新）されそうである、とのことで、近日中に打合せをしたいとの話があった。

2 打合せ要旨——本件契約が終了（不更新）した場合の対策

X 氏　：とうとうこの時が来ましたね。私も、今後の生活をしていかないといけないし、これまで婦人衣料品関係の仕事一本でやってきて、今さらほかの仕事をするのは現実的ではないので、例の競業避止義務条項がやっぱり気になっています。

甲弁護士：Y社としては、仮にXさんが婦人衣料品関係の仕事を始めた場合、どのような行動をしてくることが想定されますか。具体的には、「やめろ」というのか、それとも、放置、黙認するのか、です。

X 氏　：うーん、そこは何とも読めないところですが、少なくとも、完全にバッティングする婦人衣料品の製造・販売については、ほぼ確実に「やめろ」と言ってくるでしょうね。

甲弁護士：バッティングする部分については、Xさんがこれをやめない限り、差止めと損害賠償を求めて訴訟提起されることが想定されますね。また、場合によっては、Xさんの取引先も共同被告とされる可能性もあります。

X 氏　：私だけならともかく、取引先に迷惑がかかるのは避けたいですね。

甲弁護士：そうすると、本件契約が終了（不更新）する場合には、Xさんのほうから、Y社に対し、競業避止義務の不存在（同条項の無効）の確認を求めて訴訟提起したほうがよいかもしれません。ただ、Y社が応じてくれるのであれば、訴訟提起前

　　　　　に任意交渉を行ってもいいかもしれません。
Ｘ　　氏：私から訴訟提起ですか。すでに私の会社ではありませんが、現在でも、創業者としてそれなりの愛着はありますし、仲の良い従業員も現役でたくさんいるので迷うところです。ただ、これまでのＹ社の対応からすると、任意交渉は無駄な気もしますし、悩ましいですね。ちなみに、勝てる見込みはあるのですか。
甲弁護士：なかなか難しい質問ですが、私見としては、十分に戦える素地はあると思っています。以前にもお話したかと思いますが、競業避止義務条項については、民法90条の公序良俗違反との関係で、その有効性がいろいろと議論されているところで、判例上、退職後について競業避止義務を課すことについては、職業選択の自由（憲法22条1項参照）を侵……。
Ｘ　　氏：先生、わかりました。先生がそう言うなら、それにのります。法律的な部分は私にはさっぱりですから、後はすべてお任せします。
甲弁護士：わかりました。ただ、訴訟提起をして白黒はっきりつける判決までとなると、争いのある事件では、第1審だけでも1年以上はかかり、控訴、上告まで含めると、下手をすると2～3年の長期にわたることになります。それだと、Ｘさんの不安定な立場も延々と続くことになるので、なるべく早期に和解で決着をつけたいと思っています。ちなみに、Ｘさん、Ｙ社の株式の33.3％をおもちでしたが、今後は必要ですか。場合によっては、これを有償または無償で譲渡することを条件に、早期に和解をすることも1つの方法かと思います。
Ｘ　　氏：私としても、現に旧知の者から引き合いもあり、早く自由の身になって堂々としたいので、その方向で異存ありません。株式は、Ｙ社から離れる以上、特に強いこだわりはないの

ですが、ちょっとした寂しさはありますね。後は、譲渡するにしても、できればいくらかでももらえればうれしいです。私の株式は、いくらくらいになりそうですか。

甲弁護士：Y社の決算書の内容は、だいたいおわかりですか。さしあたり、債務超過かどうかと、営業利益が出ているかどうかだけでも。

X　氏：少なくとも、私が代表取締役の時はひどいもので、えらい債務超過で、営業利益も大赤字でした。今も仲の良い従業員に聞く限り、大して変わっていないと思います。

甲弁護士：もし現在もそのような状態となれば、Y社の理論上の株式価値はゼロですね。ただ、Y社としては、このままXさんに株主でいられることは望まないでしょうから、価値がいくらであれ、和解をするにあたっては、1つの交渉材料になると思います。

X　氏：交渉材料となると、一応、決算書上はY社に対する役員貸付金が500万円ほどあったと思います。ただ、もう10年くらい前の話なので、難しいですかね。

甲弁護士：商事消滅時効は5年ですから、ちょっと難しいかもしれません。Y社との間で、その貸付金について何か話をしたことはありますか。たとえば、ちょっとずつは返すとか。そういったことがあれば、時効中断事由の「承認」があったことになるのですが。

X　氏：毎年、決算書を渡される時に、口頭で「ちゃんと決算書には載せているからね」とは言われていましたが、そのくらいですね。

甲弁護士：立証の点で、時効中断事由の「承認」といえるかは難しいかもしれませんが、Y社としても気持のよいことではないので、これも和解の1つの交渉材料としましょう。

> X　氏：もともと返ってくることは期待していなかったものなので、全く問題ありません。

　以上のやりとりを経て、甲弁護士は、今後の方針について、本件契約が終了（不更新）する場合は、X氏の早く自由の身になりたいとの希望を踏まえて、任意交渉を行うことなく、可能な限り速やかに、競業避止義務不存在確認請求訴訟を提起するとともに、株式の譲渡と役員貸付金を交渉材料にして、早期和解に持ち込むことを目標とした。

3　本件契約の終了（不更新）の通知

　平成26年2月下旬、X氏から、甲弁護士に電話があり、Y社からX氏に対し、平成26年3月末日をもって本件契約を終了（不更新）する旨の電子メールが届いた、とのことであったことから、甲弁護士は、訴訟提起の準備にとりかかることとした。

VI　訴訟提起

1　訴状の作成

(1)　競業避止義務条項の有効性に関する一般論

(A)　労働者の場合

　競業避止義務条項の有効性については、主として、労働者の退職後の文脈において多く論じられているところ（労働者の場合の詳細は、第3章参照）、この点については、三菱UFJリサーチ＆コンサルティング「人材を通じた技術流出に関する調査研究報告書（平成25年3月）」（平成24年度経済産業省委託調査〈http://www.meti.go.jp/policy/economy/chizai/chiteki/pdf/houkokusho130319.pdf〉）11頁以下の「Ⅳ．競業避止義務契約が有効であると判断される基準」（以下、「MURC論文」という）が、比較的多くの裁判例を分析しつつ、一般論・あてはめのポイントを提示している点で、有益なものである。

MURC論文によれば、競業避止義務の有効性について、「判例上、競業避止義務契約の有効性を判断する際にポイントとなるのは、①守るべき企業の利益があるかどうか、①を踏まえつつ、競業避止義務契約の内容が目的に照らして合理的な範囲に留まっているかという観点から、②従業員の地位、③地域的な限定があるか、④競業避止義務の存続期間や⑤禁止される競業行為の範囲について必要な制限が掛けられているか、⑥代償措置が講じられているか、といった項目である」と論じられている（以下、これらの要素をたとえば、①の場合には「要素①」、②の場合には、「要素②」などという）。

(B)　**取締役の場合**

　他方、取締役の退職後の文脈においては、労働者の場合ほどは論じられていない。

　いわゆる東京リーガルマインド事件（東京地決平成7・10・16判時1556号83頁）において、「本件における競業避止義務特約は、債務者らの役員としての地位に伴う委任契約の内容をなすもので、労働契約に付随するものではないが、1で述べた考え方（筆者注：労働者の場合の競業避止義務条項の有効性の考え方）は、本件にも当てはまるものである」として、労働者の場合と同様の基準をとるとする裁判例がある一方で、東京地方裁判所商事研究会編『類型別会社訴訟Ⅰ〔第三版〕』231頁以下において、前掲東京地決平成7・10・16を引用しつつ、「委任契約により高度の信頼関係の下に、より重要かつ広範囲な秘密に接する機会のある取締役については、（筆者注：労働者の場合）より緩やかに合理性が認められる限り制約可能と解すべきであろう」と論じられている。

(C)　〈*Case* ⑩〉の特殊性

　〈*Case* ⑩〉のX氏は、元（代表）取締役であること、また、その後は労働者ではなく業務受託者であることから、少なくとも、前記(A)の労働者の場合が直接あてはまる事案ではなかった。

　もっとも、〈*Case* ⑩〉の競業避止義務条項は、X氏が取締役を退任するにあたって締結されたというよりは、新たな業務委託契約（本件契約）を締

結するにあたって締結されたものであること、また、本件原契約において
X氏は専属デザイナーとされ、かつ、「Yの事業の部類に属する取引」全般
を対象とする広範な競業避止義務を課されていたことからすれば、前記(B)の
取締役の場合がそのままあてはまる事案でもなかった。

　甲弁護士としては、いずれにしても公序良俗違反の判断であり、労働者で
あろうが取締役であろうが判断要素自体は変わる理由はなく、あくまであて
はめの問題であると考え（主として要素①②）、まずは労働者の場合に準じて
一般論を展開することとし、もし相手方から取締役の場合の反論が出れば、
別途反論すればよいとの考えで、訴状を起案することとした。

　(2) 訴　状

　以上を踏まえた訴状が、【書式3-2-1】のとおりであり、甲弁護士は、本
件契約の終了前である平成26年3月14日、Y社を被告として訴訟提起した。

【書式3-2-1】　訴状（〈Case ⑩〉）

訴　　状

平成26年3月14日

東京地方裁判所民事部　御中

　　　　　　　　　　　原告訴訟代理人弁護士　　　甲

当事者　別紙当事者目録（略）記載のとおり

競業避止義務不存在確認請求事件
訴訟物の価額　　160万円
貼用印紙額　　1万3000円

請　求　の　趣　旨

1　原告と被告との間において、原告が被告の事業の部類に属する取引のうち、
　婦人衣料品の製造・販売に関する取引を行わない義務は存在しないことを確

認する。
2 訴訟費用は被告の負担とする。
との判決を求める。

請　求　の　原　因

第1　当事者
　　（略）

第2　本件契約の締結、本件競業避止義務条項の存在、本件契約の終了
　1　本件原契約の締結及び本件競業避止義務条項の存在
　　被告と原告は、平成22年4月1日付で、甲1：業務委託契約書のとおり、婦人衣料品のデザイン10件／1か月（○条）、業務委託料100万円／1か月（○条）、契約期間中・契約終了後のY社の事業の部類に属する取引の競業避止（○条）等の内容で業務委託契約（本件原契約）を締結した。
　2　本件変更契約の締結
　　被告と原告は、平成24年4月1日付で、甲2：覚書のとおり、婦人衣料品のデザイン5件／1か月（○条）、業務委託料50万円／1か月（○条）、婦人衣料品の製造・販売に関する取引以外は可（競業避止の一部解除）（○条。以下本件競業避止義務条項）等の内容で、本件原契約の変更契約（本件変更契約、以下、本件原契約と併せて本件契約）を締結した。
　3　本件契約の終了（不更新）
　　被告から、原告に対し、平成26年2月28日付で、本件契約を同年3月末日をもって終了（不更新）する旨の通知が届き、同年3月末日をもって、本件契約は終了した（する予定である）（甲3：通知書）。

第3　本件競業避止義務条項が無効であること
　1　競業避止義務契約の有効性に関する一般論
　　競業避止義務契約の有効性（民法90条）については、判例上、退職後について競業避止義務を課すことについて、職業選択の自由（憲法22条1項参照）を侵害し得ること等から制限的に解されており、①守るべき企業の利益があるかどうか、①を踏まえつつ、競業避止義務契約の内容が目的に照らし

て合理的な範囲に留まっているかという観点から、②その者の地位、③地域的な限定があるか、④競業避止義務の存続期間や⑤禁止される競業行為の範囲について必要な制限が掛けられているか、⑥代償措置が講じられているか、等の要素から判断されている。

2　本件への当てはめ

本件競業避止義務は、以下の事情からすれば、内容が目的に照らして合理的な範囲に留まっていると言えず、公序良俗違反で無効である（民法90条）。

①　守るべき被告の利益

　本件契約の主要な内容はデザインであって、経営に関する事項は含まれていないこと、また、Xは、代表取締役を退任して既に4年経過していることから、本件契約において、不正競争防止法上の「営業秘密」や、営業秘密に準じるほどの価値を有する営業方法や指導方法等に係る独自のノウハウ等守るべき被告の利益は観念できない。

②　原告の地位

　本件契約締結の際は既に代表取締役社長の地位を退いており、単にデザイナーの地位にすぎない。

③　地域的な限定

　本件競業避止義務条項は特にその定めがないことから、全世界の制限をしたものである。

④　存続期間

　地域的な限定と同様、本件競業避止義務条項は特にその定めがないことから、永久の制限をしたものである。

⑤　禁止される競業行為の範囲

　被告の事業のうち婦人衣料品の製造・販売に関する事業全般であって、広範かつ一般的・抽象的なものである。

⑥　代償措置

　本件契約においては、報酬額は、本件原契約においては100万円／1か月と少なくない水準であるが、本件変更契約においては、競業避止義務の一部解除があったものの、その分、半額の50万円／1か月とされており、また、契約終了の際、いかなる金銭給付（の定め）もないのであるから、代償措置は講じられていない。

第4　確認の利益の存在
　本件の確認の対象は、原告と被告との間において、原告が被告の事業の部類に属する取引のうち、婦人衣料品の製造・販売に関する取引を行わない義務は存在しないこと、という現在の権利又は法律関係であるから、対象選択は適切である。
　また、原告の本件競業避止義務に関する権利・法律的地位の不安を除去するためには、本件競業避止義務の不存在を確認することが有効適切であるから、方法選択も適切である。
　さらに、被告は、本件契約の締結の際、本件競業避止義務条項について、原告がこれを設けることに消極的意見を述べたにもかかわらず、頑として譲歩しなかった。本件変更契約の締結にあたっても、原告は、被告に対し、本件競業避止義務条項を外して欲しい旨要望したにもかかわらず、被告は、これを一部解除したものの、あくまでこれは月額報酬100万円から50万円に減額させることの条件にすぎなかった。その後も、原告は、被告に対し、折に触れて本件競業避止義務条項の全部又は一部解除の話をしていたが、本件契約を終了（不更新）する旨の通知（甲3：通知書）が届き現在に至るまで、本件競業避止義務条項の有効性を前提とした行為をしており、即時確定の利益もある。
　したがって、本件訴訟は訴えの利益（確認の利益）がある。

第5　よって、原告は、被告に対し、原告と被告との間において、原告が被告の事業の部類に属する取引のうち、婦人衣料品の製造・販売に関する取引を行わない義務は存在しないことを確認する、との判決を求める次第である。

証　拠　方　法
証拠説明書(1)（略）のとおり

附　属　書　類

1　訴状副本　　　　　　1通
2　証拠説明書(1)　　　各2通
3　甲号証　　　　　　　各2通

4	資格証明書（被告）	1通
5	訴訟委任状	1通

2　Y社代理人からの連絡

　訴訟提起から1カ月ほどして、Y社代理人乙弁護士から甲弁護士に和解に関する電話があった。以下が、甲弁護士と乙弁護士のやりとりの要旨である。

乙弁護士：Y社としては、特に判決までは考えておらず、可能な範囲での早期和解もやぶさかでないと考えています。X氏はどのようにお考えでしょうか。

甲弁護士：X氏としては、本件競業避止義務条項自体は、訴状に記載した理由のとおり、公序良俗違反で無効と考えていますが、他方で、X氏としても、すっきりした形で次の事業を始めたいとのことでもあるので、早期和解をすること自体は否定しないと思われます。

乙弁護士：本件競業避止義務条項の有効性はひとまず措くとして、現時点でのY社の考えとしては、対象をY社が現に扱っている衣料品のうち、婦人物の衣類のみで、靴、鞄、帽子等の小物は含まないものとして、期間は5年間、といった内容を考えていますが、いかがでしょうか。

甲弁護士：X氏としては、これまでのキャリアを可能な限り活かしたいと考えているので、そのような条件であれば、ちょっと難しいと思います。当方としては、競業避止義務自体はすべてはずしてもらい、その代わりに、X氏が有する株式と役員貸付金で何らかの調整をしたいと考えていました。

乙弁護士：おそらく、Y社側としては、裁判所から何らかの示唆があったほうが和解をしやすいと思うので、いずれにしても何回

> かは期日を経ることになると思います。
> 甲弁護士：承りました。大まかな方向性としては当方としても異論はないので、今後は期日で詰めていきましょう。

VII 訴訟期日

1 第1回期日（口頭弁論）

(1) 期　日

平成26年4月25日、第1回期日（口頭弁論）が行われた。以下が、裁判所・甲弁護士・乙弁護士のやりとりの要旨である（訴状の陳述等は省略）。

> 裁判官：今後の進め方について、双方何か意見はありますか。
> 甲弁護士：期日前に、一応代理人間で話をし、基本的には和解の方向で話はしています。
> 裁判官：具体的な条件の話は出ていますか。
> 甲弁護士：Y社としては、競業避止義務の対象と期間を限定したいとのことでしたが、当方としては、それよりもX氏が有する株式と役員貸付金で何らかの調整をしたいと考えています。
> 乙弁護士：Y社としては、やはりX氏が長年創業者かつ代表取締役として社を仕切ってきており、また、取引先とのつながりも相当程度あることから、少なくとも何年間かは、Y社の主要事業・商品の取扱いはやめてほしいと考えています。
> 裁判官：双方の意向は承りました。そこまで大きな隔たりはなく、何らかの調整は可能と思われますので、一度近いうちに弁論準備を入れたいと思います。なお、裁判所としてあらかじめ申し上げておきますが、本件競業避止義務条項の対象・期間・場所の定めからすると、少なくとも完全に有効であるとする

ことは困難と考えています。他方で、現段階では何とも言えませんが、仮に期間が１年に限定されていた場合を考えると、その場合に無効だと言い切れるかという問題もあると考えています。双方としては、このようなことを踏まえたうえで、どこまで譲歩できるかを検討していただきたい。

(2) X氏との協議

甲弁護士は、X氏に対し、上記の期日の経過を報告したうえで、次回期日に備えて打合せを行った。以下がその要旨である。

X　氏：何となく早く解決しそうですね。
甲弁護士：裁判所としても、双方に不利となりそうな点を端的に指摘していることから、早期の和解をさせたいのだと思います。第１回期日でそこまで踏み込んだことを言うことは珍しく、おそらく、事前に双方の間で和解の話を具体的にしていたからでしょう。それから、念のため確認したいのですが、現時点でY社が提案してきている、対象をY社が現に扱っている衣料品のうち、婦人物の衣類のみで靴、鞄、帽子等の小物は含まない、期間は５年間、というのは、難しいですよね。
X　氏：これまでのキャリアを踏まえると、その対象・期間となると、ちょっと難しいですね。ただ、Y社を辞めたことを友人知人に伝えると、思いのほか引き合いが多かったので、なるべく早めに和解できればと思っています。それから、株式と役員貸付金がちょっとでも回収できれば、言うことなしです。
甲弁護士：以前にも申し上げたとおり、株式は理論上は価値がないですし、役員貸付金は商事消滅時効の問題もあるので、期待しないでくださいね。
X　氏：わかっています。私としては、早期に競業避止義務自体がは

> ずれてくれればそれでいいので、具体的な条件は基本的にお任せします。

2　第2回期日（弁論準備）

　平成26年5月23日、第2回期日（弁論準備）が行われた。和解協議ということで、X氏側→Y社側→X氏側→双方の順で話を聞くこととなった。
　まず、原告側と裁判所とのやりとりである。

> 裁判官：前回期日では、X氏が有する株式と役員貸付金で調整可能との話でしたが、具体的な希望はありますか。
> 甲弁護士：まず、前回期日でも申し上げたとおり、競業避止義務の対象等を譲歩することは難しいですが、株式については、無償は難しいですが出資額の1000万円の半額程度、役員貸付金についても、元金の500万円の半額程度を考えています。ちなみに、役員貸付金については、Y社が商事消滅時効を主張する可能性もありますが、X氏は、毎年決算書を渡される際に、ちゃんと決算書に計上しているから安心してほしいと言われ、実際にも決算書に計上されていることからすると、時効中断事由としての「承認」があったものと考えています。
> 裁判官：わかりました。これはY社に伝えてもかまいませんか。
> 甲弁護士：はい、問題ありません。

　続いて、Y社代理人の乙弁護士と裁判所とのやりとりがあり、再び、甲弁護士が呼ばれた。

> 裁判官：Y社としては、競業避止義務自体はすべてはずすということで承知したとのことです。ただ、株式については、Y社

は大幅な債務超過であり、かつ、ここ数年営業赤字続きであって、理論上は無価値であることから、無償で譲り受けたいとのことでした。役員貸付金については、原告側が言っていたとおり、Y社からは商事消滅時効の指摘が出ました。また、確かに決算書には計上されているが、X氏に対して、「計上しているから安心してくれ」等のことは言っていないとのことであり、支払う意思はないようです。それから、Y社の従業員の中には、いまだにX氏を慕っている者も少なくないようで、Y社としては、仮にX氏が新会社を立ち上げた場合に、この従業員らが一斉に新会社に抜けるのではないか、との心配や、X氏がY社の取引先に働きかけて、Y社との取引を打ち切ったり、その発注・生産・納品に支障を来したりするのではないか、との心配もあるようです。

甲弁護士：Y社からの株式と役員貸付金に関する反論は、基本的には想定済みであり、X氏としても少しでも回収できればよいという考えではあったので、当方としては譲歩可能です。従業員の点については、X氏としては積極的に引き抜くつもりは毛頭ないでしょうが、かといって、従業員が自分を頼ってきた場合には、何か力になってあげたいとは思うので、X氏が積極的に引き抜きをする等の場合に限定するのであれば、応諾可能だと思います。取引先への働きかけについては、最低限社名を特定し、かつ、行為も故意または重過失を要件とすべきではないでしょうか。

裁判官：わかりました。それでは双方に入ってもらい、今の話を踏まえて、裁判所から和解案の骨子を伝えます。

双方同席の下で、裁判所から下記のとおり和解案が提示された。

> 裁判官：本期日においては、双方に一定程度の譲歩をしていただいて、一応、以下のような骨子で双方に持ち帰っていただきたいと思います。
> 　　・Ｘの競業避止義務なし。
> 　　・ＸはＹに対し株式を無償譲渡、役員貸付金を放棄。
> 　　・ＸはＹの従業員に対しＹを退職するよう積極的に勧誘しない。
> 　　・ＸはＹの取引先（具体的な社名は追って特定）に対し故意にＹ社の発注・生産・納品を妨げる行為をしない。
> 　　なお、和解条項の案については、甲弁護士に作成していただけますか。
> 甲弁護士：わかりました。なるべく早めに作成して、乙弁護士に送付して、次回期日までに条項を確定させます。

3　期日間

(1)　Ｘ氏との協議

　甲弁護士は、Ｘ氏に対し、上記の期日の経過を報告したうえで、次回期日に備えて打合せを行った。以下がその要旨である。

> 甲弁護士：株式と役員貸付金については、お力になれずすみませんでした。目新しいことは、「ＸはＹの従業員に対しＹを退職するよう積極的に勧誘しない」、「ＸはＹの取引先（具体的な社名は追って特定）に対し故意にＹ社の発注・生産を妨げる行為をしない」との点ですが、いかがですか。
> Ｘ　氏：従業員の点については、退職させたところでまだ自分で雇う余裕も全くないので、特に問題ありません。取引先の点につ

いても、特に故意に嫌がらせをしようという意思も全くないので、問題ありません。ただ、Y社がどこの会社を気にしているかは興味がありますね。
甲弁護士：わかりました。それでは、これを踏まえて和解条項案を作成します。

(2) 和解条項案の作成

以上を踏まえた和解条項案が、【書式 3-2-2】である。

【書式 3-2-2】 和解条項（案）（《Case ⑩》）

和解条項（案）

1　原告と被告は、原告が被告の事業の部類に属する取引のうち、婦人衣料品の製造・販売に関する取引を行わない義務は存在しないことを確認する。
2　原告は、被告に対して有する貸金債権の一切を放棄する。
3　原告は、被告に対し、本日、原告が保有するすべての普通株式〇株を無償で譲渡する。
4　原告は、被告の役職員に対し、自己又は第三者を通じて、積極的に被告以外への就労を勧誘しない。
5　原告は、自己又は第三者を通じて、被告の取引先のうち以下の各社に対し、被告の発注・生産・納品等を故意に妨害しない。
　　① B社
　　② C社
　　③ D社
6　原告と被告は、互いに誹謗中傷したり営業妨害したりするなど相手方に不利益な言動を行ってはならない。
7　原告及び被告は、正当な理由がない限り、本和解条項の内容、本和解に至る経過を第三者に漏えい又は開示してはならない。
8　原告及び被告は、原告と被告との間に本和解条項に定めるもののほかに何らの債権債務がないことを相互に確認する。

9　訴訟費用及び和解費用は各自の負担とする。

4　訴訟上の和解の成立

　甲弁護士は、【書式3-2-2】の和解条項案を乙弁護士に送付したところ、特に大きな異存はなく、形式面の微修正を経て、無事、第3回期日において、速やかに和解をすることができた。

本稿は、複数の事例を組み合わせるなどして構成したものであり、実際の事例とは異なる。

第3章 秘密保持に関する誓約
──競業避止義務特約の有効性と損害

I 事案の概要

──〈Case ⑪〉──
在職中に競業避止義務特約を結んでいた従業員が、退職後に競業会社を設立した事案において、特約の有効性と競業行為による損害額が問題となった。

II 実務上のポイント

〈Case ⑪〉における実務上のポイントは、以下の2点である。
① 退職後の競業避止義務を定めた合意の有効性
② 競業避止義務違反の損害額

III 初回相談

顧問先のX社の社長A氏から、ボス弁に相談の電子メールが届いた。

FROM：X社A
SENT：Friday, 2005.12.18

```
TO：ボス@lawoffice.com
SUBJECT：ご相談の件

　　　　○○　　　　先生

　お世話になっております。
　X社のAです。
　早速ですが、ご相談させてください。
　私が入社当初から面倒を見てきた従業員Yが、当社を退職してから約1か月後に競業（パチンコ業界における人材紹介業）する会社を設立し、もう4年目になります。現在では、業界トップにおどりでそうな状況です。
　私がYの競業会社の存在に初めて気づいたのは、Yが会社を設立して3年経ってからのことです。最初は、Yの会社と提携してロイヤルティーの話合いで解決できればと思って話し合ってきましたが、もうそれも難しそうです。
　Yは、私が会社の設立を承諾してくれたから何の問題もないと言っていますが、私は、あくまでYの独立を応援していただけで、競業会社の設立を許した覚えはありません。
　当社は、パチンコ業界における様々な業務を行っています。パチンコ業界は、離職率が高く常に人手が足りず、流動性の高い特殊な業界です。当社の売上の多くは、WEBを利用した人材紹介事業に関するものです。
　当社では、全従業員から、添付の誓約書を提出してもらっています。この誓約書は、総務部の担当者が作成したものです。
　Yは、平成6年4月1日に入社し、その後、人材紹介事業部門の立上げ時からその責任者として稼働していました。
　入社当初からかわいがっていたので、本当に信じられません。
　（略）

　　　X社　　A
```

　電子メールに添付されていた誓約書は、【書式3-3-1】のとおりである（下線は筆者）。

【書式 3-3-1】 秘密保持に関する誓約書（〈*Case* ⑪〉）

株式会社 X 社
代表取締役社長 A 殿

秘密保持に関する誓約書

　この度、私は、貴社に採用されるにあたり、下記事項を遵守することを誓約します。

第 1 条（秘密保持の誓約）
　貴社就業規則及び貴社秘密管理規程を遵守し、次に示される貴社の技術上又は営業上の情報（以下「秘密情報」という。）について、貴社の許可なく、如何なる方法をもってしても、開示、漏洩、もしくは使用しないことを約束します。
　（略）

第 2 条（秘密の報告及び帰属）
　（略）

第 3 条（退職後の秘密保持）
　秘密情報については、貴社を退社した後においても、私自身のため、あるいは、他の事業者その他の第三者のために、開示、漏洩もしくは使用しないことを約束します。

第 4 条（競業避止義務の確認）
　私は、前項を遵守するために、在職中及び貴社退社後 2 年間にわたり、次の行為を行わないことを約束します。
　1　貴社と競合関係に立つ事業者に、就職したり役員に就任すること
　2　貴社と競合関係に立つ事業者の提携先企業に、就職したり役員に就任すること
　3　貴社と競合関係に立つ事業を自ら開業又は設立すること

第5条（損害賠償）
　前各条項に違反して、貴社の秘密情報を開示、漏洩もしくは使用した場合、法的な責任を負担するものであることを確認し、これにより貴社が被った一切の損害を賠償することを約束します。

平成○年○月○日

　　　　　　　　　　　　　　　　　住所　東京都港区○○1-2-3
　　　　　　　　　　　　　　　　　氏名　　　　Y　　　　㊞

登録したばかりの甲弁護士は、ボス弁から電子メールと誓約書をみせられた。

ボス弁：君にとっての初めての案件です。顧問先との挨拶も兼ねて、次回の打合せに参加してください。今回は、競業避止義務違反がメインテーマとなりそうですが、これまで勉強したことはありますか。
甲弁護士：いえ、ありません。
ボス弁：それでは、今回の事件、どのように進めていくか検討してみてください。基本的知識を整理して、打合せの際に何を聴取すべきか、何の資料を持参してもらうかも検討してみてくださいね。
甲弁護士：やってみます。

1　方針の検討

(1)　選択肢

基本的に訴訟外の交渉がこれ以上困難ということであれば、訴訟を提起する方向で考える。

競業避止義務違反に対する救済措置として考えられるのは、競業行為の差

止めと競業避止義務違反に対する損害賠償請求だろう。

〈Case ⑪〉では、秘密保持に関する誓約書第4条によると、競業禁止期間は2年であって、現在では競業会社の設立から4年以上経過していることからすると、競業行為の差止めを求める仮処分の申立てというわけにはいかない。

とすると、先方に対する損害賠償請求をしていく方法を検討する必要があるが、思いつくものとしては、①不法行為に基づく損害賠償請求、②雇用契約に付随する信義則上の競業避止義務違反に基づく損害賠償請求、③不正競争防止法に基づく損害賠償請求、④誓約書（競業禁止特約）に基づく損害賠償請求、といったところか。

(2) **不法行為もしくは信義則上の義務違反に基づく損害賠償請求（①・②）**

①と②が認められるためには、退職者は退職後の競業避止義務を当然には負わないことから、退職者の計画性、隠ぺいの事実の有無や、多数の従業員の引き抜きを行う等、退職後の競業行為が社会通念上自由競争の範囲を逸脱した違法なものといえるような強い背信性が求められる（最判平成22・3・25民集64巻2号562頁、最判平成19・4・24労判942号39頁等）。

〈Case ⑪〉では、Y氏の退職の経緯や理由、X社の従業員や取引先を奪うことの企図やX社の事業活動に及ぼした影響等について聴取する必要があるが、A社長はY氏と提携したいと言っていたことやY氏がA社長の承諾があったと主張していることからすると、強い背信性までは認められないか。A氏から詳細に事情を聴取する必要がある。あわせて、雇用契約や就業規則の資料を持ってきてもらう。

(3) **不正競争防止法に基づく損害賠償請求（③）**

③は、そもそも要件に該当しないか（不正競争防止法3条、4条、2条6項・1項7号）。

不正競争防止法における「営業秘密」に該当するには、ⓐ秘密管理性（秘密として管理されていること）、ⓑ有用性（事業活動に有用な技術上または営業上の情報であること）、ⓒ非公知性（公然と知られていないこと）の3つの要件

が必要となる（同法2条6項）。

　秘密管理性とは、その情報を客観的に秘密として管理していると認識できる状態にあることをいい、具体的には、情報にアクセスできる者を特定し、情報にアクセスした者が、それが秘密であると認識できることの2つの要件が必要となる。

　有用性とは、その情報自体が事業活動に使用されることによって、費用の節約・経営効率の改善等に役立つものをいう。

　非公知性とは、刊行物等に記載されていない等、保有者の管理下以外では入手できない状態にあることをいう。

　〈*Case* ⑪〉では、顧客リスト等については秘密管理性があるといえる可能性はあるものの、パチンコ業界に特化した人材紹介業におけるノウハウという性質上、秘密管理性があるとはいいにくそうである。

　また、仮に営業秘密に該当するとしても、退職者が不正に取得した秘密を使用したとか、あるいは使用者から開示を受けた秘密を図利加害目的の下で使用したというものでなければ、不正競争行為にはあたらない（不正競争防止法2条1項4号〜9号）。

　〈*Case* ⑪〉におけるA社長とY氏との関係性からすると、不正の利益を得る目的や損害を加える目的があったとはいえないのではないか。

　念のため、不正競争防止法に基づく請求が可能となりうる事情について、具体的には、情報へのアクセス権者の限定や、施錠されている管理室への保管、事務所内への外部者の入室の禁止、コンピュータへの外部者のアクセスの防止措置、システムの外部ネットワークからの遮断、電子データの複製等の制限の有無、「秘」の押印、社員が秘密管理の責務を認知するための教育の実施、誓約書や秘密保持契約による責務の設定がなされているかについて聴取する。

　⑷　誓約書（競業禁止特約）に基づく損害賠償請求（④）

　④は、退職後の競業禁止特約の有効性をクリアすれば、X社とY氏との間での合意があることからすると、④の方法が最も素直でよさそうか。退職

後の競業避止義務合意の有効性について、詳しく調査してみることとする。

2 退職後の競業避止義務合意の有効性

(1) 有効性およびその判断要素

(A) 競業避止義務の意義

競業避止義務とは、一般に企業と一定の関係にある者が、その企業と同種の企業に就業するなど競業関係に立たないようにする義務のことをいう。

従業員は、その在職中は労働契約の付随義務として、使用者に対し競業避止義務を負うものの、当該在職中の競業避止義務は、労働契約の付随的義務である以上、労働契約が終了した後は当該義務を当然に負うわけではない。

〈*Case* ⑪〉のように、退職したY氏には、職業選択の自由（憲法22条1項）が保障されており、これを制限することになる退職後の競業避止義務については、原則として明確な合意があることを前提に、かつ当該内容が合理的な場合に限り有効と認められる。

〈*Case* ⑪〉では、明確な合意があるケースといえるので、その内容が合理的か否かの判断が必要となりそうである。

(B) 競業避止義務契約の有効性

競業避止義務契約の有効性に関するリーディングケースとされている裁判例は、債権者の利益（企業秘密の保護）、債務者の不利益（転職、再就職の不自由）および社会的利害（独占集中のおそれ、それに伴う一般消費者の利害）の3つの視点に立って慎重に検討していくことを要すると判示している（奈良地判昭和45・10・23判時624号78頁）。また、契約の内容が必要最小限の範囲であり、また当該競業避止義務を従業員に負担させるに足りうる事情が存するなど合理的なものでなければならないとする裁判例（大阪地判平成12・6・19労判791号8頁）や、契約が労働者の職業選択の自由を制限することによって守られる利益の保護のために契約が締結されたか否か、契約書の作成の経緯について検討すべきとする裁判例がある（大阪高判平成18・10・5労判927号23頁）。

その後の裁判例も、基本的には同様の視点に立っており、退職者の競業避止義務特約の効力は、①使用者の利益、②退職者の従前の地位、③競業が禁止される業務・期間・地域の範囲、④代償措置の有無・内容を総合考慮して判断される（東京地判平成24・1・13労判1041号82頁、大阪地判平成23・3・4労判1030号46頁、東京地決平成22・9・30労判1024号86頁）。

　(2)　各要素の個別的検討
　(A)　使用者の利益
　退職者の競業制限は、退職者の職業選択の自由を制限するものであるから、当該不利益を課すことを許容するに足りる程度の使用者の保護利益（技術・ノウハウ、顧客情報などの技術上・営業上の秘密・情報、顧客の維持等）がなければならない。

　〈*Case* ⑪〉では、離職率が高く常に人手が足りない流動性が高いパチンコ業界の特殊性を考慮すると、使用者の保護利益は認められるか。X社の技術やノウハウ、営業方法、新規顧客開拓の困難性、顧客獲得維持等の必要性が高いといえる事情を聴取する。

　(B)　退職者の地位
　退職者の在職中の地位が競業避止義務特約の合意の有効性の判断要素となる理由は、当該地位にいることで、使用者の保護利益である機密情報に触れていたり、顧客を含む関係者と強い関係をもったりしたため、このような地位にいる従業員が退職後に競業を行うと、当該機密情報の利用や人的関係の利用によって、使用者に不利益が生じてしまうからである。

　そのため、当該退職者の在職中の地位、部署、経歴、具体的に保有する機密情報や、関係者とのコネクションの有無・程度によって具体的に判断することになる。

　〈*Case* ⑪〉では、Y氏は人材紹介事業部門の立上げ時からその責任者として稼働していたことから、人材紹介事業のノウハウは熟知していたはずである。Y氏のX社での役職や地位、これまでのキャリア形成の経緯を聴取する必要がある。

(C) 期間、地域、業務内容、対象の制限範囲

(a) 期　間

期間の長短自体も問題となりうるが、より重要なのは、当該期間について退職者の競業を制限するべき使用者側の必要性であって、情報の陳腐化の速度や退職者と顧客との関係がある程度離れるまでの期間を考慮すべきである。

裁判例によると、2年間の事例が多く、〈*Case* ⑪〉も2年間であることから問題なさそうである。

(b) 地　域

多くの裁判例では地域に関する制限は規定されておらず、考慮要素としてのウェイトは軽いとされている。

〈*Case* ⑪〉では、ウェブを利用した全国規模の人材紹介業ということなので、地域制限はない。

(c) 業務内容・対象

裁判例の大多数は、使用者と競業関係に立つ会社への就職や競業関係に立つ事業を行うことを禁止する内容のものである。

〈*Case* ⑪〉でも「貴社と競合関係に立つ事業」（【書式3-3-1】の誓約書第4条3項）が禁止されている。

打合せでは、人材紹介業の具体的な業務内容、禁止されている業務の内容を聴取する。

(D) 代償措置

代償措置とは、退職者が退職後の自由を一部放棄することの「対価」であり、競業制限による退職者の不利益を軽減するという性質をもつ。そのため、代償措置の要否およびその価格の相当性は、退職者の競業制限の期間の長さ・範囲等の広さと、当該制限を受けなければ退職者がその本来の知識・経験・技術等一切の能力を活用して得ることのできる経済的・社会的利益の大きさによって判断される。

〈*Case* ⑪〉では、Y氏が競業禁止義務を負う対価としての代償措置はあったのか、退職金の支給・算定の経緯および金銭の趣旨を確認する必要があ

る。

IV 打合せ

甲弁護士は、以上の整理を基に、ボス弁とともに打合せを行った。

ボス弁：早速ですが、誓約書を作成したきっかけを教えてください。
A　氏：以前Yの部下だった従業員が退社後に秘密裏に同業を立ち上げ、問題になったことがありました。当社が従業員全員に誓約書を提出してもらうことにしたのは、単に管理体制を強化しようとしただけでなく、二度と同じことが起こってほしくなかったからです。
　　　　当時、Yは人材紹介事業部門の責任者だったので、この誓約書を提出することになったきっかけもよく知っていましたし、Yが参加した会議でも誓約書を導入する趣旨を説明したので、十分に理解していたと思います。
ボス弁：Y氏は責任者だったのですね。
A　氏：当社の人材紹介事業部門の立上げから責任者として稼働していました。
ボス弁：人材紹介事業部門の具体的な業務内容はどのようなものでしょうか。
A　氏：今となっては、当社の売上げの半分以上を占めるメインの部門ですが、これを立ち上げたのは、私が最初ボランティアで行っていた企業と人材のマッチングシステムをパチンコ業界でもやってみるといいのではないかと考えたからです。離職率が高いため、……というような私のオリジナルのノウハウを詰め込んだこの部門は、当時の先駆けだったと自負しています。
ボス弁：Aさんにとっても、御社にとっても、思い入れの強い大事な

部門ということですね。Y氏の社内での経歴を教えてください。

A　氏：最初は人材紹介事業部門だけの責任者でしたが、数年経ってからは、経営コンサルティング部門の責任者も兼任していました。Yは優秀な業績をあげていたので、会社で社内表彰もされていました。

ボス弁：優秀な方だったのですね。ところで、どのようなきっかけでY氏の競業会社設立を知りましたか。

A　氏：当社の従業員が教えてくれました。知ってからすぐに私からYに連絡をとって、直ちにやめるよう警告しました。それが難しいのであれば、ロイヤルティーの話をしようともちかけました。

ボス弁：Y氏の反応はどうでしたか。

A　氏：Yは、私から承諾を得ていたので何の問題もないはずだと開き直っていました。

ボス弁：Y氏は競業会社を設立したこと自体は認めているのでしょうか。

A　氏：認めています。

ボス弁：なるほど。Y氏が承諾を得たと主張している点について、何か心あたりはありますか。

A　氏：ありません。ただ、Yが独立するといって退社する際に、応援すると言いましたし、Yが当時担当していた経営コンサルティング部門を新しい会社でも引き続き行っていいという話をしました。

ボス弁：経営コンサルティング部門を引き続き行っていいというのは、顧客ごとY氏に渡したということですか。

A　氏：そうです。Yの独立を応援していましたし、Yは当社で経営コンサルティング部門も担当していたのでちょうどいいと思いました。

ボス弁：Y氏に退職金は支給しましたか。

A　氏：当社では全従業員年俸制を採用しており、退職金規程はありません。

ボス弁：当時のY氏の年収はいくらでしたか。

A　氏：約1000万円です。経営コンサルティング部門は、毎月200～300万円の売上げがありました。退職金の代わりとしては、十分な措置だと思います。

ボス弁：Y氏は、社長であるAさんの承諾があったと言っているようですが、Y氏とのやりとりは電子メールか何かで証拠として残っていますか。

A　氏：口頭の部分が多いですが、今回のことが発覚した後、Yから、すみませんでしたと謝罪のメールをもらったことがあります。謝罪しているということは、私の承諾をもらっていないことを意味しますよね。ただ、それが昔の壊れた携帯電話にあって……メールを復元できる会社に依頼しているところです。

ボス弁：なるほど。仮に、A社長が承諾していたとなると、競業避止義務違反があったとしても責任追及できなくなってしまう可能性があります。その携帯電話のメールは重要な証拠になりますので、引き続きメールの復元を頑張ってみてください。

A　氏：わかりました。

ボス弁：このような案件では、損害額の立証が非常に難しいということは、最初に申し上げておきます。相手にいくら請求していくかを検討する必要があります。決まった計算式があるわけではないですし、先方の決算書類が手に入らない以上、こちらの売上金額をベースに請求していくことになると思います。ちなみに、Y氏が退職したのはいつでしょうか。

A　氏：約4年前です。

ボス弁：となると、競業避止義務違反の期間は退社後2年間となりますので、その後の行為について損害賠償を請求することは難しい

A　氏：はい。それは重々承知しています。ですので、当初は前向きな話をしようと思って、これからX社とYの会社とで提携関係をつくって、ロイヤルティーの話をもちかけていたのです。
　　　　金額も大切ですが、一度はかわいがった経営者としての後輩です。まずは自分のやったことが間違っていることを認識してほしいです。
ボス弁：訴訟提起の準備を進めますので、こちらからまたご連絡します。今日のところはこれで終わりとしましょう。

A社長が帰った後、甲弁護士は、ボス弁から以下のように伝えられた。

ボス弁：打合せ、お疲れさまでした。打合せでの内容を前提に、早速、訴訟提起の準備にとりかかりましょう。競業会社の設立自体については争いがなさそうでしたね。退職金の代わりとなる代償措置もとられているようですし、誓約書の有効性は問題なさそうです。本件では、責任論（A氏の承諾の有無）が問題となりそうですね。A氏とY氏はもともと懇意にしていたようですし、Y氏からの謝罪のメールが復元できない場合には、証人尋問をすることになるでしょう。本件のような事案では、損害額の算定がなかなか難しいですが、損害額について少し検討してみてください。
甲弁護士：わかりました。

V　競業避止義務違反の損害額算定と訴えの提起

退職者の競業避止義務の合意違反が認定された場合、使用者に生じた損害

を検討することになるが、損害の算定、特に逸失利益の算定は、事案によっては、責任論よりも困難となる。

　基本的には、使用者（原告）の主張の枠組みに沿って判断することになるが、裁判例によると、

　① 競業行為によって失った個別の顧客ごとあるいは従業員の売上げを基に認定するもの（大阪高判平成19・12・20（平成19年(ﾈ)第733号）裁判所ウェブサイト、東京高判平成元・10・26金商835号23頁）

　② 開業直後の新会社の利益を基に推計するもの（東京地判平成15・9・19労判864号53頁）

　③ 営業利益の総額を顧客人数で除して顧客1人あたりの営業利益を計算したうえで、奪取された顧客件数を乗じて逸失利益を計算するといった方法をとるもの（東京地判平成15・5・6労判857号64頁）

　④ 使用者の売上げ全体の減少額あるいは、競業行為前後の営業利益・粗利益額の差額とするもの（東京地判平成15・4・25労判853号22頁）

がある。

〈*Case* ⑪〉では、人材紹介業の性質上、X社に顧客ごとの売上げデータがあるわけではなく、また、先方の決算書類が手に入らないこともあり、X社の売上全体の減少額あるいは競業行為前後の営業利益・粗利益額の差額を計算する方法でいくべきなのではないか。

　その後、A社長との打合せを重ねて証拠収集した後、訴えを提起した。

【書式3-3-2】　訴状（〈*Case* ⑪〉）

訴　　状

平成〇年〇月〇日

東京地方裁判所　民事部　御中

原告訴訟代理人弁護士　　　　甲

原告　　株式会社X

損害賠償請求事件
訴訟物の価額　　金2000万円
貼用印紙額　　　金8万円

請求の趣旨
1　被告は、原告に対し、2000万円及びこれに対する平成16年4月1日から支払済みまで年6％の割合による金員を支払え
2　訴訟費用は被告の負担とする
との判決並びに仮執行の宣言を求める。

請求の原因
第1　当事者等
1　原告は、主にパチンコ業界を対象として、人材紹介業務や経営コンサルティング業務等を行ってきた株式会社である。
2　被告は、原告に勤務する従業員であった者である。

第2　本件誓約等
1　原告は、平成6年頃からパチンコ業界に特化した人材紹介事業（以下「本件事業」という。）を開始した。
　　本件事業は、……具体的な業務内容としては、WEBサイトを開設して登録者を集め、……パチンコ業界の特性を踏まえた細やかなサービスを提供することで、豊富な実績を築き、利用者から多大な支持を得てきた。
2　被告の原告在職中の職務
　　被告は、平成6年4月1日、原告に入社した。
　　その後、被告は、本件事業の立ち上げ時から退職までその責任者として稼働し、その地位にあった。その後、経営コンサルティング部の部長にも就任し、原告の幹部従業員として稼働してきた。
　　原告では年俸制給与を採用していたところ、被告の退職時の年俸は、約1000万円であった。

3　本件誓約

被告は、平成9年5月1日、原告に対し、以下の約定を含む「秘密保持に関する誓約書」を差し入れた。

（競業避止義務の確認）

被告は、在職中及び原告を退社した後2年間にわたり、原告と競業関係に立つ事業を自ら開業又は設立する行為を行わない。

4　被告の退職

被告は、「独立する」として、平成14年3月30日付けで、原告を退職した。

被告の退職の際、原告の代表取締役であったAは、被告への配慮から、原告の経営コンサルティング業務に関し、原告から被告に再委託する旨の契約を締結し、事実上、同業務にかかる顧客を被告に引き継いだ。

第3　被告による本件誓約違反等

被告は、原告を退職した後、競業会社を平成14年4月30日に設立し、競業会社において、被告が自認する限りでも平成14年12月頃から、パチンコ業界を対象とする人材紹介事業（以下「本件被告事業」）を開始した。

本件被告事業は、……原告の営む本件事業と完全に重複しており、原告の事業と競合する事業であるというほかない。

したがって、本件行為は、原告と「競業関係に立つ事業を自ら開業又は設立する行為を行」うものであり本件誓約に違反する。

第4　損害

1　本件行為により、原告は、営業機会の損失等により売上減少の損害を被った。

2　原告の人材紹介業にかかる売上高は、被告が原告に在籍していた最終年度の第10期は、8000万円あった。同売上高は、翌年の第11期は6000万円、翌々年の第12期は4000万円と推移した。

3　このように、第10期の売上高を基準にすると、第11期には、2000万円、第12期には4000万円の売上減少が生じた。

売上減少には諸要因があることを考慮しても、本件行為と相当因果関係

のある損害の範囲は、上記売上減少のうち、少なくとも第10期と第12期の売上減少の2分の1である2000万円を下ることはない。
　4　そこで、原告は被告に対し、上記売上減少による損害のうち2000万円につき賠償を請求する。

第5　結語
　よって、原告は、被告に対し、本件誓約違反に基づき、損害賠償金のうち2000万円及びこれに対する被告が本件被告事業を開始し原告に損害が生じたより後の日である平成16年10月1日から支払済みまで生じた法定利率年6％の割合による遅延損害金の支払を求める。

VI　答弁書の受領

訴え提起後、先方から答弁書が届いた。

【書式3-3-3】　答弁書（〈*Case* ⑪〉）

平成○年(ワ)第123号　損害賠償請求事件
　　　　　　　　　　　　　　　　　　　　　　　　　直送済
原　告　株式会社X
被　告　Y

答　弁　書

　　　　　　　　　　　　　　　　　　　　平成○年○月○日
東京地方裁判所　御中
　　　　　　　　　　　　被告訴訟代理人弁護士　　　　乙

第1　請求の趣旨に対する答弁
　1　原告の請求を棄却する
　2　訴訟費用は原告の負担とする
との判決ならびに原告勝訴の場合、担保を条件とする仮執行免脱の宣言を求

第2　請求の原因に対する認否
　（略）

第3　被告の主張
　1　本件誓約違反がないこと
　⑴　被告は、平成14年3月30日に原告を退社し、同年4月30日に被告会社を設立した。
　　　被告は、原告に入社する以前から、人材関連の事業に従事してきた経験があり、原告においても人材紹介事業に携わった経験があった。
　　　そこで、被告は、平成14年冬頃、被告の会社においても何等かの人材紹介事業を開始しようと考えるようになった。
　⑵　被告はその頃、パチンコ業界での有料職業紹介事業を開始したいと思った。
　　　ところが、その事業は原告の事業の一部と重なる内容であり、本件誓約によれば、平成14年3月30日の退社後2年間（平成16年3月30日）までの間にその事業を無断で行うことは本件誓約に違反するものであった。
　　　そこで、被告は原告の社長であるAに対して、パチンコ業界を対象とした有料職業紹介事業をしたいと伝えたところ、Aはこれを了解し、応援するとのことであった。その時期は平成15年2月頃である。
　⑶　被告は、Aの了承を得て、本件誓約に違反しないことを確認できたので、退社後2年経過していない段階で、本件被告事業を開始した。
　⑷　以上より、被告は本件被告事業の開始前にAから了承を得ていたので、本件被告事業を行うことは本件誓約に違反しない。
　　　したがって、被告に本件誓約違反はない。
　2　原告の損害の主張について
　　　上記のとおり、被告に本件誓約違反はないので、当然、被告が賠償責任を負うような損害は発生しない。

以　上

Ⅶ
第1回～第4回期日

第1回期日から第4回期日までは以下のとおり進んだ。

[甲弁護士のメモ]

第1回期日	訴状陳述、答弁書陳述擬制。
第2回期日	被告準備書面陳述。
期　日　間	A氏から、Y氏のA氏への謝罪メールの復元が可能になったとの報告あり。急いで証拠として提出する。勝負あったか。 損害論については、より正確な損害額の算定のために、Y氏の会社の決算書類の提出を求めて、文書提出命令の申立てを行うべきか。
第3回期日	原告準備書面陳述、復元メールの取調べ。
第4回期日	弁論準備手続

第4回期日では、原告、被告同席の下、下記のやりとりがあった。

裁判官：本件の争点は、責任論（承諾の有無）と損害額であると考えています。今回、原告から、承諾の有無に関する重要な証拠が提出されたこともあり、双方からの主張・立証がある程度出尽くしたところで、和解の余地があるかをうかがいたいのです。責任論については、原告の主張に沿うようになる可能性があるものの、損害の認定に関しては、裁判例が確立しているわけでもなく、裁判官によっても判断が分かれる部分であり、慎重な判断が必要であると考えています。訴え提起前の交渉で、原告と被告は話合いの機会を設けたことがあるようですが、解決金の支払いで終えるのか、今後ルールを決めてロイヤリティーを支払っていく内容とするのか等、和解についてどう考えていますか。

甲弁護士：本件の事案の性質や経緯からして、和解すること自体は、十分合理性のある話であると考えています。

乙弁護士：被告としては、今後ルールを決めてロイヤルティーを支払っていくという和解内容は難しいと考えています。ただ、金額については、次回期日までに検討してまいります。

裁判所からの帰路、ボス弁と甲弁護士は、訴訟の手応えを話し合った。

ボ ス 弁：やはり、携帯電話の謝罪メールがききましたね。裁判所は、責任論については原告の主張が認められると考えているようです。ただ、損害額は、こちらの希望どおりにいくかわかりませんね。

甲弁護士：裁判所は判断を嫌がっているようにみえました。判決になると長くなってしまいますし、どれくらいの金額が提案されるのか楽しみです。

VIII 第5回期日──和解金額の提示

第5回期日では、双方同席の下やりとりが行われ、その後、被告側のみが部屋に残り、しばらくして交替することとなった。

裁 判 官：被告から、解決金500万円の提案が出ていますが、原告としては、いかがでしょうか。

甲弁護士：依頼者に確認してみますが、原告としては、訴状の請求金額からすると、数百万円という金額ではなかなか和解は難しいと考えています。

裁 判 官：競業避止義務違反がある以上、原告の立場として、低い金額

では和解できないというお考えは一定程度理解できます。一方で、被告としても損害については原告に対して影響を与えていないとの主張があり、その損害の認定、立証が困難であるという事情があることも事実です。正直なところ、前回も言いましたが、損害については、裁判官によっても判断が分かれ、判断にばらつきの出る事案であると考えています。仮に判決になった場合には、原告の希望する金額が通るとは限らないため、不服のあるほうに控訴してもらって高等裁判所の判断を仰いだほうが、私一人の考えで決めるよりはよいのではないかとも考えています。そのうえで、裁判所としては、700万円の和解金の提示をしますが、いかがでしょうか。
甲弁護士：検討します。
裁 判 官：それでは、被告にも同じようにお話するので、待っていてください。

甲弁護士とボス弁は、被告側と交替し廊下に出た。

ボス弁：裁判所から、700万円の和解でどうかという提案です。率直なお考えでかまいません。いかがでしょうか。
Ａ　氏：私としては、金額もそうですが、Ｙが悪いことをやったことが明らかになったことが何より嬉しいです。また、事業をやっている人間として、損害額、売上金額の減少については、Ｙの競業会社の設立が及ぼす影響が大きいとは思いますが、市場情勢や市場環境等のいろいろな影響も及んでいることはわかります。
ボス弁：では、和解に応じるということでよろしいでしょうか。
Ａ　氏：はい。早く終わらせたいので、和解でお願いします。

しばらくして原告側も呼ばれ、双方同席の下、裁判所から解決金700万円で本件和解が成立したことが伝えられた。

その後、被告に支払期日、原告代理人に支払口座の確認がされた後、裁判官によって和解条項が読み上げられた。

IX その後

事務所に戻った甲弁護士とボス弁で以下のやりとりがあった。

ボス弁：無事、和解成立となりましたね。

甲弁護士：最後は、エイ・ヤーで金額を決めているような印象がありました。よくあることなのでしょうか。

ボス弁：高等裁判所の判断を仰いでほしいという裁判官もなかなか珍しいと思いますが、こちらとしても、損害の立証が難しいことは確かですから、正直なところ、和解で終わってよかったです。A社長とは長年のつき合いになりますが、後輩の経営者を育成することにとても力を入れている人です。今回、責任論が認められて、Y氏が悪いことをしたという結論になったことが何よりもよかったみたいですね。

甲弁護士：良い勉強になりました。ありがとうございました。

本稿は、複数の事例を組み合わせるなどして構成したものであり、実際の事例とは異なる。

第4章 下請契約──下請代金の減額の禁止・不当な経済上の利益の提供要請の禁止

I 事案の概要

─〈Case ⑫〉─

　X株式会社（以下、「X社」という）は、資本金1000万円の東北地方A県B市を拠点とする清掃会社である。Y株式会社（以下、「Y社」という）は、資本金3000万円のA県内の地場大手の建設業者であるZ株式会社（以下、「Z社」という）のグループ子会社で、主たる事業はZ社が手がけたマンション管理である。

　B市内に所在のCマンションの管理組合（C組合）とY社は、マンション管理委託契約（清掃を含む。以下、「本件管理委託契約」という）を平成26年3月1日付けで契約した。契約期間は同年4月1日から翌年3月31日である。

　Y社とX社は、本件管理委託契約のうち、清掃部分を目的とする業務委託契約（以下、「本件業務委託契約」という）を、平成26年3月1日付けで契約した。契約内容は、代金額50万円、契約期間は同年4月1日から翌年3月31日である。

　契約後、Y社からX社に対して、毎年更新のつど値下げの要請があり、これまで、初年度の平成26年度が50万円、平成27年度が48万円、平成28年度が47万円、今回の平成29年度は、40万円で推移している。また、Cマンションで毎月1回のイベントがあるつど、無償でX社の従業員

1名を派遣して、数時間程度雑務の手伝いをしたり、参加住人に配る飲食物を用意したり等させられていた。

　X社は、Y社との契約関係に疑問を感じ、甲弁護士に相談することとした。

II 実務上のポイント

〈*Case*⑫〉における実務上のポイントは、以下の2点である。
① 下請法の規制（下請代金の減額の禁止・不当な経済上の利益の提供要請の禁止）
② 下請法違反の私法上の効力（不法行為法上の違法・公序良俗違反との関係）

III 相談・論点整理

1 相談

　X社は、甲弁護士の顧問先である。平成28年3月上旬、X社から、甲弁護士に対し、「取引先から、毎年更新のつど代金の値下げ要請があり、これまでは渋々応じてきたが、さすがに今回ばかりは経営的に厳しいので、どうにかできないか」との趣旨の相談があり、打合せをすることとなった。

　以下が、X社からのヒアリング要旨である。

・取引先は、C組合と本件管理委託契約を締結して、Cマンションの管理業務を受託しているZ社グループ子会社のY社。資本金は3000万円。
・Y社とは、平成26年3月1日付けで本件業務委託契約を締結。業務内容は日常清掃業務、業務委託料は50万円、契約期間平成26年4月1

日～翌年3月末日、自動更新条項（契約期間の2カ月前までに書面をもって更新拒絶しなければ、同一条件で契約が自動更新。以下、「本件自動更新条項」という）あり。
- 本件業務委託契約の締結以降、Y社から、毎年3月になると値下げ要請があり、X社からは、当初はもともとの代金額の水準を前提として人員・機器等の手配をしていたこともあって、値下げは難しい旨伝えた。が、Y社からはいつも、「当社もC組合から値下げされているので、仕方がない。値下げをお願いしている額も、C組合から値下げされた割合をお願いしているだけで、その全額の値下げをお願いしているわけではない。それに、この代金額でも受ける業者はたくさんいる。これで難しいなら契約は打切りとせざるを得ない」等の一方的で交渉の余地がない物言いで、Y社としても、かろうじて黒字は確保できていたこともあって、本意ではなかったが値下げに応じてきた（代金減額の覚書はあり）。
- 今回の要請については、値下げ幅が大きいこともあって、仮にY社の要請を受け入れるとなると、大幅な赤字となり、早晩資金繰りにも支障を来すことになりかねないから、今回ばかりは何とか断りたい。赤字となることは、数字を示してY社に説明もしている。
- 代金額の推移は、初年度の平成26年度：50万円、平成27年度：48万円、平成28年度47万円、今回の平成29年度：40万円、とのこと。
- ほかにも、X社は、Y社から要請を受けて、Cマンションで毎月1回のイベントがあるつど、無償で従業員1名を派遣して、数時間程度雑務の手伝いをしたり、参加住人に配る飲食物を用意したり等している。
- 希望としては、代金額が40万円後半まで戻れば継続したいが、今回の40万円の申出であれば、打切りとしたい。

2　下請法の概要

　下請代金支払遅延等防止法（以下、「下請法」という）の目的は、下請代金の支払遅延等を防止することによって、親事業者の下請事業者に対する取引を公正ならしめるとともに、下請事業者の利益を保護し、もって国民経済の健全な発達に寄与することにある（下請法1条）。

　下請法で禁止される各種行為は、私的独占の禁止及び公正取引の確保に関する法律（以下、「独占禁止法」という）の優越的地位の濫用行為に該当し、同法19条に違反する可能性がある行為であるが、当該行為が優越的地位の濫用行為にあたるか否かは解釈・あてはめの余地が少なくなかったり、独占禁止法の認定となると相当の期間を要したり、これらのことから親事業者と下請事業者との関係を悪化させ、ひいては下請事業者の不利益となる場合が否定できなかったり等のマイナス面がある。そこで、独占禁止法の適用対象を明確にし、違反行為の類型を具体的に法定するとともに、独占禁止法に比較して簡易な手続を規定し、迅速かつ効果的に下請事業者の利益保護を図るべく、独占禁止法とは別に下請法が設けられている（独占禁止法の補完法）。

　下請法は、実務上において意外と適用場面があるにもかかわらず見落とされやすい法律であり、また、下請法がかかわる場面では、親事業者がよほどの企業でない限り、大なり小なり下請法違反がある可能性があり、交渉材料の一つとして（特に上場企業が相手の場合にあっては）有効な場合もある（ちなみに、前者も後者も筆者の経験談である）。このようなことから、本章では、見落とし防止と交渉材料の収集という観点から、下請法を題材とした。

3　論点整理

　甲弁護士は、X社からのヒアリングを踏まえて、両社の資本金、本件業務委託契約の業務内容、値下げの経緯等からすると、下請法上の疑義はあると考え、公正取引委員会の下請法に関する通達である「下請代金支払遅延等防止法に関する運用基準（平成28年12月改正）」（以下、「運用基準」という）、および、下請法の分野でよく参照される公正取引委員会・中小企業庁「下請

取引適正化推進講習会テキスト（平成28年11月）」（以下、「テキスト」という）を参照しつつ、以下のように論点整理をした。
① 下請法の適用関係
　ⓐ　本件業務委託契約は、清掃業務という役務の委託を内容としていることから、下請法2条4項の「役務提供委託」にあたる。
　ⓑ　（役務提供委託となると、）Y社につき資本金3000万円、X社につき同1000万円であるから、Y社は下請法上の「親事業者」（同法2条7項4号）、X社は同「下請事業者」（同条8項4号）にあたる。
② 値下げについて
　ⓐ　一般論
　　・代金額の値下げについては、下請法上、発注の前であれば「買いたたき」の禁止（下請法4条1項5号）の問題、発注の後であれば「下請代金の減額」の禁止（同項3号）の問題と整理されている。
　　・「買いたたき」は、「通常支払われる対価」、（当該対価に）「比し著しく低い下請代金の額」、「不当に」定める、との評価的な要件があるが、「下請代金の減額」は、単に「下請代金の額を減ずる」事実だけで足りる。
　　・「下請代金の減額」は、下請事業者との間で事前の合意があったとしても、下請事業者に「責めに帰すべき理由」がなければ違反となる。
　ⓑ　〈*Case* ⑫〉へのあてはめ
　　・本件自動更新条項の内容として、契約期間の2カ月前までに書面をもって更新拒絶しなければ、同一条件で契約が自動更新されるところ、更新拒絶がない以上、自動更新と同時に「発注」があったとの評価が可能ではないか。
　　・かかる評価が可能だとすると、評価的な要件がある「買いたたき」ではなく、代金の額を減ずるだけで違反となる「下請代金の減額」と整理することが可能となる。

③ イベントの手伝い等
　ⓐ　Y社の要請に応じて、無償で、手伝いという役務、飲食物の用意という経済上の利益を提供している点で、「不当な経済上の利益の提供要請」の禁止（下請法4条2項3号）の問題となる。
　ⓑ　手伝いについては、テキスト66〜67頁において違反行為とされている、「②　労務提供の要請　貨物運送を下請事業者に委託しているD社は、下請事業者に対し、当該下請事業者に委託した取引以外の貨物の積み下ろしの役務提供を要請し、無償で、積み下ろし作業を行わせていた」に類似する。
　ⓒ　飲食物の用意については、テキスト68頁において違反行為とされている、「③　景品提供の要請　食料品の製造を下請事業者に委託しているE協同組合は、自組合が行う催事の抽選会において景品として使用するため、下請事業者に対し、無償で商品を提供させていた」に類似する。
④　下請法違反の私法上の効力
　ⓐ　仮に下請法違反が認められるとしても、下請法はあくまで行政法規であることから、同法違反の私法上の効力（違法・無効）について、別途検討する必要がある。
　ⓑ　判例を調査したところ、「下請代金の減額」の禁止（下請法4条1項3号）違反に関する東京地判平成22・5・12判タ1363号127頁において、「割引料相当額の控除が下請法4条1項3号に違反した場合、減額に至る経緯、減額の割合等を考慮して、同号の趣旨に照らして不当性の強いときには、割引料相当額の控除の合意が公序良俗に違反して無効となることがあり得るが、そうでないときには、同号に抵触するということだけで直ちに上記合意が無効となるものではない」として、不当性が強い場合に限り、公序良俗違反で無効となると判断されていた。

Ⅳ 通知書の送付

1 通知書の送付

前述の論点整理を踏まえて、甲弁護士は、通知書(【書式3-4-1】)を作成し内容証明郵便で送付することとした。

【書式3-4-1】 通知書(《Case ⑫》)

通 知 書

平成29年3月7日

〒〇〇〇-〇〇〇〇 A県B市〇〇1-2-3
Y株式会社 代表取締役 〇 〇 〇 〇 殿

〒〇〇〇-〇〇〇〇 A県B市〇〇7-8-9
X株式会社 代表取締役 〇 〇 〇 〇

〒〇〇〇-〇〇〇〇 A県B市〇〇4-5-6
X株式会社代理人弁護士 　　　甲

前略　当職は、X株式会社(X社)の代理人として、貴社に対し、以下のとおり通知します。
　貴社とX社との間では、平成26年3月1日付業務委託契約(本件業務委託契約)を締結しておりますが、当該契約に関しては、貴社において、後記1のとおり下請代金支払遅延等防止法(下請法)違反が認められ、X社において、後記2のとおり損害が生じております。

1　下請法違反(違法・無効事由)
　(1)　「下請代金の減額」の禁止違反(下請法4条1項3号)
　　下請法4条1項3号において、「下請事業者の責に帰すべき理由がないのに、

下請代金の額を減ずること」（下請代金の減額）が禁止されているところ、「下請代金の減額」は、発注（契約締結）後にあっては、仮に下請事業者との間で事前の合意があったとしても、「責めに帰すべき理由」がなければこれに違反するとされています。

しかるに、貴社は、平成27年～平成29年の各1月末日の経過をもって本件業務委託契約が代金額を含めて同一条件をもって自動更新されているにもかかわらず、その後に下請代金を減額しており、これは下請法4条1項3号で禁止されている「下請代金の減額」に当たる違法・無効（民法709条・90条）な行為です。

(2) 不当な経済上の利益の提供要請の禁止違反（下請法4条2項3号）

下請法4条2項3号において、「自己のために金銭、役務その他の経済上の利益を提供させること」（不当な経済上の利益の提供要請）が禁止されているところ、親事業者が下請事業者に対し、無償で労務・物品を提供させることは、これに含まれるとされています。

しかるに、貴社は、X社に対し、Cマンションで毎月1回のイベントがある都度、無償で従業員1名を派遣させて雑務の手伝いをさせたり、参加住人に提供する飲食物を用意させたり等のことをしておられますが、これは下請法4条2項3号で禁止されている「不当な経済上の利益の提供要請」に当たる違法・無効（民法709条・90条）な行為です。

2　X社の損害

上記のとおり、貴社の行為は、下請法に違反する違法な行為であり、X社は、当該違法行為によって、下請代金の減額との関係では、本件業務委託契約の当初の代金額と更新後の代金額との差額〇円、また、不当な経済上の利益の提供要請との関係では、労務費及び飲食物の購入額相当額〇円の損害が生じています。

以上のとおり、X社においては、貴社の違法・無効な行為によって前記計〇円の損害が生じており、貴社に対し同額の損害賠償請求権（民法709条）又は不当利得返還請求権（民法703条・704条）を有しておりますので、貴社におかれては、平性29年3月14日㈫までに、当該〇万〇円を、X社指定の預金口

座(略)宛に振り込む方法によりお支払い下さい。

　仮に貴社におかれて、上記金員をお支払いいただけない場合には、速やかに、損害賠償・不当利得返還請求訴訟等の民事手続、及び、公正取引委員会・中小企業庁に対する申告等の行政手続等あらゆる法的措置を講じる所存ですので、ご承知おき下さい。

草々

2　Y社代理人からの回答書

1週間ほどした後、Y社代理人の乙弁護士から、FAXで回答書が届き、要旨以下のとおり、下請法違反がなく、また、民法上の違法性はなく、公序良俗違反もない趣旨の主張があったが、協議による解決を希望する旨の申出があったことから、甲弁護士は、これに応じることとした。

① 下請法違反
　ⓐ 下請代金の減額にあたらないこと
　　・自動更新があったとしても、契約期間が始まるまでは、「発注」があったとはいえず、下請代金の減額の問題とはならない。
　　・そうすると、買いたたきの問題となるが、本件業務委託契約の代金額の水準は、Y社においても平均的な水準であり、「通常支払われる対価に比し著しく低い下請代金の額」とはいえない。
　ⓑ 不当な経済上の利益の提供要請にあたらないこと
　　・手伝い等は、確かにY社からお願いはしたが、X社としても本件管理委託契約のためならと申出がありなされたものであるから、不当性がないか、あるいは、提供「させ」たとはいえない。
　　・X社の負担は、数時間程度の雑務であり、また、飲食物の購入額も数千円にとどまるものであるから、「不当」性がない。
　　・手伝い等を通じてX社が本件管理委託契約の維持に資すれば、下請事業者であるX社にとってもプラスであり、「不当」性がない。
② 下請法違反の私法上の効力──民法上の違法性はなく、公序良俗違反

でもない
- ⓐ 下請法違反は行政法規であり、当該違反をもって直ちに民法上も違法・公序良俗違反無効となるわけではない。
- ⓑ 裁判例においても、「下請代金の減額」の禁止（下請法4条1項3号）違反に関する東京地判平成22・5・12判タ1363号127頁において、不当性が強い場合に限り、公序良俗違反で無効となると判断されている。
- ⓒ 〈*Case* ⑫〉においては、値下げについては、X社いわく、これまでは黒字であったとのことで、不当性は強くない。
- ⓓ 手伝い等についても、1カ月に1回、数時間程度の労務提供と、数千円程度の飲食物の用意であるから、不当性は強くない。

V 代理人間の協議

1 Y社との協議

数日後、甲弁護士と乙弁護士との間で、弁護士会において、協議することとなった。以下がやりとりの要旨である。

> 甲弁護士：直近で先生から回答書をいただいているので、これについてお話させてください。まず、自動更新後であっても次の契約期間が始まるまでは、「発注」にはあたらず、したがって、本件は下請代金の減額の問題ではないとのことでしたが、この点をもう少しご説明いただけますか。
>
> 乙弁護士：確かに、先生のおっしゃるとおり、自動更新条項は付いており、更新拒絶期限までに更新拒絶しない場合には、いったんは自動更新されることとなりますが、通常、代金額等契約の重要な部分については、新たな契約期間が始まるまでに詰めるのが一般的ですので、少なくとも、それまでは「発注」が

ないと解することは十分可能だと思います。また、本件業務委託契約書上も、2カ月前との期間があるものの中途解約自体はでき、また、合意解約はいつでも自由ではあるので、これをしたうえで新規に業務委託契約を締結できることから、覚書の締結をもって解約・新規の契約締結と解することも可能と考えられます。

甲弁護士：前者の点については、本件業務委託契約書においては、まず、〇条において代金額が定められているところ、〇条においては、「本契約の期間は、平成26年4月1日から3月31日とし、契約期間満了日の2か月前までに当事者の一方から書面による意思表示がない限り、同一条件にて1年間延長し、以降も同様とする」とあり、代金額も含めた更新契約の締結自体が更新拒絶期限の経過時、すなわち、1月31日の経過時点であったと解さざるを得ないと思います。先生の説明によれば、自動更新後、もし何の契約条件の変更もなく契約期間が開始した場合、「発注」は更新拒絶期限の経過時（更新契約の締結時）か、新たな契約期間の開始時の二択と考えざるを得ず、かつ、前者の立場はとり得ないことからすると、後者の新たな契約期間の開始時になりますが、これを「発注」とみるのは、素朴に考えて違和感があります。このようなことからすれば、「発注」の時点は、更新拒絶期限の経過時（更新契約の締結時）と解さざるを得ないと思います。後者の点については、本件では、そもそも事実として中途合意も含めて解約がなく、また、原契約書も現に適用されている以上、なかなか難しいのではないですか……。また、先生のおっしゃるような法律関係をつくっておけば、形式的な説明はできそうですが、もし代金減額のみを目的としてそのようなことをすれば、下請代金の減額の禁止違反の脱法行為として、実質的に

　　　　　　下請代金の減額にあたると解されそうな感じもします。

乙弁護士：この点は立場・見解の違いですから、これ以上議論をしても仕方がないと思いますので、先に進めましょう。

甲弁護士：わかりました。では、不当な経済上の利益の提供要請の問題ですが、先生からは、手伝い等の経緯から「不当」性がない趣旨のご指摘があります。確かに、条文上は「不当」の要件が必要となっており、評価も絡むところなので明確な判断は難しいところです。しかし、公正取引委員会・中小企業庁としては、不当な経済上の利益の提供要請の具体例として、手伝いの関係については、テキスト66～67頁で「②　労務提供の要請　貨物運送を下請事業者に委託しているＤ社は、下請事業者に対し、当該下請事業者に委託した取引以外の貨物の積み下ろしの役務提供を要請し、無償で、積み下ろし作業を行わせていた」として類似の事例を例示しています。また、飲食物の用意の関係については、テキスト68頁で「③　景品提供の要請　食料品の製造を下請事業者に委託しているＥ協同組合は、自組合が行う催事の抽選会において景品として使用するため、下請事業者に対し、無償で商品を提供させていた」として類似の事例を例示しています。これらのことからすると、本件の手伝い等についても、不当な経済上の利益の提供要請にあたるのではないかと考えています。

乙弁護士：具体例は、あくまで公正取引委員会・中小企業庁の見解の一つにすぎず、最終的には裁判所において判断されるべきものであり、その場合には、当該具体例の提示にとどまらず、きちんと「不当」か否かが議論されることになるでしょうから、単に例示だけをもって下請法違反があったと解することは相当でないと思います。

甲弁護士：先生のご見解は承りました。それから、下請法違反の私法上

の効力の部分ですが、先生ご指摘の裁判例はこちらも把握しているのですが、当方の見解としては、民事上も違法とすることが、下請取引の公正化および下請事業者の利益保護を図るという下請法の趣旨に合致するので、原則として下請法違反は不法行為法上の違法と考えています。先生のおっしゃっている判例は、あくまで地方裁判所の判例にすぎませんし、確立された見解ではないと思います。この点は措くとして、不当性の程度の点でも、下請代金の減額については、Y社はZ社というA県では大手のグループの子会社である一方、X社は零細企業であるという力関係や、X社としても、当初はもともとの代金額の水準を前提として人員・機器等の手配をしていたこと、Y社からはいつも、「当社もC組合から値下げされているので、仕方がない。値下げをお願いしている額も、C組合から値下げされた割合をお願いしているだけで、その全額の値下げをお願いしているわけではない。それに、この代金額でも受ける業者はたくさんいる。これで難しいなら契約は打切りとせざるを得ない」等の一方的で交渉の余地がない物言いで減額をしてきたこと、また、不当な経済上の利益の提供要請についても、前記の力関係からすれば、X社が断ることは著しく困難であることからすれば、不当性は強いと考えています。

乙弁護士：当方としては、事実関係については水掛け論となるので突っ込みませんが、少なくとも、本件においては、値下げについては、X社いわく、これまでは黒字であったとのこと、また、手伝い等についても、1カ月に1回、数時間程度の労務提供と、数千円程度の飲食物の用意であることから、公序良俗違反といえる程度の強度の不当性があるとはいえないと思っております。

甲弁護士：先生のご見解はおおむね承りました。ところで、回答書では協議したい旨の回答でしたが、具体的な案はありますか。X社としては、正直、今回の40万円であれば、本件業務委託契約は打切りとなってもやむを得ないと考えています。

乙弁護士：Y社としても、X社の仕事ぶりは丁寧であり、管理組合からの評判も上々ですから、できれば続けていただきたいと思っています。ただ、管理会社側としても、年々管理組合の目も厳しくなってきており、他社との競争も激しい状況で、ある程度の値下げは飲まざるを得ないところでもあるので、このような点はどうかご理解いただきたいのです。

甲弁護士：事情は承知しておりますが、管理組合からの値下げ率と同率の値下げをX社に求めるのは、企業体力の点からしても、やはり妥当ではないように思います。いずれにしても、Y社としては、現状、いくらと考えておられますか。

乙弁護士：40万円後半ではどうかと考えています。

甲弁護士：承りました。持ち帰って検討いたします。それから、念のための確認ですが、今後は、手伝い等は無償で行わない、ということでよろしいでしょうか。

乙弁護士：結構です。

2 X社との協議

甲弁護士が以上のやりとりをX社に報告したところ、48万円が希望とのことだったので、Y社代理人の乙弁護士にこの旨伝えたところ、Y社としては応諾するとのことであった。

VI 覚書の締結

　以上の交渉等を経て、要旨以下の内容で、平成29年度の覚書を交わすこととなった。

① 　代金額は48万円。
② 　次期以降、代金額の変更を希望する場合は、次期の契約期間の開始の1カ月前までに書面で申し出る。
③ 　代金額の値下げの場合には、値下げに係る合理的な根拠を提示するとともに、十分な協議をする。
④ 　Y社は、本件業務委託契約に関して、X社から赤字作業となることの合理的な説明があった場合には、赤字とならないよう、最大限配慮するよう努める。
⑤ 　Y社は、無償での労務・物品の提供を一切求めない。仮にX社の従業員からその申出があったとしても、同様とする。

　本稿は、複数の事例を組み合わせるなどして構成したものであり、実際の事例とは異なる。

第5章 継続的契約の中途解約の有効性

I 事案の概要

〈Case ⑬〉

　X社は、東京都多摩地区で地域密着型を売りにした不動産仲介業を営んでいる。X社は、マンションの売却に関するチラシのポスティング業務について、Y社との間で業務委託契約を締結し、契約締結前からの取引とあわせると約20年間、Y社にポスティング業務を依頼していた。

　ところが、平成28年3月1日、X社は、Y社に対し内容証明郵便により、同郵便到達から30日の経過をもって契約を解約する旨を告知し、その後X社は、同郵便で通知したとおり、Y社にポスティングの依頼を行わなかった。それから数カ月後の同年6月1日、X社の下にY社からの訴状が届いた。

II 実務上のポイント

　〈Case ⑬〉における実務上のポイントは、以下の2点である。
① 継続的契約の中途解約の有効性
② 継続的契約の中途解約における損害賠償額の考え方

Ⅲ　X社からの相談

1　初回打合せ

　X社の担当者は、訴状の内容を確認し、顧問弁護士である甲弁護士に電話した。そして簡単に事情を伝え、今後の対応や主張方針を決めるため、打合せを実施することとした。

2　X社からの聴取り

　甲弁護士は、まず、Y社からの訴状を確認した。

【書式3-5-1】　訴状（《Case ⑬》）

訴　　状

東京地方裁判所　民事部　御中

平成28年5月15日

　　　　　　　　　原告訴訟代理人弁護士　　　乙　　　㊞

（略）

第1　請求の趣旨
　1　被告（X社）は、原告（Y社）に対し、金1040万円及び平成28年3月1日から支払済みまで、年6分の割合による金員を支払え
　2　訴訟費用は被告の負担とする
との判決並びに仮執行宣言を求める。

第2　請求の原因
　1　当事者
　（略）
　2　原告と被告との契約内容

原告と被告とは、平成23年9月1日、東京都内多摩地区（八王子市、日野市、昭島市）において、チラシ等をポスティング（一戸建てあるいはマンションの郵便ポストに投函すること）する業務について、業務委託基本契約を締結した。

同契約の有効期間は平成24年8月31日までの1年間で、以後、双方から書面による異議がなければさらに1年間更新される（以後も同様）ものとなっている。また、当事者はいつでも中途解約できるとされているが、中途解約にあたっては、書面による30日前の予告が必要とされている。

3　原告と被告との間の取引

原告は、約40年前から現在の本店所在地にて、ポスティングを中心とした業務を展開し、約20年前から、被告から委託を受けるようになった。原告・被告とも東京多摩西部地域を拠点に地域密着型を売りにして営業していたこともあり、被告からの委託量は増え続け、原告の業務の9割は被告からの委託業務であり、そのことは、被告自身、よく理解していた。

（略）

4　被告による一方的な中途解約

上記のとおり、原告と被告との取引は、契約締結前を含めると約20年間の長きにわたり継続されてきたものであるが、平成28年3月1日、被告は、原告に対し、突然、内容証明郵便により、同郵便到達から30日の経過をもって契約を解約する旨を告知してきた（以下「本件解約」という）。

原告が、被告に解約に至る事情を尋ねるも、被告は一切答えることなく、ただ、「決まったことだから」というだけであった。

なお、被告は、この20年間、ポスティング業務の依頼を継続していたが、内容証明郵便が送付された3月1日以降は、一切、依頼を行わなかった。

5　中途解約は要件を満たしておらず無効であること

本件契約では、原告と被告はそれぞれ、文書による30日前の事前告知により中途解約できる旨が規定されているが、本件のような、継続的契約の場合においては、契約上の要件を充足するだけでなく、「中途解約がやむを得ないものであると認めるに足りる事由」、すなわち、「正当事由」が必要である。

しかるに、原告と被告との間には、本件契約を解約することがやむを得ないような事由は全くない。このことは、中途解約の通知を受けた原告代表者が、直ちに被告担当者に連絡し、何度も事情を尋ねたところ、何ら具体的な理由を

述べず、ただ、「決まったことだから」という回答に終始したことからも裏付けられる。

したがって、被告による中途解約は、解約することがやむを得ないと認めるに足る事由がなく、無効である。

6　中途解約は信義則に反しあるいは権利の濫用として無効であること

原告・被告間の取引は、約20年間もの長きにわたり継続してきたものであり、その間、原告が債務不履行をしたことはなく、原告は被告と同様に東京多摩地域に密着した優良な法人であって、信用不安なども一切なく、これまで従前どおり業務委託を受けていたところ、平成28年3月1日に突如として解約の告知を通知され、それ以来、業務委託が一切打ち切られた。つまり、3月1日以降は、解約予告期間であって、仮に本件解約が有効であっても契約の終了は3月末日であるはずだが、それより以前に、業務委託の一切を打ち切ったのである。

このような本件解約は、信義則に違反するものであり、また、解約権の濫用と言わざるを得ないから、本件解約は無効である。

7　損害

以上のとおり、本件解約は無効であるから、原告は、被告に対し、債務不履行ないし不法行為に基づく損害賠償として、少なくとも本件契約が継続すべき期間であった平成28年8月31日までに得られたであろう逸失利益の損害が生じただけでなく、本件解約により名誉・信用が毀損されたことによる無形損害が発生した。

(1)　逸失利益

原告は、これまで平均して月に約200万円の業務委託料を被告から受け取っていた。そして、原告における人件費等の諸経費を控除した利益率は約4割5分であった。

したがって、本件解約による原告の逸失利益は、

200万円×0.45×6ヶ月分＝540万円

である

(2)　無形損害

被告による突然の解約告知により、地域住民の間に、ありもしない噂が広まり、東京多摩西部という限られた地域で営業する原告の名誉・信用が著しく毀損された。これによる損害を金銭に換算すれば、500万円を下らない。

8 まとめ

よって、原告は、被告に対し、債務不履行又は不法行為に基づく損害賠償として、1040万円及びこれに対する本件解約の日である平成28年3月1日から商事法定利率年6分の割合による遅延損害金の支払いを求める。

〈以下省略〉

甲弁護士は訴状を一読した後、Y社との契約内容、取引内容、解約に至る経緯について、X社の担当者であるA氏に聴取りを行った。

甲弁護士：……Y社というのはどのような会社なのですか。
A　氏：従業員数は約10人程度と聞いています。といっても、正社員は社長と奥さんの2名と古株の社員3名の合計5名で、後は、全員アルバイトです。
甲弁護士：なるほど。それで契約内容はどのようになっていますか。
A　氏：契約書を持ってきました。これはいわゆる基本契約です。細かいことは、個別契約として配布してほしいチラシごとに、配布地域と配布枚数、配布期限を設定します。個別契約といっても実際は、こちらから依頼内容をFAXして、Y社からOKが出たら、実際にチラシをY社に持ち込んでスタートするという流れです。基本的には、1週間単位で業務を委託することがほとんどです。業務委託料は、配布枚数で決めていて、おおむね1000枚撒いて1万円、という計算でやっています。
甲弁護士：わかりました。訴状によると取引は20年間続いていたそうですが、取引は途切れることなく続いてきたのですか。
A　氏：そうですね。最初のうちは取引量（取引金額）も小さかったのですが、だんだんと大きくなっていきまして、途切れることなく依頼していたと思います。
甲弁護士：Y社とは良好な関係が続いているようにも見受けられます

　　　　　　が、なぜ、突然解約されたのですか。
　Ａ　氏：大まかに言えば、チラシのポスティングは正直言ってあまり
　　　　　効果がなく、そのうちやめようとは思っていたのですが、そ
　　　　　れが急きょ、社内の決定でこのタイミングになったというの
　　　　　が実情です。
甲弁護士：何かＹ社の対応や業務遂行に落ち度があったとか、そうい
　　　　　った事情はなかったのですか。
　Ａ　氏：そういう意味では、Ｙ社はきちんと業務を遂行してくれて
　　　　　いたという印象ですが、ただ、一部の配布スタッフが、他人
　　　　　のマンションの敷地内でタバコを吸ったり、携帯電話で大声
　　　　　で話したりしているのを見かけたことはあります。
甲弁護士：なるほど、わかりました。そうなると、今回は、契約内容
　　　　　には争いはないようですので、もっぱら、解約が有効だったか
　　　　　どうか、仮に有効でなかった場合にはその損害額が問題にな
　　　　　りそうですね。ちなみに、Ｙ社は、Ｘ社以外に取引先はあ
　　　　　るのですか。
　Ａ　氏：おそらくですが、ほとんどめぼしいところはないと思います。
　　　　　弊社と同じように地域密着型で営業している会社で、うちが
　　　　　大口の取引先であると言っていましたから……実際、うちか
　　　　　らの業務委託がなくなってから、アルバイトは全員辞めても
　　　　　らったと言っていました。
甲弁護士：わかりました。

Ｘ社とＹ社との契約内容の概要は以下のとおりである。

・契 約 日　　平成23年9月1日
・契約期間　　平成24年8月31日
　　　　　　　甲（Ｘ社）と乙（Ｙ社）のいずれもが、期間満了日の30

	日前までに相手方に文書で異議を申し立てない場合には、さらに1年間更新されるものとし、以後も同様とする。
・中途解約	甲と乙は、この契約の有効期間中といえども、それぞれ文書により30日前の予告をもって、この契約を解約することができる。
・業務内容	甲は乙に対し、甲の指定する地域内でのポスティング業務（一戸建てあるいはマンションの郵便ポストに投函すること）を委託し、乙はこれを受託する。
・個別契約	個別契約は、甲が乙に対し、以下の各号の事項を書面により明示したうえで業務を依頼し、乙が承諾の意思表示を行った際に成立するものとする。 (1) 配布地域 (2) 配布枚数 (3) 配布期限 (4) 業務委託料

Ⅳ 答弁書の作成

1　継続的契約の解消

甲弁護士は、答弁書の作成にあたり、次のように主張を構成することを考えた。

① 本件契約は継続的契約ではなく、X社による解約は有効であること
② 仮に継続的契約であったとしても、解約にあたって契約に定められている以上の要件（やむを得ない事由等）は必要ないこと
③ 本件解約は、会社の経営方針として何ら不合理ではなく、正当な権利行使であること。

甲弁護士は、継続的契約が認められるための条件や継続的契約の解消法理

について議論の状況や裁判例等を調査することにした。

(1) 継続的契約

「継続的契約」とは、一般に、「時間の経過に伴って債権債務関係を発生させる契約」等と定義されている。企業間取引ではこのような継続的契約が多く、代表的なものとして、継続的供給契約（継続的売買契約）、継続的役務提供契約、フランチャイズ契約、代理店・特約店契約、販売委託契約、運送委託契約、継続的融資契約、ライセンス契約、などがあげられる。

(2) 継続的契約の解消──裁判例の考え方

継続的契約は、特に契約当事者間の信頼関係の存在が重要な前提となっていることから、同契約関係の解消に関しては、一般に、長く続いてきた契約関係、信頼関係を解消してしまうほどの事由があるか（制限事由）、という点が問題になり、裁判例においては、「契約を継続しがたいやむを得ない事由」（正当事由）が解消の要件となるか、という形で判断されてきた。

この点、最判平成10・12・18民集52巻9号1866頁〔資生堂事件〕、最判平成10・12・18判タ992号98頁〔花王事件〕、最決平成26・3・31判例集未登載〔ほっともっと事件〕などの最高裁判決があるが、いずれも、「やむを得ない事由」の要否について、明示的には述べていない。

とはいえ、これは、「やむを得ない事由」を不要とする趣旨ではなく（そもそも判断の必要がなかったため判示していないと考えられる）、解消の場面（債務不履行か、契約上留保された解約権の行使なのか、更新拒絶なのか）によって濃淡があるものの、一定の「制限事由」あるいは、信義則や権利濫用法理によって、制限されると考えるべきであろう。このあたりは、賃貸借契約における信頼関係破壊の法理を想起すると理解しやすいかもしれない。

(3) 主張の組立て

したがって、〈*Case* ⑬〉のX社のように契約上留保された解約権を行使する場合には、単に契約上の解約権の行使だけでなく、①契約が長期間にわたって存続することが予定されているか、②これまでの取引期間の長さ、③長期間の継続的取引を前提に事業計画を立てているか、④急な解約が予期せ

ぬ多大な損害を及ぼすおそれはないか、といった事情にも着目して、主張を組み立てる必要があろう。

2 答弁書において主張した具体的な事実

甲弁護士は、訴状主張の事実のうち、Y社との間で、長らく契約が続いていたという客観的な事実は認めつつ、

① 本件のようなポスティング業務では、特別の資本の投下は不要であり、実際にY社において多額の資本を投下したという事情はみあたらないこと

② これまではたまたま個別発注が続いていたかもしれないが、個別の発注の有無は、X社の業績や販売促進費の金額によっても変わり得ること（したがって契約の継続は約束されていないこと）

③ 契約の解約はY社にとっても予期せぬものではないし、仮に、予想していなかったとしても、そのために30日の予告期間が設けられているのであり、それで十分であること

といった観点から具体的な事情をあげて主張を組み立てた。

また、これらの主張の前提として、法律論のレベルで、契約上留保された解約権の行使にあたり、契約当事者間で合意した内容である以上、規定されている以上の要件は不要であること、つまり、「やむを得ない事由」は不要であること、また、信義則や権利の濫用といった一般法理によって当事者間の合意内容が制限されることはないこと、もあわせて主張した。

ここまで考えたとき、ふと、甲弁護士は、いったいなぜX社は契約をやめたのだろうか、地元の企業同士で仲が良かったはずなのに、何か裏であったのだろうかと考え始めた。おそらく裁判所も、なぜ契約を解消する必要があったのか、これまで20年間続けてきたものをやめるというのであるからそれなりの理由があるだろうと考えるはずであり、この点は明確にしておく必要があると考えた。

従前の聴取りでは、ポスティングにあまり効果がないということであった

が、甲弁護士としても、その理由はどうにも解せないところがあり、もう少し詰めて聞く必要があると考え、X社の担当者A氏に電話をかけた。

甲弁護士：弁護士の甲ですが、Aさんですか。
A　氏：はい、Aです。
甲弁護士：お世話になっております。いま答弁書を作成していて、ちょっとお聞きしたいことがあったのでお電話しました。今お時間よろしいですか。
A　氏：はい、大丈夫です。
甲弁護士：この前、Y社との契約を解消した理由についてお聞きした際、ポスティングはあまり効果がなかったから、とおっしゃっていましたよね。
A　氏：はい、そう説明したと思います。
甲弁護士：その点ですが、その後は、ポスティングはやめたということですか。他の業者にもお願いしていないのですか。
A　氏：そういわれると、全くポスティングを行っていないわけではありません。他の業者にお願いして少しやっています。
甲弁護士：差支えなければどちらの会社ですか。
A　氏：G社です。
甲弁護士：あのよくCMで見るG社ですか。Y社をやめてG社に変えたのはなぜですか。率直に言って、G社は派手な感じですし、地域の皆さんには、Y社のほうが親しみがあって良いようにも思いますが。
A　氏：そこは難しいところなのですが、業務委託料が少し安くなったということもあるのですが、会社の経営方針として、今後、東京多摩西部から東京都心、さらには関東一円に商圏を広げようと考えていまして、そういったときに、地域に根差したY社よりも、大手で全国的にも名の通っているG社にシフ

> トしようということになりました。
> 甲弁護士：なるほど。つまり、G社のほうが、会社の今後の経営方針を踏まえると、より会社の利益になると考えたわけですね。そういった理由が直ちに正当化されるわけではないと思いますが、全く不合理な理由ではないと思いますので、主張に入れたいと思います。
> Ａ　氏：正直言うと、Ｙ社には申し訳ないと思いましたが、会社の方針だったので……答弁書の作成よろしくお願いします。

こうして甲弁護士は、Ｘ社がなぜＹ社との契約を解消したのかについても、なかなか悩ましいとは思いつつ、マイナス要素にならない程度に、会社の判断として合理性が認められるよう表現に注意しながら加筆した。

V　Ｙ社からの反論

　Ｘ社側が提出した答弁書に対して、Ｙ社からの反論がなされた。訴状記載の事実に加えて、いかに、Ｙ社が契約の継続を期待していたのか、これまでの20年間の経緯も含めて詳細に論じられ、また、契約が続くものとしてアルバイト従業員を正社員として雇い入れていたため、固定費として給与の支払いを余儀なくされたこと、Ｙ社の利益率の詳細な説明、インターネット上でのＹ社の評判の変化など、損害論についても細かな主張が展開された。

　これを受けて裁判所は、被告（Ｘ社）に対し、損害論を中心に反論を指示した。

　甲弁護士は、損害論について反論するよう指示されたということは、裁判所は、本件解約は無効であると考えているのではないか、とあまりいい気はしなかったが、気を取り直して、継続的契約の解消における損害賠償の考え方について調べることにした。

VI 損害論の検討

1 信頼利益に限られるとするもの

継続的契約の解消にあたっての損害賠償としては、大阪地判昭和36・10・12判タ126号65頁や、京都地判昭和60・1・18金商716号30頁では、いわゆる「信頼利益」に限られると判示している（ただし、いずれも解約告知自体は有効としている）。

> ○大阪地判昭和36・10・12判タ126号65頁
> 「解約告知をして相手方の一手販売権を奪いあるいは取引関係を終了させたことに基く損害賠償の義務を該当事者に認め、以て両当事者間の衡平をはかるのが相当である。このばあい、……解約告知後の履行利益……に対する損害賠償を含めることができず、単に信頼利益に対する損害、すなわち将来においても契約関係が存続し、一手販売権の許与が続けられるものと信じたことによる損害、換言すれば将来契約関係が存続せず、一手販売権の許与が続けられないことをあらかじめ、知っていたならば蒙ることがなかったであろうところの損害についてのみ賠償の義務が認められる」

> ○京都地判昭和60・1・18金商716号30頁
> 「一方当事者の責任が甚しい場合はともかく、そうでない場合には、解約告知自体は有効とされても、相手方の責任の程度に応じて、取引関係の終了による損害の一部又は全部の賠償をなさしめて、両当事者間の衡平をはかるのが相当である。……被告において直ちに契約関係を終了させる措置をとらず、原告と十分協議して円満に解決する道をとることもまったく期待できないことではないと考えられる。このような事情に鑑みれば、被告は取引を終了させたことにより原告が蒙った損害を賠償すべき義務があるものと解するのが相当であり、その損害は、解約告知が有効である以上、履行利益を含まないものというべきであり、原告において契約関係が存続するものと信じたことによる損害、すなわち信頼利益に対する損害の限度とすべきである」

2 履行利益まで認めるもの

東京地判平成19・11・26判時2009号106頁は、取引の終了について、4カ月程度の猶予期間をおくべき義務があったのにそれを怠ったことにつき、信義則上の配慮義務に反したものと認められるとし、原告の平均利益（粗利）を基準に、損害を認めた。

また、東京地判平成22・7・30金商1352号59頁は、18年間続いた外国のワイン会社と販売代理店との輸入販売代理店契約につき、予告期間を4カ月と定めて解約したことは債務不履行にあたるとして、販売代理店の損害賠償請求のうち、1年から予告期間を差し引いた期間（8カ月）の営業利益の喪失分の損害を認めた。

〇東京地判平成22・7・30金商1352号59頁

「被告が本件販売代理店契約を解約するには、1年の予告期間を設けるか、その期間に相当する損失を補償すべき義務を負うものと解される。しかるに、被告が損失補償をしないまま予告期間を4ヶ月とする本件解約をしたのは、本件販売代理店契約上の上記義務に違反するものであって、債務不履行に当たる。……被告の上記債務不履行によって、原告はローズマウントの売上げがなくなり、売上げにより得べかりし総利益を喪失しているが、その反面、ローズマウントの売上げに要する販売直接費と共に販売管理費……を免れることができると考えられるから、原告の被った損害とは、総利益から販売直接費及び販売管理費を控除した営業利益の喪失分と解するのが相当である」

このように最近の裁判例では、信頼利益にとどまらず、履行利益にまで損害の範囲を広げる傾向があるようにみえる。しかし、このあたりは、事案の特殊性なども影響してくるところであり、上述の営業利益8カ月分を認めた東京地裁平成22年判決は、前の3つの裁判例とは異なり解約の有効性を否定し、債務不履行を認めている点に特徴があり、その射程が当然に継続的契約の解消の事案すべてに及ぶとはいえないだろう。

Ⅶ 和解勧試

1　和解協議（第 1 回）

　甲弁護士は、リサーチの結果を踏まえ、損害論を中心に記載した準備書面を提出した。これを踏まえ、裁判所からこの段階で和解について検討してほしいという話があった。甲弁護士としては、〈Case ⑬〉はもともと和解で終わらせるのが妥当な事案であると考えていたこともあり、裁判所からの提案には賛成であった。同席していた A 氏にも了承してもらえたので和解協議に入ることになり、裁判所が、両当事者と個別に話をすることとなった。

裁 判 官：双方の主張を拝見していますが、裁判所としては、今回のケースは和解で終わらせるべき事案だと思っています。

甲弁護士：その点は弁護士限りではありますが、同じような考えです。

裁 判 官：どうでしょう。Y 社さんとは20年来のつき合いのようですが、解約されたのには何か特別な事情があったのですか。こういう形でいきなり契約を切るなんて、何か裏であったのかなと思ったのですが。

甲弁護士：書面にもそれとなく書いておりますが、率直に申し上げると、会社の経営方針として、地元だけでなく東京都心や関東へと営業地域を広げていこうということで、地元に強い Y 社さんよりも、全国的に知名度の高いところのほうがよいのではないか、と考えたことが背景にあります。

裁 判 官：なるほどそういうことなのですね。それで、本件をどう終わらせるのがいいか、ということですが、解約が有効か、無効か、正直なところ裁判所としても判断に悩んでいます。ただ、裁判所の感覚として、20年来途切れることなく続いてきた取引であり、かつ、X 社としても Y 社の事情はよくわかって

いたと思いますから、そのあたりのことを考えると、解約が有効であったとするのはなかなか難しいようにも思っています。また、有効だとしても、いくらかX社には賠償していただく必要のある事案かと……。

　ただ、損害額については、原告の主張も、営業利益を請求できるのか、いつまでの期間分を請求できるかなど、難しいところもあり、和解による解決ということで、かなり譲歩はしていただこうと思っています。ちなみに、和解金について何かお考えはありますか。

甲弁護士：裁判所のお考えは理解しました。もっとも、和解についてX社とまだ議論したことはなく、具体的な金額についてイメージがないというのが率直なところです。ただ、損害額の基準としては、継続的契約の考え方が信頼関係を基礎においており、契約上の責任そのものではないことからすれば、信頼利益を基準とすべきだと考えています。それに、解約までいかないとしても、本来の契約期間満了まで、ずっと同じだけの発注を必ずしも約束されていませんし、実際、Y社さんとの契約終了後、他社へ切り替えていますが、発注量はかなり抑えています。

裁判官：わかりました。和解金額を考えるにあたって、そういった事情は考えたいと思います。差し支えなければ、Y社さんとの契約終了後、どの程度発注量が減ったのか、参考として教えていただくことは可能ですか。

甲弁護士：X社と相談してみますが、裁判所からのご要望ということで前向きに考えたいと思います。ちなみに、これも代理人限りのアイデアにすぎませんが、先方は、純粋に金銭だけを求めているのか、あるいは、契約の復活ということも期待されているのか、裁判所から聞いていただけないでしょうか。場

> 　　　　合によっては、契約の復活を含めた解決方法というのもあり
> 　　　　得るようにも思います。
> 裁 判 官：ご趣旨はわかりました。ご質問の点は聞いておきます。

　この後、原告と被告が交替した。甲弁護士は、原告側の代理人である乙弁護士の背中を見送った。

> 裁 判 官：……ところで、原告としては、本件の解決方法として金銭賠
> 　　　　償のみを考えていますか。たとえば、契約の復活ということ
> 　　　　があれば、金銭面は重視しないとか、そういったことはあり
> 　　　　得るのでしょうか。
> 乙弁護士：その点は悩ましいところですが、基本的には金銭のみでの解
> 　　　　決を考えています。ただ、契約の復活ということも選択肢と
> 　　　　してはあり得るように思うので、Ｙ社と相談したいと思い
> 　　　　ます。
> 裁 判 官：お願いします。先ほども申し上げたとおり裁判所としては、
> 　　　　本件は和解で終わらせるべき事案と考えているのですが、原
> 　　　　告の請求については、もっともだと思うところもあるものの、
> 　　　　細部まで詰めたときに、特に損害論については少々難しい面
> 　　　　があるのではないか、と思っています。したがって、請求額
> 　　　　に近い金額での和解は難しく、請求金額の１割から２割程度
> 　　　　と考えているところです。まだ被告の考えは聞いていません
> 　　　　が、原告のほうで検討していただけますか。
> 乙弁護士：わかりました。検討したいと思いますが、損害論で難しいと
> 　　　　いうのは具体的にはどういうことでしょうか。
> 裁 判 官：訴状では、いわゆる履行利益を請求されていますが、本件で
> 　　　　履行利益まで請求できるのか、また、請求できる期間も６カ
> 　　　　月といえるのか、という点です。

> 乙弁護士：わかりました。それでは持ち帰って検討させていただきます。

再び原告と被告が交替する。甲弁護士が部屋に入った。

> 裁 判 官：原告と話をし、原告には、具体的に請求金額の1割〜2割というレベル感で検討してほしいと伝えました。
> 甲弁護士：わかりました。われわれもその金額あたりで和解可能か検討いたします。
> 裁 判 所：お願いします。また、ご質問のあった契約の復活については全く考えていないわけではないようですので、そういったことも含めた解決もあり得るのか、検討してください。
> 甲弁護士：わかりました。経営判断の問題でもあるので、どこまでお約束できるかわかりませんが、検討しておきます。

こうして、双方とも裁判所の示した大まかな和解条件について検討してくることになった。

甲弁護士は、期日報告書を作成してX社に送り、早速、和解についてX社の担当であるA氏に加えて社長であるB氏も交えて協議することにした。

> 甲弁護士：……ということで、裁判所から提案がありました。いかがでしょうか。
> B 社 長：ご説明ありがとうございます。状況は把握しました。実は、私も期日報告書を拝見していろいろ考えていたのですが、今回の件は和解で終わらせたいと思っていました。Y社さんとは、あのような形で契約を解消することになってしまい、少し後悔している面もあります。というのも、もともと、私たちの会社は地元の方に支えられてきていたのですが、Y社さんと契約解消し、さらに裁判になっているという噂が広

まって、会社のイメージが下がっているようです。それと、会社の方針としても、やはり地元は大事にしつつ、徐々に全国展開していくべき、と考えるようになりました。したがって、この件は、せっかく裁判所が和解の話をしてくれていますし、このタイミングでできるだけ早期に終わらせたいと思います。いかがでしょうか。

甲弁護士：私も、そのようなお考えには賛成です。事案としても、判決となった場合には、いくらかは支払う必要が出てくると思います。そうすると、和解条件についてはあまりこだわらない、と考えてもよろしいですか。

B　社　長：早期解決を優先したいと思いますが、金銭的に余裕があるわけではないので、和解金はできるだけ抑えてほしいと思っています。

甲弁護士：では、契約の復活の話はどうでしょうか。

B　社　長：さすがに元のとおりとはいきませんが、少しは発注することも可能かと思います。

甲弁護士：それでは、その点も条件に加えて、和解金を抑えるように交渉してみましょう。とはいえ、相手のある話ですので、Y社さんが応じてくれなければ、そもそも和解は難しいかもしれません。仮にY社さんがかなり高額の条件を出してきた場合はどうしますか。

B　社　長：その場合はいったん、引き取って考えたいと思います。

甲弁護士：わかりました。では、先ほどの方針で進めたいと思います。

2　和解協議（第2回）

　当事者双方とも、事前に裁判所に考えを伝えたうえで、2回目の和解協議期日にのぞんだ。甲弁護士は、B社長との話を踏まえ、裁判所には、100万

円であれば和解に応じる、ということを伝えていた。

> 裁 判 所：100万円とお聞きしていますが、何とか150万円では難しいでしょうか。150万円であれば、原告を説得できる可能性があります。
> 甲弁護士：そうですか。われわれも社長を交えて検討したのですが、やはり、原告の損害はせいぜい100万円程度だろうと考えているので、それ以上となるとなかなか難しいです。ただ、早期解決のメリットもあると思っているので、原告というよりも、裁判所からの具体的な提案ということであれば、社内を説得することは可能かもしれません。
> 裁 判 所：わかりました。とりあえず、原告を説得してみて、可能性がありそうでしたら、最終的には裁判所からの提案という形をとりたいと思います。

　その後、裁判所と原告とでやりとりがあり、原告は150万円で受けるということだった。ただし、1点条件として、契約の復活までの約束は難しいと思うが、今後、地元のために貢献することを約束する文言を入れてほしい、ということであった。
　甲弁護士は、すぐに、あらかじめ待機してもらっていたB社長に連絡し、条件を伝えた。B社長は、そういった内容であれば、X社としても全く問題ないということであった。

VIII 和解成立

　こうして、その他の和解条件を確認し、この日のうちに和解が成立した。
　この日はY社の社長も出頭していて、非常に喜んでおり、甲弁護士に、「お手数おかけしましたが、ありがとうございました」と述べた。実は、Y

社の社長も、訴訟提起したはいいものの、地元で大きな話題になってしまい、少し後悔していたということであった。それが、今回このような形で円満な解決となり、うれしかったようである。

甲弁護士は、書記官室を後にするとすぐにX社に連絡し、和解の成立とY社の社長の言葉を伝えた。すると、B社長もとても喜んでいた。

甲弁護士は、これまで和解といっても、両当事者の関係が本当の意味で打ち解ける事案は経験したことがなかったが、今回は、きっと、X社とY社は仲良くやっていくのではないか、と何だかうれしい気持になり、事件が終わった開放感もあったのか、1人ニヤニヤしながら事務所へ戻って行った。

【書式3-5-2】 和解条項（《Case ⑬》）

和解条項

1　被告は、原告に対し、本件解決金として、150万円の支払義務があることを認める。
2　被告は、原告に対し、前項の金員を、平成29年3月末日限り、○○銀行○○支店の原告名義の普通預金口座（口座番号○○○○）に振り込む方法で支払う。ただし、振込手数料は被告の負担とする。
3　原告は、その余の請求を放棄する。
4　原告及び被告は、今後、同じ地元の企業として、地元地域の経済的発展に寄与すべく、相互に協力するよう努める。
5　原告及び被告は、原告と被告との間には、本和解条項に定めるもののほかに何らの債権債務がないことを相互に確認する。
6　訴訟費用は各自の負担とする。

　本稿は、複数の事例を組み合わせるなどして構成したものであり、実際の事例とは異なる。

第6章 フランチャイズ契約——加盟金返還請求訴訟

I 事案の概要

⟨*Case* ⑭⟩

　依頼者X社は、「Y塾」という学習塾のフランチャイズチェーン（以下、「本件FC」という）を展開するY社との間でフランチャイズ加盟契約（以下、「本件加盟契約」という）を締結し、加盟金として500万円を支払った。

　しかし、勧誘時のY社の説明と本件FCの実態が著しく異なっていたため、X社は本件加盟契約を終了させて、支払った加盟金全額を取り戻したいと考えている。

　本件加盟契約には、加盟金はいかなる場合にも返還しない旨の規定があるが、X社の支払った加盟金は返してもらえるのだろうか。

II 実務上のポイント

　⟨*Case* ⑭⟩における実務上のポイントは、以下の2点である。
① 加盟金を取り戻すための法律構成（不当利得返還請求・損害賠償請求）
② 加盟金不返還特約の有効性

Ⅲ 事件受任

1 相談の内容

　甲弁護士は、企業法務を中心に扱う中規模事務所のアソシエイト弁護士である。ある日、顧問先の紹介で、アパレル会社を経営しているＡ氏から下記の相談を受け、甲弁護士が主任として担当することになった。

　　私が代表取締役を務めるＸ社は、8年前に私が発起人として設立した会社で、紳士服の製造・販売が中心的な事業です。
　　おかげさまで業績はそこそこ堅調に推移していますが、アパレル業界は価格競争が激しく、先行きに不安を感じていたことから、私としては会社の柱になるような事業が別に欲しいと思っており、よい事業がないかと探していました。
　　そんな中、平成27年1月頃、たまたま参加した事業説明会で、「Ｙ塾」という学習塾を運営しているというＹ社を知り、興味をもったので説明を聞いてみることにしました。
　　Ｙ社の説明では、「Ｙ塾」は従来の学習塾とは全く異なる画期的なビジネスモデルであり、研修制度や本部のサポート制度も充実しているため、経験がないオーナーでも簡単に高収益をあげることができるということでした。
　　Ｙ社から提供された収支予想計画は、とても魅力的な内容でしたし、Ｙ社のＢ社長も信用できそうな人物だったので、私も乗り気になり、1月末にＹ社との間で本件加盟契約を締結しました。
　　ところが、加盟してすぐに、Ｙ社の説明が嘘であったことに気づきました。
　　まず、本件FCに加盟してすぐ3泊4日の開業前研修に参加したのですが、そこで配布された運営マニュアルにはごく普通のことしか書かれ

ておらず、とても従来の学習塾とは異なる画期的なビジネスモデルであるとか、高収益をあげられるような特別なノウハウがあるとは思えませんでした。

　また、研修自体もただマニュアルを読むというだけの内容で、講義や実習のようなものは全くありませんでしたし、開業準備の件で本部に質問をしても、返事がくるのがいつも2、3日後という状態で、とても充実したサポート体制が整っているとはいいがたい状況でした。

　このため、私はB社長に、聞いていた話と違うので、本件加盟契約を解消して支払った加盟金を返してほしいと申し入れましたが、B社長からは、契約書に加盟金はいかなる場合にも返還しない旨の規定があるので、返還はできないと回答されました。

　私としては、もはやY社に対して不信感しかなく、このままY塾を開業してもうまくいかないことは目に見えているので、本件加盟契約を解消して支払った加盟金を返してもらいたいと考えています。

　確かに契約書には「加盟金は如何なる場合においても一切返還しない」という規定があるのですが、Y社の言い分は正しいのでしょうか。

2　検　討

(1)　フランチャイズ契約の前提知識

　フランチャイズとは、「本部が加盟者に対して、特定の商標、商号を使用する権利を与えるとともに、加盟者の物品販売、サービス提供その他の事業・経営について、統一的な方法で統制、指導、援助を行い、これらの対価として加盟者が本部に金銭を支払う事業形態」である（公正取引委員会「フランチャイズ・システムに関する独占禁止法上の考え方について」(後記参照) 1(1))。

　フランチャイズ契約は、その内容を直接定めた法律が存在しない非典型契約であるところ、その法的性質については、①本部が加盟者に対して商号・

商標等の使用許諾をするというライセンス契約的要素、②本部が加盟者に対して継続的にノウハウ提供・経営指導を行うという準委任契約的要素、③加盟者が本部から継続的に一定の商品等を購入するという継続的売買契約要素が組み合わさった混合契約であるとする説（日本弁護士連合会消費者問題対策委員会編『フランチャイズ事件処理の手引』6頁）や、独自の契約類型であるとする説（川越憲治『フランチャイズシステムの法理論』92頁）があり、見解が分かれている。

　上記のとおり、フランチャイズ契約には直接規制する法律は存在しないが、フランチャイズ契約における情報開示のあり方等について、中小小売商業振興法（以下、「小振法」という）と私的独占の禁止及び公正取引の確保に関する法律（以下、「独禁法」という）が関連する規定を設けている。

　まず、小振法は、特定連鎖化事業を行う事業者に対し、加盟希望者を勧誘する際に、契約の重要事項について記載した書面（いわゆる「法定開示書面」）の事前開示・説明を義務づけているところ（小振法11条）、「継続的に、商品を販売し、又は販売をあっせん」する事業のフランチャイズは、特定連鎖化

〈図表3-6-1〉　フランチャイズに関する法律等と関連規定

フランチャイズに関する法律等	関連する内容
民法	売買に関する規定 双務契約に関する規定 委任に関する規定
小振法	法定開示書面の事前開示・説明義務 ※サービス業のフランチャイズは適用がない
独禁法 公正取引員会ガイドライン	勧誘局面における「ぎまん的顧客誘引」 優越的地位の濫用 抱き合わせ販売・拘束条件付取引等
JFAの自主基準等	情報開示と説明

事業に該当するため、加盟に際し徴収する加盟金の額や本部商品の販売条件、経営の指導等の開示項目について、法定開示書面の事前開示と説明が必要である（なお、具体的な開示項目については、中小企業庁「フランチャイズ事業を始めるにあたって」8～10頁にわかりやすく整理されている）。一方、商品を販売しないサービス業のフランチャイズは、特定連鎖化事業に該当しないため、上記の小振法の規制が適用されない。

　次に、独禁法は、公正かつ自由な競争を促進するために不公正な取引方法を禁止しているところ（独禁法19条）、これに違反したときは、公正取引委員会による排除措置命令（同法20条）や損害賠償請求（同法25条、民法709条）の対象となる。不公正な取引方法には、独禁法2条9項各号で定められた行為と、同項6号に基づいて公正取引委員会が指定した行為がある（当該指定には、すべての業種に適用される一般指定（昭和57年公取委告示第15号）と特定の業種にのみ適用される特殊指定（新聞業に関する平成11年公取委告示第9号など）がある）。

　フランチャイズにおいては、本部が十分な情報開示を行わず、虚偽・誇大な情報を提示したため、加盟希望者が、そのフランチャイズの内容を実際よりも著しく優良であると誤認した場合は、「ぎまん的顧客誘引」（一般指定8項）に該当するほか、優越的地位の濫用（独禁法2条9項5号）、抱き合わせ販売（一般指定10項）、拘束条件付取引（一般指定13項）等が問題になりやすい（フランチャイズにおける独禁法の問題点については、公正取引委員会のガイドライン「フランチャイズ・システムに関する独占禁止法上の考え方について」〈http://www.jftc.go.jp/dk/guideline/unyoukijun/franchise.html〉に詳しく解説されている）。

　その他、一般社団法人日本フランチャイズチェーン協会（JFA）が、自主基準を設けており（「一般社団法人日本フランチャイズチェーン協会倫理綱領」、「フランチャイジー希望者への情報開示と説明等に関する自主基準」、「フランチャイズ契約の要点と概説」等）、フランチャイズ契約の内容を検討する際に有用である。

(2) 〈Case⑭〉の法律構成

　X社が支払った加盟金を取り戻すための法律構成として、まず考えられるのは、詐欺取消し（民法96条1項）、錯誤無効（同法95条）、解除（同法540条、541条、543条）等により本件加盟契約を解消させたうえで、不当利得返還請求（原状回復請求）により、既払加盟金を返還させる法律構成である。

　一般的に、詐欺は故意の立証が難しく、裁判上詐欺が認められているのは、フランチャイズの実態が全くないのに加盟金名目で金員を請求したように、金銭をだまし取る意思があったことが外形上明白な事案の場合がほとんどである。

　〈Case⑭〉では、「Y塾」自体は一応実在しており、B氏が初めから金銭をだまし取るつもりでA氏を勧誘したと立証できるような証拠も特にみあたらなかったことから、詐欺の故意を立証することは難しいと思われた。

　錯誤については、期待していたノウハウ提供やサポートがなかったことは、動機の錯誤の問題であり、A氏が本件加盟契約を結ぶにあたりこの動機を表示していたかが争点になるところ、甲弁護士がA氏から聞き取った勧誘時・契約締結時のY社との具体的なやりとりや電子メールからは、動機の表示を立証するのに十分な証拠があるとはいいがたい状況であった。

　解除については、Y社が説明していたノウハウの提供やサポート体制について契約書上明記されておらず、契約上の義務違反を主張するのは困難と思われたが、Y社の勧誘時の説明と本件FCの実態が相違していることを示す証拠は複数存在し、説明義務違反を理由とする解除であれば、十分に認められる可能性があると考えられた。

　なお、加盟金の返還請求の形をとると、加盟金不返還特約が問題になるが、甲弁護士が裁判例を調査したところ、受領した加盟金が著しく対価性を欠く場合にまで返還しないという特約は公序良俗に反し無効とする裁判例（神戸地判平成15・7・24（平成13年(ワ)第2419号）裁判所ウェブサイト等）があることがわかった。

　また、甲弁護士が関連する裁判例を調査する中で、説明義務違反を理由と

する損害賠償請求を認容した事例が複数みつかり、不法行為ないし債務不履行に基づき、加盟金相当額の損害賠償請求をする法律構成も考えられた。

もっとも、これらの事例では、多くの場合加盟者にも過失があるとして、3割から7割の過失相殺が認められており、この法律構成をとると、加盟金が全額返還されない可能性があった。

以上の検討を基に、甲弁護士は、依頼者であるA氏と再度打合せを行い、その意向を確認したうえで、立証の難しさはあるものの、主位的には、詐欺・錯誤を理由とする不当利得返還請求の主張をすることとし、予備的に説明義務違反を理由とする損害賠償請求の主張を行うとの方針を固めた。

(3) 請求書の送付

上記方針に基づき、甲弁護士は【書式3-6-1】のような内容の請求書を作成し、Y社に送付した。

【書式3-6-1】 請求書（《Case ⑭》）

請 求 書

前略　当職らは、株式会社X（以下「請求人」といいます。）の代理人として、貴社に対して、以下のとおり請求します。

　請求人は、平成27年1月30日、貴社との間で、貴社の運営する「Y塾」のフランチャイズ（以下「本件FC」といいます。）の加盟契約（以下「本件加盟契約」といいます。）を締結し、同日、貴社に対して加盟金500万円を支払いました。

　請求人は、本件FCに加盟するにあたり、貴社から、本件FCには同業他社の10倍の売上を得られるような特別な運営ノウハウがあり、研修制度や本部のサポート制度も充実しているため、経験がないオーナーでも簡単に高収益をあげることができるとの説明を受け、これを信じて本件加盟契約を締結しましたが、上記説明は虚偽であったことが判明しました。

　すなわち、請求人は貴社から開業に必要なノウハウの提供を受けるため、平

成27年2月5日から貴社本社で行われた研修に参加したところ、学習塾の当たり前の運営手順について記載されたマニュアルが配布され、各自読んでおくように指示されただけで、他の学習塾と差別化が図れるような特別なノウハウなど全く開示されませんでした。

　また、上記研修では、各自がマニュアルを読むだけで、講義や実習が全く行われなかったのみならず、本部に質問をしても返事が来るのが２、３日後というありさまで、貴社が事前に説明していた充実したサポート体制は全く存在しませんでした。

　このように本件FCの実態は、本加盟契約締結前に貴社から受けた説明と明らかに食い違っており、ノウハウやサポート体制等の本件FCの重要事項について貴社が虚偽の説明をしていたことは明らかですから、本件加盟契約は詐欺により取消され又は錯誤により無効となるものです。

　また、少なくとも、貴社は客観的に正確な情報を請求人に提供すべき義務（説明義務）に違反していますから、請求人は、予備的に、債務不履行に基づき、本件加盟契約を解除します。

　なお、本件加盟契約には、加盟金は如何なる場合においても一切返還しない旨の規定がありますが、請求人はエリア占有、システム導入、商標使用、開業支援、ノウハウ提供等の利益を全く受けておらず、支払った加盟金に対応するサービスの提供を全く受けておりませんので、このような場合にも加盟金を一切返還しないことは暴利行為であって、公序良俗に反し、当該規定は無効であると解さざるを得ません。

　したがって、本件加盟契約が無効又は取消・解除によって遡及的に消滅した以上、貴社には請求人が支払った加盟金を保持する法的権限がありませんので、本書面到達後１週間以内に上記500万円全額を下記の口座宛にお返し下さい。

　万一上記期限までに返金がされない場合は、誠に遺憾ながら訴訟等の法的措置を採らざるをえませんので、この点は十分にご承知置き下さい（また、本書面は利息請求や損害賠償請求を加えていませんが、これらについて放棄する趣旨ではありませんので、念のため付言します。）。

　なお、本件については、当職らが受任しておりますので、今後のご連絡は当職ら（担当弁護士：甲）宛てに行って下さい。

平成27年2月20日

〈以下省略〉

IV 訴訟提起

　甲弁護士が請求書を送付した2週間後、Y社の代理人の乙弁護士から、甲弁護士の請求を拒否する旨の回答書が届いた。そこで、甲弁護士は、再びA氏と打合せのうえ、Y社の本店所在地を管轄する地方裁判所に加盟金返還請求訴訟を提起した。

【書式3-6-2】　訴状（《Case⑭》）

訴　　状

平成27年3月30日

○○地方裁判所民事部　御中

　　　　　　　　　　　　　原告株式会社　　　　　　X
　　　　　　　　　　　　　同訴訟代理人弁護士　　　甲

　　　　当事者の表示　　別紙当事者目録記載（略）のとおり

加盟金返還請求事件
　訴訟物の価額　　500万円
　貼用印紙の額　　3万円

第1　請求の趣旨
　1　被告は、原告に対し、500万円並びにこれに対する本訴状送達の日の翌日から支払済みまで年5パーセントの割合による金員を支払え
　2　訴訟費用は被告の負担とする
　との判決並びに仮執行宣言を求める。

第2　請求の原因
　1　はじめに
　　本件は、○○県で学習塾を運営していると主張する被告が、学習塾の運営に関して有用なノウハウもブランド力も有していないにもかかわらず、あたかもこれらを備えているかのごとく原告代表者を誤信させ、被告の運営するフランチャイズに加盟すれば高収益を得ることができると偽って、原告をして被告との間でフランチャイズ加盟契約を締結させ、500万円もの多額の金員を加盟金名目で詐取した事案である。
　　かかる被告の詐欺的行為に基づく原被告間の契約関係は、詐欺取消ないし錯誤により無効となることは明らかであり、原告が支払った当該金員につき被告がこれを保持するなんらの権限も認められないが、原告からの返還請求に対して被告がこれを拒絶しているため、契約関係の無効による不当利得返還請求、または、説明義務違反に基づく債務不履行ないし不法行為による損害賠償請求を根拠として、被告に対して500万円の支払いを求めるものである。
　2　当事者
　(1)　原告は、紳士服の販売等を目的とする株式会社（甲1）であり、後述のとおり被告との間でフランチャイズ加盟契約を締結し、加盟金名目で500万円を支払わされた。
　(2)　被告は、学習塾の経営等を目的とする株式会社であり（甲2）、○○県において、「Y塾」という名称の学習塾を経営しているようである。
　3　フランチャイズ契約の締結
　(1)　原告は、平成27年1月30日、被告との間で、被告をフランチャイザー、原告をフランチャイジーとして、下記の内容を含むフランチャイズチェーン加盟契約（以下「本件加盟契約」という。）を締結した（甲3）。
記
　　　ア　営業地域（第4条）
　　　　原告の営業地域を、東京都○○区とする。
　　　イ　商標使用（第9条）
　　　　被告は、契約期間中、原告の店舗における営業に関し、「Y塾」の商標を使用することを許諾する。

ウ　営業活動の指導（第11条）
　　　　（略）
　　　エ　加盟金（第12条）
　　　　原告は、被告に対し、本件加盟契約締結後１週間以内に金500万円の加盟金を支払う（第１項）。
　　　　加盟金には、エリア占有権、初期のシステム導入費用、商標使用許諾料、開業支援費用、研修支援費用、ノウハウ提供費用等を含む（第２項）。
　(2)　原告は、同日、本件加盟契約が要求する加盟金（以下「本件加盟金」という。）名目で、被告に対して500万円を支払った（甲４）。
３　本件加盟契約締結に至るまでの経緯及び被告の説明
　（略）
４　研修により発覚した事前説明と現実の相違
　（略）
５　内容証明郵便の送付
　（略）
６　詐欺取消及び錯誤無効
　(1)　詐欺取消
　　　ア　既に述べたとおり、被告は、原告に対し、数々の事実と異なる虚偽の説明を行っており、この点を整理すると下記のとおりとなる。
　　　　　　　　　　　　　　　記
　　　　①人材採用支援について（略）
　　　　②開業支援について（略）
　　　　③研修制度について（略）
　　　　④ノウハウについて（略）
　　　　⑤本部機能について（略）
　　　　⑥事業計画について（略）。

　　　イ　以上のように、被告には、フランチャイズチェーン（以下「FC」という。）を展開できるようなノウハウの蓄積も、そのノウハウを加盟店に伝えて加盟店をサポートできるような組織体制も存在せず、そ

もそもFCとしての実体を全く有していなかったのであるから、本件加盟契約に加盟金不返還特約が存する（甲3・第12条第1項）こととも伴わせて考えると、被告の一連の勧誘行為は、収益性の高い正常なFCであるかのように偽装して加盟金を巻き上げる悪質な詐欺行為であることは明らかである。

　Bは、原告代表者であるAに対し、事実と異なることを知りながら、あたかも本件FCが付加価値の高いノウハウや充実したサポート体制を有しているかのように偽り、何ら根拠のない高い収益予想を提示しており、欺罔の故意が明白に認められる。

　また、原告は、Bの説明を受けて、本件FCが知識や経験がなくても高収益をあげられるビジネスであると誤信し、当該誤信に基づき本件加盟契約を締結したものであるから、本件加盟契約の締結は被告の詐欺（民法96条）によるものである。

　原告は、平成27年2月20日に、内容証明郵便により、本件加盟契約を取り消す旨の意思表示を行った（甲12の1）。

ウ　よって、原告は、被告に対し、本件加盟契約の詐欺取消に基づく原状回復を根拠として、原告が加盟金名目で被告に対して支払った500万円の返還請求権を有する。

(2) 錯誤無効

ア　上述のとおり、原告は、被告の説明により、本件FCが他社のFCと比べて高い収益性を有し、優れた独自ノウハウと充実したサポートにより、経験のないオーナーでも高収益を得られると誤信して、本件加盟契約締結の意思表示をしているところ、FC加盟者にとって、FC事業の収益性は最も重要な考慮要素であり、また、学習塾の知識や経営経験がない原告にとって、優れた独自ノウハウや充実したサポート体制が存在することは、必須の条件であったから、契約の要素について錯誤があると言える。

　なお、仮に上記が動機の錯誤に該当するとしても、原告は自身に学習塾の知識や経営経験が全くないことをBに伝え、未経験者であっても開業できるかを被告に確認しているから、未経験者の開業の前提となる被告の充実した開業支援サポートの存在が本件加盟契約締結の

　　　　　動機であることが、被告に明示的に表示されているし、収益性がFC加盟店にとって最も重要な考慮要素となることは、被告も当然認識しているといえる。
　　　　　よって、動機は意思表示の要素となっているから、本件加盟契約は錯誤（民法95条）により無効である。
　　　イ　よって、原告は、被告に対し、本件加盟契約の錯誤無効に基づく不当利得返還を根拠としても、原告が加盟金名目で被告に対して支払った500万円の返還請求権を有する。
　(3)　加盟金の不返還特約が効力を有しないこと
　　　ア　本件加盟契約には、加盟金は如何なる場合においても一切返還しない旨の規定が存するが（本件加盟契約第12条第1項。以下「本件不返還特約」という。）、詐欺取消または錯誤無効によって本件加盟契約の全てが遡及的に無効になるから、本件不返還特約も当然に無効となる。
　　　イ　また、本件加盟金は、エリア占有権、初期のシステム導入費用、商標使用許諾料、開業支援費用、研修支援費用、ノウハウ提供費用等を含むものとされている（本件加盟契約第12条第2項）ところ、原告は本件加盟契約締結からわずか14日後に脱退しているのであるから、エリア占有、システム導入、商標使用、開業支援といった事項に関してはなんらのサービスの提供を受けていない。
　　　　　加えて、前記のとおり、本件研修もただ配布されたマニュアルを読むだけの意味のないものであり、価値あるノウハウが提供されていない。
　　　　　したがって、原告が本件加盟金に対応するサービスの提供を全く受けていないことは明らかであり、そうであるにもかかわらず被告が原告に対して500万円強もの金員を返還しないことは、著しく対価性を欠く暴利行為であることが明白であり、本件不返還特約は公序良俗に反しており無効（民法90条）である。
　　　ウ　よって、いずれの構成からしても、本件不返還特約は無効であるから、被告は本件不返還特約をもって、本件加盟金の返還を拒むことはできない。
　7　説明義務違反

(1) 一般に、フランチャイズ・システムにおいては、店舗経営の知識や経験に乏しく資金力も十分でない者がフランチャイジーとなることが多く、専門的知識を有するフランチャイザーがこうしたフランチャイジーを指導、援助することが当然に予定されているので、フランチャイザーはフランチャイズ契約の締結を勧誘する際に、客観的かつ正確な情報をフランチャイジーに対して提供すべき信義則上の義務を負っている（東京高等裁判所平成11年10月28日判決、福岡高等裁判所平成13年4月20日判決等参照）。

被告は、前記6(1)で述べたとおり、原告に対し、人材採用支援、開業支援、研修制度、ノウハウ、本部機能等について事実と全く異なる虚偽の説明を行ったことに加え、なんらの客観的裏づけもない事業計画を作成し、本件FCの収益性に関して客観的かつ正確な情報を一切提供しなかったのであるから、かかる被告の行為が上記信義則上の説明義務ないし情報提供義務に違反していることも火を見るよりも明らかである。

(2) そして、原告は、被告の虚偽の説明及び情報提供を受けた結果、本件FCが付加価値の高いノウハウや充実したサポート体制を有しており、知識・経験・資格等がなくても、学習塾を開設運営して、高い収益をあげることができる旨誤信して、本件加盟契約を締結した。

したがって、原告が被告から正確な説明や情報提供を受けていれば、本件加盟契約を締結することはなく、本件加盟金を支払うこともなかったのであるから、被告の説明義務ないし情報提供義務違反と原告による本件加盟金の拠出との間には明らかな因果関係も認められる。

(3) よって、原告は、被告に対し、被告の信義則上の説明義務違反に基づく不法行為ないしは債務不履行による損害賠償を根拠として、原告が加盟金名目で被告に対して支払った500万円相当の損害賠償請求権を有する。

8 結語

以上より、原告は、被告に対し、①主位的に、本件加盟契約の詐欺取消または錯誤による無効に基づく原状回復請求権ないし不当利得返還請求権を根拠として、原告が被告に対して加盟金名目で支払った500万円の返還、及びこれに対する本訴状到達日の翌日から支払済みまで民法所定の年5分

の割合による遅延損害金の支払を求め、②予備的に、被告の信義則上の説明義務ないし情報提供義務の違反による不法行為または債務不履行を根拠とした損害賠償請求権に基づき、①の請求と同額の金員の支払を求める。

以上

証　拠　方　法
(略)
附　属　書　類
(略)

V 第1回期日以降の経過

1　第1回期日

　甲弁護士が訴状を提出して約1カ月半後に、第1回弁論期日が開催された。この期日では原告が訴状、被告が認否および反論は追って主張する旨の形式的な答弁書を陳述し、実質的な議論はされないまま、次回期日が指定された。

2　第2回期日

　第2回期日では、Y社から準備書面が提出され、詐欺・錯誤・説明義務違反の各主張を争い、Y社の説明が事実に基づいた合理的なものであるとの主張がなされた。

　もっとも、Y社は、上記主張に関連する証拠を全く提出しなかったため、甲弁護士は、少なくとも本件FCの内容や加盟店の収益状況等に関する証拠を提出されたいとの求釈明を行った。

3　第3回期日

　Y社から本件FCの加盟店のホームページや運営マニュアル、一部の加盟店の月間売上げをまとめた資料が提出された。

これに対し、甲弁護士は、加盟店の月間売上げの資料については、Y社が作成した二次的証拠では信ぴょう性に疑義があるため、原資料（一次的証拠）を提出してほしいとの求釈明を行った。

4　第4回期日

前回期日でY社から開示された証拠を甲弁護士が精査したところ、Y社が提出した資料から計算される加盟店の月間売上げの実績値と、Y社がX社に提示した収益予測計画書の同一期間の予測売上高との間に大きな差があり、説明資料に記載していた平均売上高ともかい離していることがわかった。

このため、甲弁護士は、説明義務違反の主張として、Y社の収益性や収益予測に関する説明が合理的ではないことをクローズアップすることとし、同業他社の説明資料等を入手し比較したうえで、【書式3-6-3】のような内容の準備書面を提出した。

【書式3-6-3】　準備書面（〈*Case* ⑭〉）

平成27年(ワ)第○○号　加盟金返還請求事件
原　告　X
被　告　Y

第 2 準 備 書 面

平成27年11月1日

○○地方裁判所民事部　御中

原告株式会社　　　　　X
同訴訟代理人弁護士　　甲

第1　情報提供義務違反
　1　はじめに
　　　フランチャイズ契約（以下、フランチャイズを「FC」と省略する。）に

おいては、既に事業を展開しているフランチャイザー（以下「本部」という。）と、当該事業に新規参入するフランチャイジー（以下「加盟店」という。）との間に顕著な情報偏在があり、加盟店は本部が提供する情報に基づいて当該FCに加入するか否かを判断せざるを得ないから、本部は、FC契約を勧誘するにあたって、加盟店に対して、客観的かつ正確な情報を提供する信義則上の義務を負う（東京高等裁判所平成11年10月28日判決、福岡高等裁判所平成13年4月20日判決等多数）。

　しかし、後述のとおり、被告は、原告に対し、Y塾FC（以下「本件FC」という。）の加盟店の実績と大幅に乖離した売上情報や、合理的な計算方法によらない収支予想を提供して、本件FCの収益性について著しく誇張した虚偽の説明を行い、また、ノウハウの内容、人材採用支援、開業支援、研修制度等に関して、実態と全く異なる説明をして、他社より優れたノウハウや充実したサポートがあると偽っているから、上記の説明義務ないし情報提供義務に明らかに違反している。

　以下、詳述する。

2　収益性に関する説明義務違反

(1)　個別事業説明会等における被告の収益性に関する説明の内容

　ア　被告は、原告が参加した個別事業説明会において、原告に対し、「Y塾の月次売上は300万円～1000万円である」、「他業種のFCや同業他社と比較しても本件FCは売上高や利益率が高く、加盟金が安いだけでノウハウがない他社より、独自のノウハウがある被告の方が大きな売り上げを獲得できる」などと述べて、本件FCが高い成長性と収益性を有し、他のFCに比べて有利であることを強調した説明をしている。

　イ　これに対し、被告は収益性を強調するような説明はしていないと反論するが、下記のとおり、被告が個別事業説明会等で配布した資料には、本件FCの売上や収益に関する記載が大部分を占めているから、被告が本件FCの収益性を強調する説明をしていたことは明らかである。

　　（略）

　ウ　また、被告は、個別事業説明会において、本件FCの収支シミュレ

ーション(甲8の1～3)を提供しているところ、下記のとおり、被告の売上予測は、同業他社の売上予測(A は、B の説明を聞いて本件 FC に興味を持った後、他社 FC と比較検討するために、説明会に参加したり、資料を取り寄せている。)の2倍から3倍の金額であり、同業他社の売上予想を大きく上回っている。

記

	FC 名	年間売上高 (1年目)	年間売上高 (2年目)	年間売上高 (3年目)	証拠
1	○○塾	(略)	(略)	(略)	甲13
2	△△塾	(略)	(略)	(略)	甲14
3	Y 塾	(略)	(略)	(略)	甲8の2

エ このように、被告は、売上や収益に関する記載が大部分を占めている説明資料を用い、同業他社を大きく上回る売上予想を提供して本件 FC の勧誘を行っているのであるから、被告が本件 FC の収益性を強調する説明を行っていたことは明らかである。

(2) 説明内容が虚偽であること

ア 上述のとおり、被告は、原告に対し、本件 FC の高収益性や競合他社に対する有利性を強調する説明を行っているところ、以下述べるとおり、当該説明は著しく誇張された虚偽の説明であるといわざるを得ない。

イ まず、被告が説明資料に記載している売上や利益率等の数値は、本件 FC の加盟店の実績と大きく乖離しており、客観的な根拠に基づく数字ではない。

すなわち、被告は「本件 FC の月次売上は300万円～1000万円である」などと説明しているが(甲7号証14頁)、被告が本件訴訟で開示した加盟店の売上一覧(乙10)によれば、当該加盟店の月次売上は、平均すると80万円あまりであり、1000万円はおろか、300万円を達成している加盟店すら1店舗も存在しない。

また、被告は、説明資料において、FC 加盟店の収支計画(甲7・

11頁）やFCモデル店の実績（同・12頁）を具体的に記載しているが、これらの客観的根拠は一切開示されておらず、乙第10号証の加盟店の売上とも大きな差がある。

　　したがって、本件FCの売上や利益に関する被告の説明は、何ら客観的事実に基づいておらず、著しく誇張された虚偽の説明であることは明らかである。
(3) 説明義務違反

　　以上のように、被告は、加盟店の実績を著しく誇張した虚偽の売上額を本件FCの売上額として説明しているから、本件FCの収益性について、客観的かつ正確な情報を提供する義務を怠ったと言わざるを得ない。

　　また、被告は、著しく誇張された売上額をもとに、本件FCが他社のFCより優れていると説明しているが、公正取引委員会のガイドライン「フランチャイズ・システムに関する独占禁止法上の考え方について」（以下「ガイドライン」という。甲16）によれば、自らのFCシステムの内容と他本部のシステムの内容を、客観的でない基準により比較することにより、自らのシステムが競争者に比べて優良又は有利であるかのように開示をした場合は、ぎまん的顧客誘引に該当する（独占禁止法19条、2条9項（一般指定第8項））とされているから、被告の説明は、ぎまん的顧客誘引として独占禁止法にも違反する悪質な行為である。

　　したがって、被告は本件FCの収益性に関して、原告に客観的かつ正確な情報を提供していないから、信義則上の説明義務に違反することは明らかである。
3　収益予測に関する情報提供義務違反
(1) 被告は、個別事業説明会の後、本件FCの加盟を具体的に検討している原告に対し、原告が本件FCに加盟した場合の個別的な収支予測を記載した事業計画書（甲9）を提供しているところ、その内容は、開業後6か月目での黒字化、8か月目での初期投資の回収を謳ったものであり、10か月目には月次の売上が500万円を超えるという極めて収益性の高い内容であった（甲9）。

(2) 上記のとおり、本部は、加盟店に対して、FC に関する客観的かつ正確な情報を提供する信義則上の義務を負っているから、収支予測を提供する場合は、客観的な根拠に基づく合理的な収益予想を提示する義務がある（福岡高等裁判所平成18年１月31日・判例タイムズ1216号172頁、名古屋地方裁判所平成10年３月18日・判例タイムズ976号182頁等）。

　ガイドラインも、本部が予想売上等を提示する場合には、「類似した環境にある既存店舗の実績等根拠ある事実、合理的な算定方法等に基づくことが必要であり、また、本部は加盟店希望者に、これらの根拠となる事実、算定方法等を示す必要がある。」として、本部に合理的な収益予想を提示することを求めている（甲16）。

(3) しかし、被告が原告に提示した収支シミュレーション（甲９、以下「本件収支予測」という。）は、以下のとおり、前提となる数値や計算方法が合理的でない上、原告の個別的要因について十分な調査・分析を行っていないから、極めて不合理な予測となっている。

　ア　まず、本件収支予測は、計算の前提となる数値が客観的な根拠に基づいておらず、極めて不合理である。

　　たとえば、本件収支予測では、生徒数が毎月５名ずつ増加することになっているが（甲９）、同業他社の収支予測では、月１名から２名の増加とし、また月や年によって変動させているところがほとんどであり（甲13、14）、被告の加盟店の売上実績（乙10）が同業他社の予測より下回っていることからすれば、毎月５名の生徒が永遠に増え続けるという仮定は明らかに過大である。

　　また、本件収支予測では、生徒が減少する計算を一切行っていないが（同業他社はこのような計算を行っている（甲13））、一度生徒になった者は永遠に受講を続けるという想定は非現実的である。

　　さらに、本件収支予測には「加盟店平均月次売上」が315万円であると記載されているが、被告が開示した加盟店の実績売上額（乙10）の平均は80万6528円であるから、４倍近く差があり、実在する加盟店の売上実績を正確に反映しているとは思えない。

　　このように、本件収支予測は、計算の前提となる数値設定自体が非現実的であり、全く客観的根拠に基づいていない。

イ　また、収支予測に影響する個別的事情についての調査、検討が不十分である。

　すなわち、本件収支予測は、加盟店の事情に合わせて作成されるはずであるが（甲7・10頁）、被告は、原告のエリアでの顧客の傾向や、競合店の動向（価格帯や戦略等）等の個別的事情について、全く調査や検討を行っておらず、個別事業説明会で配布された収支シミュレーション（甲8の1～3）とほぼ同じ計算が漫然と記載されている。

ウ　さらに、本件収支予測の予想額自体が、加盟店の実績と大きくかけ離れており、およそ達成することができないものとなっている。

　すなわち、下記のとおり、本件収支予測の予想月次売上額は、被告の既存加盟店の実績月次売上額と大きく乖離しており、原告が開業した場合に、本件収支予測と近い売上をあげることができたとは到底考えられない。

記

No.	店舗名	月次売上(a)	事業計画上の同時期の予測売上額(b)	aとbの差額	a/b
1	○○	（略）	（略）	（略）	21%
2	××	（略）	（略）	（略）	16%
3	△△	（略）	（略）	（略）	23%
				平均	20%

エ　以上からすれば、本件収支予測は、根拠のない非現実的な仮定に基づき、十分な調査や分析も行われず算出されたものであり、既存の加盟店の売上実績に照らして明らかに達成不可能であるから、合理性がないことは明らかである。

　被告は、本件収支予測が合理的な予測であると反論するが、原告がどのような事実に基づき、どのように予測したのかを具体的に説明するように求めても、これを全く説明しないし、予測の合理性を裏付ける客観的な資料も一切提出していない。

したがって、被告は、全く客観的な根拠に基づかない不合理な収益予測を提供して、本件 FC が他の FC より高い収益性を有しているかのような印象を原告に与えて本件加盟契約を締結させたのであるから、ぎまん的顧客誘引に該当することはもちろん、原告に対する信義則上の情報提供義務にも明らかに違反している。
　4　ノウハウやサポート体制に関する説明義務違反
　　（略）

以上

VI 第 5 回期日以降の経過

1　第 5 回期日

　第 5 回期日において、Y 社は再度説明義務違反がないという主張を繰り返したが、具体的な裏付け証拠を提出しなかった。

　甲弁護士は、ここがチャンスとばかりに、Y 社の説明が客観的事実に基づく正確な情報なのかが争われているのに、容易に提出できるはずの裏付け証拠を提出しないのは、Y 社の説明が虚偽であったことを強く疑わせると主張した。

　これを受けて、裁判所からも、Y 社は説明義務違反がないという主張をするのであれば、それを裏付ける証拠を提出したうえで、もう少し具体的な反論をするようにとの訴訟指揮がなされた。

2　第 6 回期日

　Y 社はいくつかの証拠を提出したが、Y 社の直営店の資料と Y 社が加盟店の情報についてまとめた二次的資料だけであった。

　甲弁護士は、一次証拠を提出するように求め、裁判所からも同様の指示があったが、Y 社は、加盟店の情報であるため、加盟店から同意をもらわなければならず、Y 社の一存で提出するのが難しいとしてこれを拒んだ。

これに対して、甲弁護士は、説明資料に記載されている加盟店の売上実績については、すでに開示されている情報であるから、容易に開示できるはずであると主張し、Y社において持ち帰って検討することとなった。

3　第7回期日

結局、Y社は甲弁護士が求めた証拠を提出しなかった。

これを受けて、裁判所から、尋問前の和解勧告として、次回期日において裁判所の考える和解条件を提示したい旨の話があった。

4　第8回期日

裁判所から、Y社がX社に対して400万円を支払う旨の和解案が提案され、双方持ち帰って次回期日までに検討することとされた。

甲弁護士はA氏と打合せを行い、同種の裁判例では、説明義務違反が認められても、大幅な過失相殺がなされている事例が多く、2割であれば良い条件だと考えられることや、今後判決に至った場合、控訴される可能性やY社が任意に支払わない可能性があり、解決まで費用と時間がかかる可能性があることからすれば、裁判所の和解案を受け入れて本件を早期に解決することは十分なメリットがあるとの結論に達した。

VII 和解の成立

第9回期日において、両当事者から裁判所の和解案を受け入れる旨の回答があり、和解が成立した。

【書式3-6-4】　和解案（《Case ⑭》）

和解条項案

1．被告は、原告に対し、本件解決金として、金400万円の支払義務があるこ

とを認める。
2．被告は、原告に対し、前項の金員を平成28年6月末日限り、原告指定の口座に振り込む方法により支払う。但し、振込手数料は被告の負担とする。
3．原告及び被告は、本件について、正当な理由なく第三者に口外しない。
4．原告は、その余の請求を放棄する。
5．原告及び被告は、原告と被告との間には、本和解条項に定めるほかに何らの債権債務がないことを相互に確認する。
6．訴訟費用は各自の負担とする。

　本稿は、複数の事例を組み合わせるなどして構成したものであり、実際の事例とは異なる。

●事項索引●

【英字】

B2B 契約　17
B2C 契約　17
C2C 契約　18
FAX　23
LOI　18

【あ行】

アポイントメントセールス　84
異議後の手続　68
異議の申立て　45
一期日審理の原則　45
一時契約　14
委任を受けた使用人　21
依頼者と相手方との関係性　235
印紙代　175
役務提供委託　305
覚書　15

【か行】

解除　31, 341
　　――の効果　32
解除権の消滅　32
買いたたき　305
解約　14, 32
解約権の留保　32
解約自由の原則　33
瑕疵担保責任　46
瑕疵担保特約　50
加盟金不返還特約　341
間接事実　56
　　――の証明度　203
期間満了　33
危険負担　13
寄託契約　213
基本契約　16
基本合意書　18
客観的意味の探求　28

狭義の契約の解釈　26
競業行為の差止め　282
競業避止義務　285
競業避止義務違反に対する救済措置　282
競業避止義務違反に対する損害賠償請求　283
競業避止義務違反の損害額算定　291
競業避止義務契約の有効性　285
競業避止義務条項　257
　　――の有効性　265
強制執行停止決定の申立て　69
強迫取消しに対する反論　247
クーリング・オフ　72, 88
口約束　24
形式的証拠力　246
継続契約　14
継続的契約　323
　　――の解消　322
　　――の解消にあたっての損害賠償　327
契約　2
　　――の解釈　26
　　――の拘束力　8
　　――の終了原因　30
　　――の成否の認定　195
　　――の成立の主張・立証責任　20
　　――の不成立　20
契約自由の原則　9, 33
契約終了後の競業避止義務　261
契約書　15, 22
契約上留保された解約権の行使　323, 324
契約締結権限　21, 22
原契約　16
合意解除　30
合意解約　30
合意書　15, 22
合意優先の原則　9, 10

更改　5
公序良俗違反　11
更新拒絶　33
更新拒絶自由の原則　33
公正証書遺言の有無の調査　191
控訴の禁止　45
口頭　24
　──による契約の成否　55
公法領域　8
告知　14, 32
個別クレジット契約　88
個別契約　16
個別信用購入あっせん契約　89
コミットメントライン契約　133
コンサートの出演契約　233

【さ行】

債　3
　──の発生原因　6
債権　3
債権譲渡　4
催告解除　31
債務　3
債務引受　4
債務不履行解除　31
債務不履行に対する反論　248
詐欺　341
錯誤　20, 341
時効の中断　110
市場取引の原則　9
下請代金支払遅延等防止法（下請法）　304
下請代金の減額　305
下請法違反の私法上の効力　306
私的独占の禁止及び公正取引の確保に関する法律（独占禁止法）　339
　──の補完法　304
自動更新条項　33
支配人　21
事務管理　216
修正的解釈　27
修繕義務　157
重要事項説明義務　153

重要事項説明書　153
主観的意味の探求　27
主要事実　56
準文書　23
場屋営業　213
少額訴訟制度　44
商行為　17
証拠の制限　45
商事寄託　212, 213
　──の注意義務　213
商事契約　16
使用者の利益　286
商取引　16
消費者契約法　72
消費貸借の予約　134
商品の特定　87
証明力　23
消滅時効　109
処分書証　246
処分文書　20
書面によらない贈与　205
信義則　14, 15
信義則上の競業避止義務違反に基づく損害賠償請求　283
信頼関係の破壊　159
随伴性　5
誓約書（競業禁止特約）に基づく損害賠償請求　284
説明義務違反　341
善管注意義務　225
双務契約　12
贈与契約　203
即日言渡しの原則　45
訴状の作成　242

【た行】

代金額の値下げ　305
代償措置　287
退職後の競業避止義務合意の有効性　285
退職者の地位　286
代表権等の制限　22
代表者　21

代理権授与の確認　22
諾成契約　14
諾成的消費貸借契約　133
宅地　153
宅地建物取引業　153
宅地建物取引業者　153
宅地建物取引業法　153
担保　5
中小小売商業振興法（小振法）　339
直接事実　56
通常訴訟への移行　44
手打ち公演　234
デート商法　94
適合性の原則　94
撤回　33
典型契約　12
電子メール　23
電話勧誘販売　84
動機の錯誤　341
当事者の合理的意思　18
同時履行の抗弁権　13
特定商取引に関する法律（特商法）　72,82
特定融資枠契約　133
特別法による瑕疵担保責任　48
取引基本契約　16

【な行】

二段の推定　20,22,119
任意交渉の進め方　236
念書　15

【は行】

反訴の禁止　45
販売意図の告知　84
販売店舗の使用人　22
非公知性　284
必要的仮執行制限　45,69
非典型契約　12
秘密管理性　284
表見法理　22
標準倉庫寄託約款　214
標準トランクルームサービス約款　215

ファクシミリ　23
付合契約　14
不公正な取引方法　340
不実告知　155
附従性　5
付随義務　7
不正競争防止法に基づく損害賠償請求　283
物権　2
不当な経済上の利益の提供要請の禁止　306
不法行為に基づく損害賠償請求　283
フランチャイズ　338
フランチャイズ契約　338
プロモーター　233
併存的債務引受　137
変更契約　5,16
弁護士会照会　149
法定解除権　31
法定告知権　32
法定書面交付義務　87
訪問販売　84
暴利行為　94
保護義務　7
補充的解釈　27
保証　5
保証契約の様式性　135

【ま行】

民事寄託　213
　――の注意義務　213
無催告解除　31
無催告の一部解除　31
無償契約　13
無断立ち入り　159
免責的債務引受　4
黙示の意思表示　24
黙示の合意　28

【や行】

約定解除権　32
約款　14
有償契約　13

有用性　284
要素の錯誤　20
要物契約　14
預金債権の帰属　207

【ら行】

レセプツム責任　214

● 執筆者一覧 ●

野村　創（のむら　はじめ）
野村総合法律事務所
〒105-0003　東京都港区西新橋1丁目20番3号　虎ノ門法曹ビル407
TEL　03-3539-3151

片野田志朗（かたのだ　しろう）
東京中央総合法律事務所
〒104-0061　東京都中央区銀座4丁目2番1号　銀座教会堂ビル7階
TEL　03-5159-7600

村手亜未子（むらて　あみこ）
諏訪坂法律事務所
〒102-0093　東京都千代田区麹田4丁目3番地　紅谷ビル6階
TEL　03-6261-2605

飯田　研吾（いいだ　けんご）
兼子・岩松法律事務所
〒100-0013　東京都千代田区霞が関1丁目4番2号　大同生命霞が関ビル12階
TEL　03-6206-1303

政平　亨史（まさひら　ゆきふみ）
弁護士法人YMP
〒104-0061　東京都中央区銀座7-15-8　銀座堀ビル3階
TEL　03-6260-6405

野中　英匡（のなか　ひでまさ）
東京富士法律事務所
〒102-0083　東京都千代田区麹町3丁目3番地　KDX麹町ビル4階
TEL　03-3265-0691

小川ゆり香（おがわ　ゆりか）
弁護士法人阿部・楢原法律事務所　上野御徒町支部
〒110-0005　東京都台東区上野6丁目1番11号　平岡ビル304
TEL　03-5826-8911

城石　惣（じょういし　そう）
兼子・岩松法律事務所
〒100-0013　東京都千代田区霞が関１丁目４番２号　大同生命霞が関ビル12階
TEL　03-6206-1303

藤原　寿人（ふじわら　ひさと）
東京中央総合法律事務所
〒104-0061　東京都中央区銀座４丁目２番１号　銀座教会堂ビル７階
TEL　03-5159-7600

堀口　雅則（ほりぐち　まさのり）
東京21法律事務所
〒104-0061　東京都中央区銀座３丁目９番19号　吉澤ビル８階
TEL　03-3549-1200

水関　寿量（みずせき　ひさかず）
弁護士法人 One Asia
〒100-6031　東京都千代田区霞が関３丁目２番５号　霞が関ビルディング31階
TEL　03-6550-9000

髙岡　奈生（たかおか　なお）
平間法律事務所
〒102-0073　東京都千代田区九段北４丁目１番５号　市ヶ谷法曹ビル403
TEL　03-6261-4888

事例に学ぶ契約関係事件入門
――事件対応の思考と実務

平成29年5月15日　第1刷発行
令和5年4月12日　第2刷発行

定価　本体3,300円＋税

編　　者	契約関係事件研究会	
発　　行	株式会社　民事法研究会	
印　　刷	株式会社　太平印刷社	

発 行 所　株式会社　民事法研究会
　　　　　〒150-0013　東京都渋谷区恵比寿 3-7-16
　　　　　〔営業〕TEL 03(5798)7257　FAX 03(5798)7258
　　　　　〔編集〕TEL 03(5798)7277　FAX 03(5798)7278
　　　　　http://www.minjiho.com/　　info@minjiho.com

落丁・乱丁はおとりかえします。　ISBN978-4-86556-161-6 C3032 ¥3300E
カバーデザイン　関野美香

最新実務に必携の手引

── 実務に即対応できる好評実務書！──

2019年11月刊 数十社にも及ぶ契約書を比較検討し、逐条ごとに判例・学説・実例を踏まえて詳解！

取引基本契約書の作成と審査の実務〔第6版〕

民法（債権関係）等の改正に完全対応させるとともに、最近の契約審査実務からみた追加事項を収録した、初版以来の大改訂版！ 記載例、検討すべき条文例・変更例も大幅修正し、新たに商社・卸・小売業等の観点からの解説も追加！

滝川宜信 著

（Ａ５判・483頁・定価4730円（本体4300円＋税10%））

2016年12月刊 多様なケースを想定して著された契約関係者の必携書！

M＆A・アライアンス契約書の作成と審査の実務

企業間結合の際に利用されるM＆Aおよびアライアンス契約書について、具体的な基本条項例を示しつつ重要な条項には「留意点」、「検討課題」、「条文変更例」を示して、契約実務に実践的に活用できるよう懇切丁寧に解説をした待望の書！

滝川宜信 著

（Ａ５判・603頁・定価5940円（本体5400円＋税10%））

2021年12月刊 誤解のない契約で紛争の発生を未然に防ぐノウハウをわかりやすく解説！

弁護士に学ぶ！
契約書作成のゴールデンルール〔第2版〕
── 転ばぬ先の知恵と文例 ──

第２版では、民法（債権法）改正に対応するとともに、電子契約の基礎知識、債権回収のための債務者情報に関する規定や感染症に関する規定を見直してさらに充実！

弁護士 奥山倫行 著

（四六判・334頁・定価2750円（本体2500円＋税10%））

2021年5月刊 ビジネス法文書を作成するために必要な知識やノウハウなど詳しく解説！

ビジネス法文書の基礎知識と実務

ビジネス上、基本的に抑えておくべき請求書・警告書・催告書・通知書など、代表的なビジネス法文書71の書式例と作成上の注意点を詳解！ コロナ禍で注目される電子化の動向について、電子取引・電子契約・文書管理法の視点から紹介！

弁護士 花野信子 編著

（Ａ５判・264頁・定価2750円（本体2500円＋税10%））

発行 民事法研究会

〒150-0013 東京都渋谷区恵比寿3-7-16
（営業）TEL 03-5798-7257　FAX 03-5798-7258
http://www.minjiho.com/　　info@minjiho.com

改正債権法に対応し、最新実務を織り込み全面改訂！

業務委託契約書の作成と審査の実務
〔全訂版〕

滝川宜信・弁護士法人しょうぶ法律事務所　編著

A5判・612頁・定価 6,380円（本体 5,800円＋税 10％）

▶業務委託契約の法的性質、契約書作成にあたっての基礎知識と条項例、契約書審査にあたっての留意点を懇切丁寧に解説した関係者必携の実践的手引書！

▶全訂版では、改正債権法はもちろん、それに伴って改定された各種約款等にも対応し、時代や社会の流れを踏まえて改訂したほか、新たに「フリーランスに対する業務委託契約」「AI開発委託契約」「データ提供契約」などの契約類型を追加することにより網羅性を向上して一層至便に！

▶経営戦略の一環として業務委託を検討する企業の法務部・契約担当者はもちろん、経営者に助言する弁護士、司法書士、行政書士などの法律実務家にとっても必備の書！

本書の主要内容

第1章　業務委託と法
　第1節　業務委託契約とは何か
　第2節　委託者からみた業務委託契約書
　第3節　業務委託契約と典型契約
第2章　業務委託契約書の一般条項
　第1節　契約書の条項の流れとタイトル・前文
　第2節　付随的義務
　第3節　債務不履行等
　第4節　契約の解除等
第3章　モノに関する業務委託契約書
　第1節　製造委託基本契約書
　第2節　設備製造委託契約書
　第3節　OEM取引基本契約書
　第4節　PB商品製造委託基本契約書
　第5節　建築工事請負契約書
　第6節　物品運送委託基本契約書
　第7節　倉庫寄託契約書
第4章　販売権の委託に関する契約書
　第1節　商品販売代理契約書
　第2節　売上仕入契約書
第5章　コンサルティングに関する契約書
　第1節　総論
　　　　──中小企業のM&Aにおいて利用される業務委託契約書
　第2節　仲介を行う民間のM&A専門業者との業務委託契約書

第3節　経営委任契約書
第4節　顧問契約書
第6章　労働力の委託に関する契約書
　1　総論
　2　債権法改正のポイント
　3　労働者派遣基本契約書
　4　労働者派遣個別契約書
　5　紹介予定派遣契約書
第7章　IT・データに関する契約書
　第1節　ソフトウェア開発委託契約書
　第2節　AI開発委託契約書
　第3節　データ提供契約書

詳しい目次は
こちらから→

発行　民事法研究会

〒150-0013　東京都渋谷区恵比寿3-7-16
（営業）TEL. 03-5798-7257　FAX. 03-5798-7258
http://www.minjiho.com/　info@minjiho.com